拾忆集

王维玲 著

中国青年出版社

谨以此书

献给我成长的母社——中国青年出版社
献给与我合作共事几十年的文学前辈和作家朋友们

目录

叁 文坛忆往

肆　忆父母

后　记 / *398*

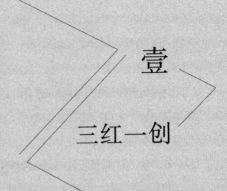

壹

三红一创

《红岩》编后随笔（五则）

《红岩》的写作和特色

一

　　《红岩》是一部有着丰富思想内容，又饱含强烈艺术感染力的长篇小说。几年来，描写狱中斗争的小说已出版了不少，但似《红岩》这样画幅广阔、规模巨大的作品，还不多见。《红岩》反映了 1948 年重庆"中美合作所"渣滓洞与白公馆狱中斗争的事迹，但反映的幅度，却比同一内容的回忆录《在烈火中永生》大多了。《红岩》在广阔的时代背景和社会背景下，抓住了两条线索：一条写渣滓洞与白公馆的狱中斗争，一条写敌人特务活动。在这两条线索的下面，又分为无数支线、虚线。在渣滓洞与白公馆狱中斗争的线索下面，写了山城地下党的活动，写了工人、学生反美反蒋的怒潮，写了农村人民的武装斗争。这些都有机地与渣滓洞和白公馆的斗争联结在一起。而监狱斗争，既写了渣滓洞里的斗争，又写了白公馆里的斗争；既写了狱内活动，又写了狱外的支援与策应，互为映衬，互为烘托，水乳交融，组成了一幅遒劲浑厚、壮丽多彩的画卷。在美蒋特务活动的线索下面，分为两条线：一条是实写的，写特务头子毛人凤、徐鹏飞、严醉等人的公开活

《红岩》封面 1961 年版

动和特务郑克昌、黎纪纲的秘密活动；一条是虚写的，即毛、徐、严的幕后指挥者、"中美合作所"的主子——美国特务。这条虚线贯穿到底，把敌我之间的冲突矛盾引向更尖锐、更复杂的顶端。

《红岩》的线索如此纷繁，规模如此浩大，布局如此复杂，但是作者却处理得繁而不乱、广而不散、层次分明、步步深入，这是《红岩》在艺术结构上非常突出、显著的特点。作者罗广斌、杨益言两位同志当时都是新作者，文学创作对于他们本来是十分陌生的，但他们出色地完成了创作任务。不可否认，这与他们付出的艰巨劳动分不开，但最重要的是他们有着深厚的生活根基和长期的创作准备。两位同志都是从这场生与死、血与火的斗争中生活过来的，他们对当时的斗争生活有着深刻的了解和掌握，对当年的战友——在渣滓洞与白公馆牺牲的烈士们有着深厚的情感，他们曾在一起生活、谈笑、并肩作战，可谓同生死共患难。中华人民共和国成立后，由于他们从事针对"中美合作所"敌特罪行的调查工作，又使他们对当时斗争生活的认识水平有了进一步提高，对敌人的罪恶有了更多了解。此外，他们在青年当中做过几百次关于狱中斗争的报告，也使那一段斗争生活不断在他们头脑中翻腾、深化、发展。从1949年到1958年，经过长时期的酝酿、准备，到1959年动笔创作的时候，他们已经能够选择、运用素材，合理地布局了。这使《红岩》在生活大海之中，人物和故事情节都闪射着个性化的光辉。

丰富的生活为作者开辟了广阔的写作天地，而原始的生活毕竟是粗糙的、庞杂的，怎样精当地选择生活中的冲突与矛盾，为作品的主题服务,需要作者反复琢磨,刻苦钻研,认真提炼。我在想,《红岩》中关于"工运""学运"的内容,如果不从侧面写,而是赋予它更多的情节,必然会占去很大篇幅,这就与作品的主题和中心——渣滓洞与白公馆的斗争产生矛盾和冲突。以美国特务来说,如果是正面描写,就容易脸谱化,不深不透,现在虚写,将其作为幕后指挥者和牵线人,就比较深刻地透露出他们是罪魁,是祸首。

《红岩》的情节像层峰叠浪,一波未平,一波又起,无比纷繁。然而这些情节都不是孤立的,都有助于人物性格的发展,都与整个作品矛盾冲突的展开紧密相连!以许云峰来说,作者描写这个人物时,极为注意利用情节来表现和发展他的性格。从对书店暴露、茶园被捕、狱中受审、赴宴拒降、黑牢就义等一系列情节的选择来看,不但没有一处令人感觉多余,反而缺少其中任何一个情节,都会使许云峰的形象受到损害。

将复杂而庞大的生活内容与众多人物形象有机结合在一起,前后勾连,互相呼应,没有一点臃肿、庞杂、游离的痕迹,这是《红岩》艺术结构上的显著特点。作者常常借助于人物形象的"联结",达到结构上的完整。如通过陈松林、余新江写出了地下党与"工运""学运"的有机联系,通过江姐、成岗反映了"农运"与地下党的活动,通过描写刘思扬入狱——出狱——再入狱,把渣滓洞与白公馆的活动与斗争勾连起来。基于人物的活动,情节有了发展,人物的性格也有了发展,作品的矛盾冲突也一步紧似一步地走向高潮。

二

别林斯基说："对艺术来说，比人更高贵、更崇高的对象是不存在的。"《红岩》的成就，在于塑造了一系列不同类型、不同性格、不同表现的英雄形象。《红岩》中的正面形象不下 20 个，包括只露了一两次面、活动范围十分狭窄的人物，都带有个性化的特征。比如一直默默无闻为地下党做后台工作的成岗；对党无比忠诚，与敌人战斗到底的刘思扬；装聋装疯、忍辱负重、卧薪尝胆的华子良；戎装整齐、爱憎分明，有着强烈反抗性格的龙光华；疾恶如仇、爽朗明快，有着农民气息的丁长发；高瞻远瞩、纵观全局、智胆双全的齐晓轩；无辜囚禁九年，在狱中找到真正的生活道路，英勇牺牲的革命青年胡浩。这些都是光彩夺目、含意深刻、耐人寻味的动人形象。为什么《红岩》能在人物塑造上取得这样好的效果呢？我觉得这与作者注意挖掘符合人物性格发展的内在思想感情的发展规律分不开。作者常常巧妙抓住人物思想感情一瞬间的起伏、变化，并深入发掘下去，以此展示人物的精神面貌和性格特征。

在突然转折之中，创造一个新的境界来展示人物的精神面貌，使人物性格得到飞跃发展，这是《红岩》在人物塑造上十分见长的手法。如对江姐奔赴川北路上的描写，一开始，作者以轻快的笔触写出江姐对华蓥山游击区的崇敬与向往，对她将担负起新的战斗任务的兴奋心情，对她即将与老彭及游击队战友会见的向往等，都做了细腻的渲染。就在这个时候，江姐突然发现被反动派屠杀的革命者的首级悬挂在城楼之上，愤怒的感情立时塞满胸怀，

《红岩》1963 年版插图 看到悬挂在城头的丈夫头颅，江姐极力控制着满腔悲愤

（作者：吴凡）

但她万万没想到，眼前这个惨遭杀害的烈士是她的丈夫——彭松涛同志。真是一个晴天霹雳！突然的打击，使她难以控制自己的感情，但身负的重任又绝不允许她暴露身份。此时此地，泪，只能往肚子里流；悲痛，只能强压在心里。作者通过外露的东西深刻传达出了内在的感情，一起一抑，把江姐忍痛律己的精神、坚韧倔强的性格展现了出来。

对于作家来说，理论和知识水平的高低，思想和精神境界的高低，直接关系到他们对生活的理解、概括和表现。20 世纪 40 年代末期的斗争，与二三十年代不同，这时的革命形势正如毛泽东指出的：到了 1948 年就不同了，"中国人民解放军已经在中国这一块土地上扭转了美帝国主义及其走狗蒋介石匪帮的反革命车轮，使之走向覆灭的道路，推进了自己的革命车轮，使之走向胜利的道路"。许云峰被囚禁在与世隔绝的地牢，人们对他即将困死在这里是深信不疑的。但就在这见不到一丝阳光，呼吸不到一点新鲜空气的地牢，许云峰以血肉之躯挖出一条暗道，更令人意想不到的是，他并未从这条暗道逃脱，而是将它留给狱中同志突围时使用。这个转折，简直是飞来一笔！在牺牲前夕，在这个"英雄无用武之地"，许云峰却大有可为。在完成这个重大任务之后，他迎着黎明前的曙光离开了人间，壮烈牺牲。这个情节，不仅使许云峰的形象最终完成，而且含意之深，让人思之不尽。

上述人物都不是一眼可以望穿的。他们那高亢的革命气节，勇敢无畏的革命精神，强烈的战斗意志，坚定的夺胜信心，以及丰富的内心世界，都通过各自不同的、丰富生动的情节得以展现出来。茅盾说过："英雄人物的性格总是从斗争中间发展的。没有斗争，也就不会产生英雄。凡是不能或不大胆去表现革命与反革命、进步与落后力量的斗争的，不是把英雄人物放在斗争的中心去描写的，就不可能创造出鲜明生动，使群众激动鼓舞的形象。"《红岩》的作者敢于把人物放在尖锐的冲突与矛盾的顶端，在革命与反革命、正义与邪恶、英雄与魔鬼、生与死、灵与肉、血与火的斗争中展示人物的智慧和力量，才使得他们产生了如此巨大的艺术力量。这是《红岩》创作上一个重要的飞跃。

恨得深，挖得也深，是《红岩》成功塑造反面人物的重要原因。作者曾说过这样的话："我们总不甘心一下就把他们（指敌人）写死，总想不断地骂他们，不断地揭露他们，不断地鞭挞他们。把他们写透、写深，要他们认输，彻底地投降！因为我们太恨他们了。"这段话是耐人寻味的。我想正是因为作者"太恨他们了"，写作时才无法克制自己的感情，很自然地把书中的反面人物作为真正的敌人来写了。如毛人凤、徐鹏飞、严醉、沈养斋这四个大特务头子形象，虽然有反动阶级的共性，但各有其貌、各有其独特的个性：徐鹏飞气势张扬，内毒外狠，凶恶狂妄；严醉"狠在心中，笑在脸上"，含而不露；沈养斋八面玲珑，老奸巨猾；毛人凤装腔作势，外强中干。他们都不是笨头笨脑、凶相毕露、一目了然的人物，而是反动营垒里的精锐。

自然他们又都是复杂人物。以徐鹏飞来说，一方面面临着解放军势如破竹的进军形势和国民党一溃千里、狼狈逃窜的惨相，面对着动荡不安的社会局面和工人、学生如火如荼的反美反蒋斗争，他预感到自身的毁灭，因而焦急不安；另一方面，他对暂时处在地下的共产党力量抱有蔑视心理，对个人的才能和势力十分自信，竭力想扭转历史车轮，不甘心失败。这种矛盾心情在他心里冲击着，因而表现得异常暴躁和疯狂，而这种暴躁和疯狂的心情，又是通过他那阴险毒辣的手段表现出来的。与此同时，严醉的钩心斗角，黎纪纲的软硬兼施，反动者对地下党的破坏、对美国主子的谄媚迎合，以及屠杀革命者时的兽性……作者都没有简单化地处理，而是通过展示他们的反革命"才能"来完成这些反面人物形象的塑造。

别林斯基说："忠实地描写精神上的丑恶，比一切攻击他的话要有力得多。"我认为《红岩》正是沿着这样的道路来挖掘、塑造反面人物形象的。"飞机场"一节，徐鹏飞乘车去接美国顾问，误以为飞机已经到了，他推开车门急忙向前走去，不觉把一支刚刚点燃的香烟当作烟头撒手丢了——这个小小的细节，把主奴关系刻画得入木三分。接着，从飞机上走下来的并不是美国顾问，而是其心腹干将，升了官的严醉。严醉说出六个字："提前——分批——密裁"，多么露骨，多么形象地揭露了美国主子的权威和美蒋特务的狠毒。在这里，美国顾问没有出场，但比正面出场还有力，还形象，同时也把大特务严醉的嘴脸完整暴露出来，从垂头丧气、寄人篱下到气势汹汹、不可一世。徐鹏飞的恼恨与妒忌、不满与忍耐，也通过这个小场面得以准确反映，令人回味无穷。我们和作者议论这个情节时曾谈道：写敌人也不能"自然主义"。《红岩》的前几稿，反映的全是历史真实——严醉"功绩"到手，转眼间被徐鹏飞抢走，但这样严就成了敌特营垒中能干的失意者，失意者容易引起人们的同情和惋惜，不利于展示敌人的面目和罪恶。现在，严醉吃了哑巴亏，立即被他的主子送到美国考察、升官，这样他也使人憎恨。敌人内部矛盾重重，四分五裂，这是规律，不写敌人内部的矛盾，客观上便是强化了敌人。无论是徐鹏飞还是严醉，听美蒋的话是有条件的，因为美蒋之间也有深刻的矛盾，但在《红岩》里，作者集中描写的不是美蒋之间的矛盾，而是奴才之间的矛盾。

三

含蓄，是《红岩》艺术手法上又一个显著的特点。《红岩》中人物和情节的发展都不是一览无余的，而是极为含蓄的。以白公馆来说，作者先用环境衬托出一种低沉、阴森的气氛，让人有透不过气来的感觉，几乎不相信这里会有斗争，会有党。继续读下去，恍然大悟，原来表面上的平静，隐藏着尖锐、剧烈的斗争！这里的党组织较之渣滓洞，有着更高水平的领导艺术与斗争艺术。这种由表及里的艺术手法，恰恰与渣滓洞轰轰烈烈的斗争气氛形成强烈对比，使作品更富有特色。

小说在人物塑造上同样含蓄，常常一句话容量很大，含意很深，使人永怀难忘。如成岗给不知名姓、未曾谋面的负责收集新华社广播稿的同志去信，只写了一句话："致以革命的敬礼！"回信也是一句话："紧紧地握你的手！"一来一往，道不尽的千言万语都含在里边了。齐晓轩为解救胡浩挺身而出，受到陆清威胁的时候，他"随眼望着远处油绿的青山",郑重地说:"告诉你们,我永远是共产党员!"多么普通、简短的一句话,包含着多么强烈的革命激情!这句话,把蕴藏在齐晓轩内心深处的革命感情引了出来,强烈地打动着我们的心。

又如许云峰"赴宴"段落,尽管笔墨用得非常"经济",却构成了强烈的艺术效果:

"嘟嘟!"长鸣一声,轿车停下了。车上跳下两个持枪的警卫,押着一个衣着简朴的人。

徐鹏飞含蓄地微笑着,迎上前去。"唵,许先生!这几天,照顾不周,生活清苦一些,嘻嘻。"一边说,一边就一一介绍主要的接待人员。

朱介的手伸向厅门,笑容可掬地连声道:"请,请,请!"

金发女人大胆地迎上前去,娇声娇气作了自我介绍:"中央社特派记者Mary……"

矮胖子又是笑,又是点头,"兄弟是长官公署新闻处长,今天特地代表朱长官表示……"

老有经验的沈养斋,搭上了话头:"嗬,许先生,听说你快要脱离缧绁之苦了,可喜可贺!"

许云峰一时没有答话。除了徐鹏飞,这些人他都没有见过,可是一看这场面,特殊隆重的气氛,颇有几分鸿门宴的味道,卑躬屈节的逢迎之中,隐隐透出一片杀机。许云峰冷冷地笑了笑,坦然放开脚步,跨进了响着掌声的大厅。

这里许云峰未发一言，作者仅通过环境的渲染，通过敌人的活动，便把许云峰敏锐的嗅觉、强大的观察力，以及赴汤蹈火、行而不畏的英雄气概表现了出来。

通过行动、对话来展现人物的性格特征，是《红岩》在人物塑造上运用最普遍的手法。如江姐的出场，作者并没有细腻地描写她的外貌，读者读完这一段落，未必能十分清楚地了解她是什么样子，但她那富有浓厚生活情趣的谈吐表现，爽快又清脆的语言，却一下子令人看到她安详而又坦率、亲切而又稳重的神态。身受酷刑的许云峰，被抬进楼八室时满身血水，几乎奄奄一息，才过了几天，他竟在一个拂晓的早晨，拖着满身刑具在囚室中从容散步。这是一幅多么富有色彩的画面。怎样描绘出这位无比坚强、用意志克制痛苦的共产党员呢？作者只选择了一个"细节"——许云峰那副沉重的铁镣，在水泥地上来回走动，发出的"当啷——当啷"的声音。这个声音，在人们心中成了击碎牢门的轰击声，成了共产党人发起冲锋的号角声！这种简练含蓄的手法，同样表现在对甫志高的刻画上，作者只通过几个生活场景和一两个细节描写，就把他卑鄙肮脏、低级丑恶的精神世界显示出来——咖啡馆内自斟自酌，深刻揭示了他精神上的空虚与恐惧；到"老四川"牛肉摊上买了一包麻辣牛肉送给妻子，一下就把他灵魂深处的东西抖搂出来了；被捕时刻，特务要把他老婆带走，他不由自主说了三个字："她不是……"仅这三个字，甫志高的叛变已然盖棺论定，再写一个字都是多余。

四

《红岩》的作者从 1949 年开始搜集、研究、整理素材，1959 年动笔，1961 年定稿、出版。这中间重写了三遍，大改了两遍，全稿虽然只有 40 万字，但写下的文字不下 300 万，出版社也是两次重排，两次部分重排。这是一件巨大的工程，在长篇小说的出版中是少有的。当时罗、杨二人身负繁重的行政工作任务，为写这部书坚持了三年，很不容易。鲁迅把创作比作"韧性的战斗"，罗、杨如果没有这个"韧"字，是写不出这部作品的。

罗、杨坚韧不拔的毅力，还表现在字字推敲、句句推敲的严肃认真的写作态度上。他们不怕推翻重写，只要有利于小说质量的提高，再大的改动也不吝惜。他们一遍又一遍地修改润色，终于使《红岩》的主题思想越来越深刻，艺术描写也越发精巧细腻。我曾看到作者写下一段手记："自己还不清楚的东西，绝不可能写得深透，这样的东西怎能让别人感动、信服！要人家看这样的文章，是一种痛苦……"从《红岩》的创作实践中，我们能看到作者努力使作品为社会主义服务、为人民服务。他们以自己的行动真正做到了为革命而写作，问心无愧。无论是写作中，还是小说出版后，他们一直说："小说的真正作者，是那些在中美合作所里为革命献身的先烈，我们只不过是做了一些概括、叙述的工作。如果没有烈士的斗争事迹，这本书是不会出现的。"这是出自他们内心的话。

（原载《光明日报》1962 年 3 月 24 日、27 日"东风"副刊）

《红岩》的人物创造

一

作家的本领，在于他所创造的艺术世界使你觉得不是对生活表象的简单复制，而是对生活的本质，对人物的心理、性格、命运的深刻发掘，对根植在现实生活土壤中人与事的复杂的艺术再现。这个被作家创造出来的艺术世界，自有一股吸引力，使你身入其境，有所感，有所悟。这样的作品才算是有生命力的，才算是真正的艺术品。《红岩》之所以受到广大读者的欢迎，我想这是一个很重要的原因。

任何具有艺术生命的作品，都是典型创造的结晶。这里说的典型创造，不单是人物的典型创造，还包括了背景的展开，气氛的渲染，情节的布局，细节的选择，全局的牵引……所有这些都达到典型化的要求时，作家才有可能创造出特有的艺术境界。

围绕着拆迁与反拆迁、护厂与反护厂、迫害与反迫害、抓丁征粮与抗丁抗粮等一系列的冲突与矛盾，表现了敌人统治的世界的动荡不安，表现了敌人对汹涌澎湃、气壮山河的革命风暴束手无策，表现了革命形势的迅猛发展和山城人民的英勇无畏。小说给予读者的强烈的时代感和环境气氛，使我们立时回忆起那些令人诅咒、祸国殃民的国民党反动派统治的日子，不知不觉进入了作者创造的艺术世界。但也正是在黎明将至的时刻，地下党沙磁区委委员甫志高的机会主义思想和极端个人主义的行动，使匪特有机可乘，使处在胜利前夕的地下党遇到了最猛烈的风暴。《红岩》

以开头六章的篇幅，拉开了斗争的序幕。

环境和气氛的铺陈，尖锐的冲突与矛盾的提出，为小说人物的出场打下了良好基础。许云峰是《红岩》里的栋梁，但在第七章才出场。通过他对沙坪书店的观察，对郑克昌的判断，对陈松林的提示，对甫志高的警告，对险恶形势的果断处理，读者立时感觉到，如果甫志高遵照许云峰的布置去行动，地下党面临的这场风暴是完全可以避免的。仅仅十几页的篇幅，四五处描写，立时把许云峰推向斗争的最前哨，显示他的举足轻重。能够取得这样好的表达效果，与小说前六章对典型环境的描写是分不开的，如果前六章未能反映出众多的生活与斗争中的事物，未能描绘出丰富的详情细节，许云峰也很难一下子站立起来。有了这一点，就为人物在之后一系列冲突矛盾中的活动和表现开辟了宽阔的天地，提供了坚实可信的基础。

二

《红岩》的可贵之处，就是作者没有回避生活中、斗争中重大的、尖锐的冲突矛盾，敢于正面地、不断地让人物在激烈的斗争中打恶仗，而且是越打越好，越打越强，越打越有风格。做不到这一点，《红岩》中一系列的人物形象都很难站立起来。

《红岩》里冲突矛盾的展开，都是通过异常紧张的情节表现出来的，而所有的情节又与人物的性格发展和形象塑造紧密相连。第七章，茶园被特务团团围住，叛徒甫志高四处寻找许云峰，而许云峰此时恰与地下党的领导人李敬原在一起。就在这瞬息万变的紧急时刻，许云峰挺身而出，直呼甫志高，打乱了敌人的部署，使李敬原安全脱险。作者成功刻画出许云峰顾全局、识大体、有胆有识、临危应变、勇敢果断的精神与气质。正因为作者敢于把许云峰放在复杂、尖锐、曲折、多变的斗争生活中来表现他的性格，才使许云峰的形象越来越富有血肉，富有个性的光彩。"黑牢就义"也是这样的章节，它使许云峰的形象得以最终完成，使共产党人的精神、理想、智慧，以及决心摧毁旧世界的信念得到了充分的展示。这个情节很容易写得神秘离奇，但现在在艺术效果上丝毫没有这样的感觉。从书店露面到黑牢就义，围绕许云峰的一系列情节既是故事的延续与发展，也是人物思想与性格的延续与发展。作者既没有因追求情节而忽略了形象塑造，也没有孤立地刻画形象而忽略情节。《红岩》情节的曲折性和复杂性，不单基于其所描写的斗争生活的复杂性，主要还是由这些事件与人物性格的紧密联系所产生。有了这一点，才使情节与人物血肉相连，没有给人游离的感觉。

　　围绕着人物的命运，把一切情节都用来表现中心人物的性格，是不少优秀文学作品所运用的形式与手法，但《红岩》另辟了新路。细心的读者能感觉到，作者努力表现的不是一个人物的命运，而是一个战斗的集体，一个地下党支部的生活与斗争。正是这样，作品没有局限在狭隘的空间里，而是在各种非凡的、特殊的生活与斗争环境之中，展示了鲜明的艺术风格和特殊的生活画面。

　　《红岩》塑造了众多的英雄形象，这是由题材决定的，但在布局上先后有序，主次分明。基于这一点，人物的穿插与活动、位置与作用就不显得散乱，得以集中在作者的思想要求与艺术要求范畴之内。

人物典型化的强弱，并不完全取决于人物的多少，虚构的大小，笔墨的浓淡，而是作者对人物性格的概括，是使人物"高"了，还是使人物"低"了，以及是否有有别于他人的个性特征。从这样的角度来理解，我觉得作者在人物塑造上做得很出色。龙光华从出场到牺牲，前后只有二十余页的篇幅，但是从表到里，从形到神，从"整齐的军装"到"褪色的军帽"，从"一双火一样热情豪爽的眼睛"到"黝黑的手臂"，从一罐又一罐为同志们舀水的动作到面对特务火冒三丈、厉声申斥时的表情，从每早在铁窗边"徒手练习着劈刺的战斗动作"到"一只手紧抓牢门，一只手伸向前面"，以及"给我一支枪"的牺牲情景，你能说出他与哪个人物有共同之处吗？

只不过，作者塑造这些人物时常常只是择取生活中最闪光、最宝贵的部分，抓住那些最能展示人物性格特征的细节，或能反映人物思想感情一瞬间的起伏和变化，就此深入发掘，实现典型化的目标。如刻画丁长发，作者只选择了两个细节：一个是在雷雨交加的深夜，敌人屠杀我们同志的时刻，丁长发用抖动而又有力的手在粉墙上划下了一记印痕，暗中记下了这笔血债；另一个是丁长发那支时刻不离嘴的烟斗，在他掩护同志们突围越狱的时刻，"敌人越冲越近了"，眼看到丁长发身边的一瞬间，他"抽出嘴里的烟斗，朝地上一丢……"，两个小动作便将人物生动地塑造了出来。李青竹在《红岩》里占极少的篇幅，但也有自己的性格特点。

就义时刻，她"苍白的脸上……浮起一阵愤激的红晕……怒声呵斥着"；她丢开特务递给她的手杖，昂首阔步，走向刑场。这一切表明她是一个倔强的、外露的、视死如归的英雄人物，与江姐深沉、从容的性格互映互衬，多方面地表现了共产党人的精神世界。此外，华子良、老袁、老病号等也是有声有色、有血有肉的人物，起着他人无可替代的作用。

《红岩》里起支撑性作用的人物，是许云峰、齐晓轩和江姐。作者用浓墨重彩的手法描写许云峰，竭力把他塑造成光辉有力的形象；同时严格地掌握着分寸，无论是在渣滓洞还是在白公馆，许云峰只是组织斗争和计划行动的领导成员之一。在这一前提下，作者把许云峰可以做的、应该做的，几乎都发掘了出来。深厚的生活基础，严格尊重客观现实的写作态度，使围绕许云峰的情节合情合理。许云峰被捕，敌人虽如获至宝，但未能从他身上榨出油水来。许云峰与毛人凤的交锋，使敌人最后一线希望终成泡影，至此许云峰最困难的处境、最严峻的考验接踵而来。对许云峰来说，任何一点超出自身斗争需要的举动，都会对党、对同志、对自己造成难以宽恕的过错。作者很好地表现出了这一点：不是许云峰不能成为组织斗争和计划行动的帅才，也不是不愿意让这个人物延续到大突围，而是复杂的斗争使其只能单独作战。我想，恐怕正是因为作者客观地写出了这一点，"黑牢就义"才显得那么真实可信，那么符合人物与情节的发展逻辑。任何失掉历史真实感的作品，都很难产生如此强烈感人的艺术力量！

许云峰与齐晓轩是并列关系。勇于献身、不畏艰难是二人共有的品质，但两者又是不同性格、不同风格的形象。许云峰虽机智多谋，勇敢果断，但较之齐晓轩却比较外露。许云峰笑在脸上，恨在脸上，坚定而勇敢，敢于打硬仗、打恶战；齐晓轩相对更老练、深沉一些，经常不露声色地与敌人周旋。为了突出人物的不同性格，作者把他们置于完全不同的环境，使人物有充分的表现空间。从"书店露面"到"黑牢就义"，许云峰的性格塑造得以完成，并在更恐怖、严密的白公馆引出了齐晓轩，把他推向了斗争的最前哨。一个退向后场，一个走向前台，作者这样安排绝非偶然。为保卫狱中的党组织，胡浩甘受苦刑；为解救胡浩，齐晓轩挺身而出，这是白公馆敌我斗争中最精彩的章节，也是塑造齐晓轩最关键的章节。渣滓洞轰轰烈烈，与敌人正面冲锋陷阵，斗争是露在外面的；而白公馆像一座将要爆发的火山，恨在胸中，燃在心里，不爆发则已，一爆发就将使敌人土崩瓦解，粉身碎骨。

如果说许云峰茶园被捕，展示了共产党员赴汤蹈火、死而不惧的英雄气概，那么齐晓轩解救胡浩，则表现出他纵观全局、大智大勇的天才与气质。在这场斗争中，作者没有把敌人简单化，齐晓轩挺身而出，富有经验的陆清立时感到这是"有意把事情引向一个错误的结论"，敌人不单看出这一点，还准备利用这点来揭穿齐晓轩的"假冒"。人们读到这里无不为齐晓轩的安危担心，但齐晓轩却胸有成竹，说出了敌人完全没有想到的答案，书中有段非常精彩的对答：

"哼，你说得好流利！"陆清又一次冷笑。

"怎么？你敢随便进我的管理室？"杨进兴大叫一声，脸色突然变得灰白，他发觉自己被牵连进去了，并且有重大的责任。

"没有锁门，当然可以进去。"齐晓轩坦然地回答了杨进兴……杨进兴忍不住声音发抖地狂吼起来：

"决不可能！我们的报纸，会登你们共产党的消息？"

"你们把报纸拿来翻翻看。"齐晓轩并没有流露出丝毫异样的神情。

敌人再一次冷笑，下命令搬来了一些报纸。

齐晓轩慢慢地翻阅着……

"还没有找到吗？根本没有登！"杨进兴得意地说。

"让他翻吧。"陆清嘴里咬着烟斗，冷冷地嘲讽。

"你们看看这里。"齐晓轩最后才指了指一张报纸。报上的标题，清楚地印着：

中共中央召开七届二中全会

两个特务都吃了一惊。他们久久地望着报纸……齐晓轩从容地抬起眼睛，微微带笑地瞧着面前两张尴尬的脸。

多么好的描写啊！齐晓轩沉着有力的回答，句句都是打在敌人痛处的子弹。陆清从失意中得意，从得意中又失意，从不信到信，从毫不介意到精神状态迅速瘫痪；杨进兴从兴奋、得意、猖狂跌入恐惧、惊慌的心理，都被描绘得淋漓尽致。值得特别称赞的是作者巧妙的艺术构思，妙在这"突然一击"使敌人瞠目结舌，不知所措；妙在齐晓轩把敌人装进"管理不善""失职""泄密"的罗网，敌人却不自知；妙在敌人明知是"错误的结论"却不得不硬着头皮默认下来。从事件到人物，从情节到语言都惊心动魄，给人以回味的空间。

从小说里可以看出，作者以极大的热情来描绘齐晓轩这个人物。在胡浩失落"挺进报"的关头；在图书馆地下室的秘密会议上；在判断渣滓洞的突围，决定白公馆行动的时间上；在最后以自身的强大号召力吸引敌人全部火力，掩护同志们冲出重围上，齐晓轩的形象变得异常高大鲜明，且十分新颖，十分深刻。总之，这个人物出场很晚，篇幅也不多，却使人难以忘怀。

三

任敌人多么残暴，多么毒狠，在逮捕、威胁、诱惑、刑讯、监禁、屠杀面前，真正的革命者永远是坚守节操的。许云峰是这样，齐晓轩是这样，渣滓洞与白公馆里的每一个革命者都是这样，特别是江姐。我读《红岩》始终有这样的感觉：作者试图通过江姐这个人物，塑造一个集中一切优秀共产党员特质的典型形象，表现一个对党、对同志、对未来怀有强烈感情、坚定信念、赤诚忠心的普通共产党员的代表人物。

江姐具有地下共产党员所具有的共同特质，也有鲜明的个性特征，这些个性特征通过人物特有的生活道路与斗争道路，在尖锐的冲突与斗争之中得以表现。在满怀喜悦奔赴华蓥山游击区时，迎接她的却是高挂在城楼上的爱人的头颅。就在这欢乐与悲痛、战斗与挫折交织的情感中，江姐忍痛律己、坚韧倔强的精神面貌得以展示；在狱中，江姐受尽酷刑折磨，却以坚强意志走过来了；在囚室中，孙明霞的亲切教诲，对"监狱之花"倾心的爱戴，表现了江姐炽烈的革命情感和丰富的内心世界；就义时刻，江姐依然那么从容，那么镇静，带着胜利的微笑走向刑场。作者对人物心理、行动的描写深深打动着读者的心弦，把一个真正的共产党员形象及其精神世界升华到了一个新的高度。这是《红岩》在人物塑造上最成功，也是最难得之处。革命者的情感是最纯真、最丰富、最神圣的，这些感情又与他们的情操、品质、信仰联系在一起。江姐就是这样一个成功的典型形象。

写到这里，我不由得想起了一位同志说过的话："《红岩》的作者给每一个正面人物都设下了几道严峻的关卡。"这句话是中肯的。正是这些关卡，使如此众多的艺术形象光彩四射地站立在人们的面前。

（原载《北京文学》1962 年第 10 期）

《红岩》艺术谈

什么是艺术美？这是我在编辑《红岩》时经常思考的问题。我以为，艺术美就是在作品里把生活的美准确地、生动地、鲜明地、有血有肉地反映出来，用生活本身的美来感染人、鼓舞人、教育人……《红岩》塑造的都是英勇坚定的革命烈士形象，如果不是从"中美合作所"集中营的斗争生活出发，如果没有丰富的生活经历，那么无论堆砌多少华丽的辞藻，采用什么高明的手法，都难以打动读者的心。《红岩》的作者以亲身感受、自然朴素的描写，真切地抒发对烈士的怀念、敬佩之情，没有一点斧凿痕迹，这就能给人以美的享受。烈士们在狱中的心理活动是很丰富、很细致、很微妙的，这些细微之处在艺术上极为可贵，是别人想不出来也讲不出来的。把这一切化为艺术，又把艺术化为感情，让感情在小说中起作用，这就是美。

王国维说过："以自然之眼观物，以自然之舌言情。"就是说，无论是描写事物还是抒发感情，都要自然。《红岩》在艺术描写上具有这样的特点，表面上也许十分冷静，但读来却让人激动，似被一股强烈的激情冲击着。这就是艺术之美。"自然"并不排斥激情，也不排斥想象。相反，文学没有激情是不行的，没有想象也是不行的。没有激情就没有感情的起伏；想象则是对现实生活的真实反映或曲折反映，没有想象就没有小说艺术。对江姐与甫志高在江边的一段描写就是这样，甫志高表现自己，卖弄自己；江姐出于同志间的关心，对他有批评，有关怀，有担心。这里没有写甫志高对革命的失望、动摇，恰恰相反，他不仅承认革命会胜利，而且比一般革命者表现得更为突出和强烈。可以说，在朴实、细腻的描写中，作者把甫志高的个人主义与历史的、现实的具体性结合了起来。短短几句对话，有着丰富的内容、深刻的含意，就像外科医生的解剖刀，把甫志高的正面和侧面、表皮和内脏剖析

《红岩》1963 年版插图 齐晓轩为掩护战友越狱从容就义
（作者：吴强年）

得清清楚楚。人们读到这里，会沉思默想，受到感染和启示，这就是艺术上的成功，这就是作家的苦心！

江姐有美的形象，美的心灵，但她是革命者，革命者并不是苦行僧。罗、杨笔下的江姐有血有肉，有情有味，但这没有削弱江姐的形象，而是使她更丰满，更感人。她劝成岗"找个好媳妇"，她批评成岗太偏激，告诉成岗革命和个人生活不是水火不容的对立事物。当她发现丈夫彭松涛牺牲时，罗、杨也没有回避革命者应有的"内心的痛苦"，她满脸热泪，在老太婆面前放声痛哭，这样描写符合生活真实，也是艺术上不可少的。没有这些描写，江姐的形象就难以深入人心。

塑造江姐，作者是在不断地推敲、润色。江姐的肖像和性格，不是一下子就展示在我们面前的，而是通过和成岗谈心，对甫志高的批评，对老彭的怀念，对华为、孙明霞的教诲，对"监狱之花"的爱，一步步地把她的音容笑貌，安详、坦率、亲切、稳重的作风，以及光明磊落又坚强不屈的性格展示出来。江姐牺牲时，作者精雕细刻，写她理头发，整衣褶，拭鞋灰，亲吻"监狱之花"，和战友一一握别……带着胜利的、永恒的笑容走向刑场，表现出人物的从容、镇静，一如平常的英雄气概，这样的描写多好！

《红岩》写许云峰被捕后赴宴，和毛人凤、徐鹏飞展开一场斗智斗力的对话。许云峰从"要犯"一下子变成了"贵宾"，他双手摆在桌面上，目光炯炯地望着满座的"陪客"，威严而平静、缓慢而有力地说：

"今天这桌盛宴，使我想起了一件事。从前，我当工人的时候，厂长总想请我吃饭。也像你们这样，摆满了山珍海味。厂长为什么要恭维我这个穷工人呢？因为我是工人代表。厂长想用油水来糊住我的嘴巴！当时，我看了看满桌酒菜，摇摇头说酒席办得太少。厂长给弄糊涂了。我就告诉他：一桌酒菜只能塞住一个人的嘴巴，可是塞不住全厂工人的嘴巴！"

这后两句话，说得多么好啊！给整个段落增加了声色、气氛和力量，看到这里可以断定，徐鹏飞、毛人凤设下的鸿门宴必然会以失败告终。

许云峰的精神、气质、个性是通过语言表现出来的。当那个不识好歹的新闻处长想阻挠许云峰讲话时，许云峰脸色一沉，挺身而起，手臂当众一挥，说道："要我不讲话很容易，你们有的是武力嘛！要我对你们这批人讲话，倒要看看我有没有兴趣！"敌人愣了，站起来满脸堆笑，磕磕巴巴地说："许先生，有话尽管说……"宁死不屈，宁折不弯，这就是许云峰的性格和气节！敌人已经到了图穷匕见的地步，低劣的对手再也抵挡不住许云峰的进攻了。到了此刻，他们的大老板毛人凤出场了。不要看毛人凤气势汹汹，几个回合斗下来，他就乱了方寸。他发觉自己就要败下阵时，使出了最后一招，"我们放你！立刻放你到兵工厂去，还要举行欢迎会，张贴公报，让工人看见你和我们站在一起。"许云峰不屑地冷冷地说："随你的便吧！除非蒙住我的嘴巴，否则，我一开口就真相大白。你们最好蒙住我的嘴巴，再让我和工人见面吧！可惜这样一来，你们的'释放'，岂不又成了一件掩耳盗铃的笑话？"许云峰的语言，是革命者的语言，是生活的语言，是斗争场合常用的语言，但在这里却变成了许云峰的"个性"语言，这就是艺术的魅力！这就是小说之美！

　　许云峰被捕后，身处豺狼满目、鬼魅横行的魔窟，对可能发生的一切做好了充分的思想准备。但是另一方面，作者并没有把许云峰写成"未卜先知的仙人"。比如在审讯室里，许云峰原本很沉着冷静，能够一眼看穿徐鹏飞渴望扩大线索的焦急心情，能够一下刺中徐鹏飞的痛处，使敌人瘫软，但徐鹏飞突然安排他与身受酷刑、血肉模糊的成岗见面，却是他没有想到的。看到成岗，他激动愤慨，心如刀绞，身不由己奔了过去……但当他看到徐鹏飞那挑战般的神情时，就立刻冷静下来："怎能用廉价的感情代替斗争！"——是廉价的感情吗？不是，而是在敌我斗争的关键时刻，这种感情就要为理智所克制，为斗争而收敛起来。通过冷静——激动——冷静，把普通的——老许和每一个革命者所共有的品质——对敌人的恨，对同志的爱，与特殊的——在审讯室里看到身受酷刑的同志，有机地融合在一起，达到一个强烈感人的新境界。

　　形式含蓄，内容却无比丰富，这也是小说之美的一个方面。这种美，不仅包含了革命者的情操和感情，也包含了对人们的巨大震撼和感染。反映在《红岩》，就是狱中新年大联欢中革命者写下的对联：

女牢的对联

　　洞中才数月　世上已千年

　　横额：扭转乾坤

楼一室的对联

歌乐山下悟道　渣滓洞中参禅

横额：极乐世界

楼二室的对联

看洞中依然旧景　望窗外已是新春

横额：苦尽甜来

楼三室的对联

满园春色关不住　一枝红杏出墙来

横额：大地回春

每次读到这一副副春联，我常常由不得自己，激动得热泪盈眶。在这人间魔窟，竟洋溢着人世间少有的欢乐、坚定、勇敢的精神和高尚的情趣！真使人为有这样的共产党人而感到光荣、自豪！这些春联，蕴含了许多没有写出的丰富内容。我们在议论文学创作时，不是常常议论如何写得含蓄吗？这就是含蓄。含蓄就是掌握分寸，用有限的文字展示无限的内容。

《红岩》出版后，有同志认为把成瑶写得太幼稚了。我不赞成这样的看法，幼稚不是缺点，也不是坏事，这正说明成瑶在成长。成瑶的基本一面是爱憎分明，忠心耿耿，她从来不会也不想把事情做坏；她不畏艰难险阻，不拈轻怕重，总是千方百计地想多做事情，把事情做好。写她的不足也好，教训也好，都是为了写她成长成熟的过程。单纯与复杂、幼稚与老练是对立的,也是统一的,没有单纯就没有复杂,没有幼稚就没有老练,而且单纯不是单调,单调就是缺点了。

《红岩》中描写的人和事,都是在特定的生活环境之中。如何把这些东西写得不一般,是罗、杨要认真对待和用心思考的课题。比如,说梦话是一般的,但龙光华临终时刻说的梦话就不一般。"给我一支枪"虽是梦话,但这话说得真实、可信,含义十分深刻!

对刘思扬的假释放也很不好写。写得不够便肤浅,构思一般,既反映不出斗争的复杂性、尖锐性,又容易给人以假象;写得过于复杂,既不真实,也不容易转弯。罗、杨考虑来考虑去,最后集中在一点上下笔墨,即释放以后,抓住刘思扬的思想、情绪、心理、行动等深入发掘,展开描写——他怎么想?怎么行动?如何做出判断?最后采取什么措施?把这一切写出来虽然很难,但是作者处理得很有分寸。他们一面提出问题,一面回答问题,一个问题一个问题地写,正面写,侧面写,虚写,实写,直到写透了写活了。最后,既完成了对刘思扬的塑造,也回答了一个革命者在险恶艰难的环境中对待革命事业的态度。

作品的革命性表现在革命者的行动上,让情节和形象本身去说话,这比作者本人出来解释一番不知要高明多少倍。在白公馆的图书馆里,老袁朗诵唐诗一段是多么生动!朴素含蓄的情感和生活的丰富性、斗争的复杂性都结合了在一起。艺术技巧本来并不复杂,有时几句话就能抓住生活的具体性和艺术的真实性,有些情感常常不是用语言表现出来的,而是朴素的行动的结果,但表现行动是要通过语言的，所以语言也十分重要。语言是对艺术的概括，而艺术的概括永远离不开生活的具体性——人物的行动、情绪、举止、言论等，构成不同人物的形象、性格和特征，这就是艺术的特征！语言正是要表现这样的特征，展示其艺术感染力。作者描写烈士们送别难友就义时，有的说"先走一步"，有的说"我们就来"，有的说"这是全国解放的信号"。描写墙外响起了枪声、口号声，墙内各牢房不约而同传来了《国际歌》，这是向黑暗势力挑战的进行曲！是迎接黎明到来的交响乐！刽子手们听了发抖打战，同志们听了激情满怀，谁读到这里，心不激动，血不沸腾？这不就是语言艺术的感染力吗！

抓住生活的具体性，同时不能放过一瞬间人物的心理表现。罗、杨很注意这一点，在刻画人物的精神气质和性格特征时，他们能够抓住关键，几笔写出人物的深度。做到这一点是不容易的，必须深入领会描写对象的特征和精神气质，才能形神兼备、精巧入微。《红岩》最后几稿修改、润色时很注意这一点，不仅在许云峰、江姐这样的人物身上下功夫，对次要人物也不放过。比如在渣滓洞断水斗争高潮中出场的老大哥，在白公馆挺身而出的齐晓轩，在渣滓洞突围越狱的关键时刻冲上前去的丁长发，还有老袁、龙光华、胡浩、小萝卜头、华子良等，都有血有肉，表现出内在的思想感情和灵魂的美。这些人物在初稿中或许表现一般，但在定稿时无不跃然纸上，令人拍案叫绝！

随着罗、杨在创作实践中不断求索，小说的主题思想和众多的革命者形象也就更加鲜明和完整了起来。《红岩》写的不是一两个英雄人物，而是一个敢于斗争、善于斗争、前仆后继、艰苦战斗的集体。表面上地下党与狱中的党组织断了线，狱中同志只能独立作战，但从整个斗争的迅速发展看，无论是地下党、白公馆，还是渣滓洞，都有机紧密地联系在一起，互相策应，互相配合，互相支援。李敬原、老太婆、华为在狱外紧张筹划，组织行动，积极策应；白公馆抓住时机支援渣滓洞的突围，而渣滓洞又以洪水下山之势，与敌人的武装力量进行殊死斗争，这又为白公馆的突围创造了机会。所有情节都血肉般交织在一起，惊天地泣鬼神，给人们留下了深刻印象。《红岩》的结尾在完成作品的同时，进一步揭示了作品的主题思想，塑造了人物的形象。曾有同志抱怨最后的章节没有写明敌人的下场，我读过几次作者的手稿，知道作者对敌人的最终下场有过反复考虑，曾设计过多种方案，但都一一否定了。敌人毁灭了，敌人所统治的时代也一去不复返，敌人是死是活，由读者去想象……我始终觉得这样结尾是明智的，给读者的情思留下无限驰骋的天地，这也是小说的含蓄之美！

（原载《百柳》1983 年第 1 期）

《红岩》出版的启示

《红岩》出版后强烈的社会反响，引起了团中央书记处和中国青年出版社领导的重视，也引起了新闻界出版界的注意，一时间纷纷要求中青社介绍"抓重点书"的经验。我们以《红岩》为范例，总结了以下几点体会：

一、要抓重点书，首先要有明确的指导思想。明确出书必须坚持"政治第一，质量第一"的方针，坚持"集中编辑力量抓重点书稿"的做法；明确出版一种有影响的重点书，比出版十本一般化的书要好得多。耀邦同志当时把抓重点书形象地比喻为"大盘菜"，要我们不要把精力花在搞"拼盘"上，要集中力量搞"大盘菜"。所以当时中青社规定：每年的发稿计划中，要有20%左右的重点书稿，并且集中一半以上的编辑力量投入重点书计划，保证重点书稿的完成。

二、要抓好重点书，就要抓重点题材。就中青社的性质、任务、服务对象来说，需要抓对青少年有强烈感染力、感召力的作品。在选择题材时，首先要从党培养、教育青少年的长远要求出发，从当前的实际和形势的需要出发，从大多数青少年成长和发展以及他们的迫切需要出发。《红岩》从一开始就列为重点书稿，正是从这样的考虑出发的。

三、要抓好重点书，必须积极地发现作者。既要注意老作家，又要注意新作者。编辑部主要任务是研究作品，以稿件取胜，以质量取胜，而不是去考虑作者的声望和资历。对作者和作品的研究，如果具备以下条件，就可以考虑列入重点书稿的计划：1. 作者有丰富生活经历，有深厚的生活积累，对所描写的生活和对象有比较深的感受；2. 作品反映的是重大的、有意义、有价值的题材；3. 初稿有比较好的基础，作者有一定的文字表达能力；4. 作者有较大的潜力，只要编辑部给予指导和帮助，就可以创作出更好的作品。

四、为出好重点书，编辑部要认真研究书稿，做好编辑工作，在能力所及的条件下为作者提供和创造一切有利于提高书稿质量的方便条件。对作者既要积极热情，又要严格要求，特别是对有基础、有潜力的书稿，尽量挖掘作者的潜力，力争高水准高质量，不要急于出书。

五、对重点书稿，编辑部要舍得投入力量，舍得花时间，舍得花工本，全力以赴地抓质量。《红岩》在编辑过程中，先后有七位同志参加编辑工作，其中包括先后两任社长兼总编，两任编辑室主任和三位编辑，两次全部重排，三次部分重排，整体历时三年，这在中青社长篇小说的出版中是没有先例的。

六、对重点书稿，要严格坚持"三审制"原则，层层负责，层层把关；同时采取集体讨论、多人审读与责任编辑负责相结合的办法，充分调动编辑的积极性，最大限度地发挥集体智慧，以集体的力量提高书稿质量。

《红岩》的出版，为中青社提供了抓重点书的宝贵经验，这是中青社的一笔精神财富，也是中国出版事业的财富。

（摘自 1964 年作者在北京中央文化学院出版专业班的讲稿提纲）

作者附记：

这是 50 多年前的一个讲话提纲，当时正是《红岩》出版后一路走红的时候，中央文化学院刚刚成立，邀请我去介绍《红岩》

的编辑出版经验。现在看来，这个讲话是很不全面的。如果今天让我去做这样的报告，我只讲两点：一是当时我作为一名年轻的文学编辑，对如何当好作者的参谋，有了实际的感受和具体的锻炼。而在实践中，我深深地体会到：对一个编辑来说，最大的幸福感，就是看到由他发现的优秀手稿。读《红岩》的一至五稿时，就给我这样的享受，这种美的享受难于言表。二是我认识到优秀的作家和优秀作品的诞生，不完全是个人奋斗的结果，或是任何个人培养出来的。编辑的伟大之处，在于发现人才和发现作品，但人才和作品，却是我们的时代、我们的人民、我们的社会制度造就出来的！

在《红岩》成书的整个过程中，编辑部与作者的合作十分融洽。我们尊重作者，千方百计给他们提供方便条件，调动他们的生活和写作的积极性。作者对编辑部提出的意见、建议，哪怕是十分细小的，也都认真考虑，不厌其烦地写作和修改。正是这样，我们与作者结下了深厚的友谊。回想这一段的工作，使人十分留恋。记得，当时我们对这部书稿提出修改意见和审读感受，特别是对那些感觉还不充分、不满意的地方，如何向作者提出来，而又不挫伤他们的自信心和创作的积极性？我们常常反复斟酌，很慎重。我们提出的建议和意见，从不强迫作者全盘接受，而是由他们自己消化后创造性地融入书稿。有时我们在书稿上改过的字句，他们又改过来了，或者涂去了，或者后来在清样上改了，我们都尊重作者的选择和劳动，他们毕竟比我们更熟悉自己的作品和生活，更了解自己想在作品中表达什么，以及如何去表达。

记得"文革"前，编辑部将一部难度较大的长篇小说《燎原烈火》的编辑加工工作交给我。社长兼总编辑边春光找我谈话，给我鼓劲打气。经过近一年的艰苦奋斗，我终于完成了任务，不仅顺利发稿，还被《收获》杂志分两期连载。作者乌兰巴干怀着感激的心情，在《人民日报》上写了文章，《人民日报》还专门写了个"编后"，题为"新关系"，表扬中青社在帮助作者修改稿子时，具有"热情的态度，认真的精神，细致的工作方法"。边春光看过这篇文章后，立即给文学编辑室写了一封信，指出"把作者当战友"这个口号提得好！"团结作者最关键的是出好书，处理书稿要严肃、认真、热情。要互相支持，互相学习，互相熟悉，并肩作战，不要挖墙脚，互相拆台、互相利用，或戒备重重，互不信任。""我们一要谦虚；二要发扬认真负责处理书稿的态度；三要向同行学习，不断武装头脑，以变应变，把出版工作搞活；四要抓新人，树榜样，培养业务骨干，全面开展业务；五要团结新老作者。"此后的三十年，我在编辑工作岗位一直遵循这些原则。

六十多年来，我在编辑工作中苦辣酸甜都有。让我感动的，常常都是老领导、老作者、老朋友，他们在我心情烦躁或情绪波动时，指引我化解精神上的压力和工作上的难点，完成任务，取得成绩。他们是我思想和事业上的引路人。我发自内心地感激他们！没有他们，就没有我今天的事业！没有他们，就没有我的今天！写到这里，我不由得想起了两句话：编辑工作，既是一个光荣的职业，又是一个高尚的职业。光荣在于无条件地奉献一切；高尚在于无代价牺牲一切。

《红岩》：党领导文学创作的成功范例[1]

2011 年是长篇小说《红岩》出版 50 周年的日子，这部叫红了半个世纪的长篇小说，年年再版，有时一年再版几次，是中华人民共和国成立以来中国当代革命历史题材的长篇小说中影响最大、最深远的一部。

为什么《红岩》的影响这么长久，这么深远？我想最主要的原因是，60 多年前发生在重庆"中美合作所"集中营里的狱中斗争，实在是太残酷、太壮烈、太激动人心、太可歌可泣了。革命烈士用热血和生命写下这辉煌的一页，鲜明、形象、深刻地告诉人们，什么是共产党人的高尚情操、崇高气节和光荣传统。可以说，没有"中美合作所"集中营里共产党人可歌可泣的感人事迹，没有革命烈士的英雄气概和牺牲精神，就没有《红岩》！

《红岩》出版于 1961 年底，正处于三年经济困难时期，一问世就深深感染着、激励着青少年读者，引导广大读者以革命烈士为榜样，以坚定的信心和高昂的斗志从饥饿的困境中、低迷消沉的状态中走出来，勇敢地克服困难、战胜困难。1962 年中秋节，全国青联在北海公园举行联谊活动，《红岩》作者之一、全国青联委员罗广斌正在北京，应邀参加联谊会，我作为中青社的代表陪同他前往。在白塔下优美壮丽的漪澜堂内，团中央第一书记胡耀邦紧紧握着罗广斌的手："你们写了一部《红岩》，我不说你们写

---

1 本文系为纪念《红岩》出版 50 年而作。

了一部好书,因为用'好书'这两个字,已经不能概括它的意义了。在当前经济困难时期,你们出版的《红岩》,以出色的描写、感人的事迹,吸引了广大的青年读者,以革命烈士崇高的牺牲精神成功地进行了一场革命理想和革命气节的教育,使人们从关心自身的热量,到树立乐观的信心,保持高昂的革命精神境界去战胜困难。《红岩》的社会贡献,已经远远超过了一部好小说的作用。"耀邦在讲这段话时是很动情的,他的估计也是对的,到1966年"文革"前,《红岩》已经印了300多万册。

"文革"中林彪、"四人帮"破坏了党的形象、党的传统,使党的威望和影响受到严重的伤害。"文革"后,在一些人的信仰一度发生动摇时,人们想起了《红岩》,于是《红岩》不断再版,又一次发挥了坚定信仰、坚定信念,树立革命的人生观、道德观的作用。

在改革开放、市场经济蓬勃发展的今天,面对许多新情况、新问题,包括贪腐和社会上的一些丑恶现象,人们又一次认识到再现革命的崇高精神、革命的传统美德是多么重要!这时又一次把《红岩》提到日程上来,《红岩》因此一次又一次再版。

在之后的日子里,《红岩》以它的重大题材、严肃主题、深刻思想和丰富内容,让人们认识到这部向几代人进行了爱国主义、革命传统教育的长篇小说,在振奋民族精神、激发爱国热情、培育人们对党、对社会主义制度的信任和热爱上,在促进人们的思想道德素质的提高上,仍然有着巨大潜力。于是《红岩》长年摆在书店的柜台上,杨益言一次又一次地在北京、重庆、上海、杭州、石家庄等地，应邀参加各种庆祝活动和读书活动。

五十年来，从《红岩》的存在和发展来看，它是和革命先烈的气节、情操、形象、事迹，和党的战斗精神与光荣传统紧紧联系在一起的。因此，无论是三年经济困难时期，还是"文革"后拨乱反正的时期，无论是实行市场经济时期，还是为实现全面建设小康社会目标而奋斗的今天，《红岩》一直有效发挥着潜移默化的正面作用，是树立在社会主义文学阵地上一面不倒的旗帜，在不同职业、不同年龄的读者群中牢牢扎下了根。《红岩》的创作是成功的，其意义不仅是一本书的成功，还给我们提供了一个党领导文学创作的成功范例。

党的领导，贯彻在《红岩》创作的全过程之中。

首先我要说的是朱语今。语今同志 1936 年上大学时参加民先总队，1938 年在延安入党，1939 年到 1946 年在重庆中共中央南方局青年组工作，参与领导党在国民党统治区的青年工作和学生工作。他在重庆红岩村工作七年，对重庆方方面面的情况都很熟悉。中华人民共和国成立后他是团中央常委，任中国青年出版社党组书记、社长、总编。可以说他大半生都从事党的青年工作，对青年和青年工作有很深的感情。1958 年 10 月我跟随他到重庆调研，一接触到"中美合作所"集中营狱中斗争这个题材，他就敏锐地感觉到这是一个向青少年进行革命传统教育的大题材，于是果断拍板，约罗广斌、杨益言写长篇小说。当时罗广斌、杨益言都是重庆团市委的常委，一个是统战部部长，一个是办公室主任，他俩在感情上对语今有一种亲切感。语今要他们写长篇小说，他们从不曾想过，也没有写过，生怕完不成任务，不敢接受。针对他俩的思想顾虑和畏难情绪，语今说："你们都是共产党员，都是团的干部，天天教育团员、青年要响应毛主席'破除迷信，解放思想'的号召，现在轮到你们了，就不能带个头？你们没有写过小说，为什么不能学着写？你们写小说，目的很明确，不为名不为利，就是为了教育青年一代，就是为了完成狱中烈士的希望和嘱托，完成一个狱中幸存者、一个共产党员应尽的义务，不要犹豫了，写吧！"这番话，既是一个老青年工作者发自内心的殷切希望，又是上级团委下达的工作任务，同时也是中青社向作者约稿。在语今的鼓励下，罗、杨应允，但明确表示："这事还要听市委的，市委要我们写，我们就写，市委不让我们写，我们想写也写不成！"

语今明白，罗、杨都是市委组织部管理的干部，不是从事文学创作的专业作家，不脱产，不集中精力，不全力以赴，是写不出长篇小说的。于是语今出面给罗、杨请创作假，向市委常委、组织部部长肖泽宽提出脱产写作的建议。肖泽宽对语今的建议很重视，语今在南方局工作时，肖泽宽担任过重庆巴县县委书记、川东工委书记等职，他俩早就相识，而且做地下工作时还有过联系，是老战友了。在我们离开重庆后，肖泽宽立即向市委第一书记任白戈、书记李唐彬汇报了，任、李都很重视朱语今的建议，但任白戈没立时表态。白戈是 20 世纪 30 年代的老作家，对文学创作很在行，也知道罗、杨有"中美合作所"狱中斗争的经历，可经历是一回事，写作又是一回事。罗、杨没有写过长篇小说，能担当得起这个任务吗？万一写不好，怎么向团中央、向热心的朱语

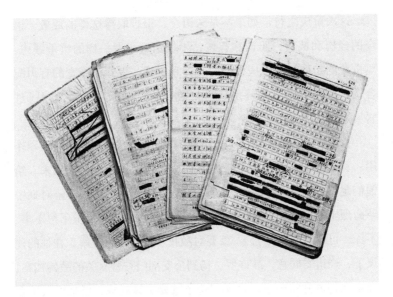

《红岩》作者手稿

今交代？白戈的考虑是有道理的。这时，肖泽宽的作用就体现出来了，他对白戈说："朱语今是我的老战友了，万一写不好，只要我们尽力了，团中央也不会说什么的，而且朱还向我表示，中青社也会帮助他们的。"在肖说明这一切后，白戈才表态："好，我支持。"为此，任、李、肖还在常委会上提出来，决定要把创作《红岩》当作一项严肃的政治任务，指定肖泽宽代表市委负责组织领导《红岩》的创作。白戈考虑得很具体，他对肖泽宽说："写'中美合作所'狱中斗争这样题材的小说，作品的主题思想应该是'表彰先烈，揭露敌人'。"现在回过头来看，白戈提出的这八字，抓住了《红岩》的核心。

　　这次重庆之行，如果不是朱语今，很难取得这样的成效。语今的经历和威望，胆识和智慧，不仅消解了罗、杨的重重顾虑，更重要的是取得了重庆市委的支持和重视，得到肖泽宽的有力配合，使重庆市委自始至终是《红岩》创作的组织者、领导者，这是《红岩》走向成功最重要的保证。

　　肖泽宽在《红岩》的创作中正确而有效地发挥了党的领导作用。首先他与市委组织部把罗、杨从各自工作岗位上抽出来，给他们足够的时间集中精力写作。通过交谈，他发现罗、杨对狱中革命烈士的思想和事迹比较熟悉，对国民党的敌特人员了解不多、不深，可要写好《红岩》，就要对敌我双方都深入理解。在他的建议下，经市委同意，准许罗、杨到公安部门查看有关的敌特档案，提审在押的敌特分子。肖泽宽这个重要决策对罗、杨来说太重要了。为了摸清敌特内部的情况、特务之间的复杂关系和矛盾，罗、杨一次又一次翻阅档案。功夫不负有心人，他们终于发现了跨度长达十五年之久的一整套特务日记，对特务内部的尖锐矛盾，以及不同人物的面貌、心理特点有了更深刻、更具体的理解，不仅进一步丰富了已掌握的素材，也加深了对敌特人员的认识，为之后成功塑造军统大特务等形象创造了新的条件和新的视角。正如杨益言后来所说："仅凭我们掌握的敌特材料，是塑造不出徐鹏飞、毛人凤、严醉、沈养斋那样高级的军统特务形象的，也很难表现出他们各自不同的性格特征和不同时期的内心活动与心理变化。"

　　《红岩》的"征求意见本"写出后，由于罗、杨受真人真事的束缚，悼念烈士的情绪过重，使得作品格调不够高昂，感伤、压抑的内容比较多。任白戈看过后尖锐指出：“小说的精神状态要翻身。”怎样表现革命烈士高昂的英雄气概和大无畏的牺牲精神？怎样反映重庆解放前夕敌溃我胜的形势？怎样跳出真人真事的束缚，站在更高的角度反映渣滓洞、白公馆监狱里的斗争？这是肖泽宽当时考虑的主要问题。为此，他亲自出面，主持召开了三次座谈会，邀请四川、重庆地下党的老同志参加，给“征求意见本”提意见，给作者提供史实、史料、背景材料。正是在这样一些座谈会上，素材不断得到充实和丰富，比如“红旗特务”郑克昌这个人物，就是在座谈会上得到的线索——原军统渝站站长李克昌专门搞“红旗特务”那一套，重庆解放后才在黔江抓获他，后押回重庆。肖泽宽立即叫罗、杨去翻看李的供词记录，使他们对特务的狡猾、阴险、罪恶有了更深的理解，为后来塑造复杂形象提供了有效借鉴。

当时文学界的朋友针对罗、杨没写过长篇小说的实际情况，有的建议他们不要写渣滓洞、白公馆的监狱斗争，集中笔墨写好一个监狱的斗争就很好了；有的建议他们只写狱中斗争，不要写狱外地下党的活动。罗、杨徘徊彷徨，不知如何决断，曾一度思想沉闷，缺少信心。肖泽宽在主持过三次座谈会并听取大家意见后，也深深感觉到能否成功塑造好许云峰、江姐等一批狱中共产党员的形象，是《红岩》能否成功的关键。罗、杨坐牢时，不过是二十出头的年轻人，要求他们深刻理解、生动刻画一批共产党员，难度相当大。肖认为罗、杨要一步步来，欲速则不达，其可贵之处在于不仅准确把握了罗、杨的思想脉搏和实际困难，而且看到两个年轻人高度的责任心和可贵的朝气、干劲，以及巨大的潜能，他对罗、杨始终抱有信心。在一个深秋的晚上，肖泽宽来到团市委宿舍，把罗、杨找来，满怀悲壮之情地向他们述说了他的战友——重庆地下党工运书记许建业烈士的感人事迹，包括其生前从事地下工作，牺牲前的视死如归、大义凛然，以及牺牲后在国统区重庆市人民群众中的巨大影响。此前，罗、杨只了解许建业烈士狱中斗争的一些片段，对他被捕前和牺牲时的事迹，以及牺牲后的影响是不了解的。他们在肖提供的珍贵一手材料基础上，揉进了许晓轩烈士的一些事迹，成功塑造了许云峰这个形象。

针对"征求意见本"中存在的问题，肖泽宽向罗、杨指出："'中美合作所'狱中的生活，确实非常黑暗、非常残酷，所以人们才说它是人间魔窟。但是在那里，共产党人用自己的热血和生命、气节和情操，写下了不朽的一页。你们写小说，不能仅仅停留在'写一个、抓一个、死一个'，要通过烈士的事迹，写出烈士的精神和本质。"对于写一个监狱还是写两个监狱，肖泽宽说："如果你们能够写好两个监狱的斗争，又能写出特色，为什么不可以写呢？如果没有那么多内容可写，或写不出特色，也可以集中写好一个。总之，一切从实际出发，从内容出发，形式服从内容。"关于写不写狱外地下党的活动，肖泽宽肯定地说："'中美合作所'狱中的斗争，与重庆市地下党的工作和活动，都与反抗国民党暴虐统治的斗争分不开。你们写小说时，一定要掌握好重庆地下党的工作、活动是紧密配合全国解放战争这个大形势的。解放战争的发展越迅速，第二条战线的斗争就越深入，一切都不是孤立的，而是互相配合、互相影响的。"肖泽宽还语重心长地说："三个座谈会开下来，听了不少意见和建议，但你们还是要独立思考，自己负责，放开思想，大胆创作，才能进步。在文学上你们是生手，这没什么，不懂就学嘛！搞文化工作得有知识，你们半路出家，更要下功夫补上这一课，边学边写，不要急躁，要有长期思想准备，一年不行两年，三年不行五年。为党争气，为死难烈士争气，也为自己争气，一定要把小说写好。"《红岩》出版后，罗、杨曾说过这样的话："当时肖泽宽部长的这些话，既温暖了我们的心，又鼓起我们继续创作的信心，同时也使我们对小说创作的长期性、艰巨性有了充分的思想准备和进一步的认识。"

肖泽宽对罗、杨没有停留在口头说教上，他也在想办法。他提了一个很好的建议——要罗、杨拜沙汀为师，听专家指点，打开思想和艺术上的突破口。在肖的建议下，市委向沙汀发出邀请函，沙汀愉快接受邀请，从成都来到重庆。在和罗、杨充分交流后，沙汀很同意任白戈提出的"小说精神状态要翻身"，并进一步提出："你们现在还是关在牢房里，戴着手镣脚铐写这场斗争。你们要从牢房走出来，把手镣脚铐全丢掉，以胜利者的姿态，眉飞色舞地写这场斗争。"这"眉飞色舞"四个字，让罗、杨听了眼前一亮，很新鲜，很振奋，很受启示。为了开阔罗、杨的思想和视野，解决好局部与全局的关系，沙汀向肖泽宽提了一个非常好的建议——要罗、杨到北京参观学习。当时北京刚刚建立革命历史博物馆和军事博物馆，正在内部展出，其中就有 1947 年到 1949 年党中央、中央军委、毛泽东主席指挥解放战争的电报、指示、文件、社论等历史档案的原件。肖泽宽立即拍板同意，批准罗、杨赴京参观学习。

事后我们发现，沙汀的建议和肖泽宽的决定是关键性的举措，是《红岩》创作走向成功的重要转折点。北京之行使罗、杨对解放战争的全局发展，从过去朦朦胧胧的认识中走了出来，思想豁然开朗，对于怎样塑造好革命烈士的形象，他们找到了新的感觉、新的亮点，有了新的构思、新的突破。很快，他们就进入小说创作的最佳状态，之后一稿比一稿好。《红岩》是五稿定稿，北京之行后，罗、杨写出的三稿是大转折、大翻身的一稿，无论是思想内容还是艺术技巧，都有明显提高。正面人物形象加强了，许云峰、江姐的塑造有很大进展。通过写许云峰、成岗、刘思扬，使渣滓洞和白公馆的斗争互为依据，彼此交融；通过写江姐，把城市地下斗争和山区的武装斗争联系在了一起；通过写李敬原，使狱外活动和狱内斗争互相呼应。

即便如此，无论是作者还是中青社，对三稿都不满足，都觉得作品还有很大的开拓空间。经重庆市委批准，他们又一次来京，听意见，改作品，在中青社指导下奋斗了三个月，写出了第四稿。他们携带四稿清样返川，途中先在成都下车，把四稿清样送给沙汀。当时沙汀正在省委开会，专门请了假，赶着看完了。沙汀认为："四稿可以了，作品的精神状态翻了身，结构基本组织起来了，再加工一下即可出版，不必再放了。"沙汀要他们在听取重庆市委和各方面的意见后，再来一次成都，和他们逐章研究作品的修改问题。罗、杨回到重庆，立即向肖泽宽做了汇报，肖很高兴，当即做了安排：一、请宣传部部长

1978年《红岩》修订本出版印刷情景

黄友凡，文艺处王觉、冯旭，市委党校余时亮、团市委书记廖伯康，组织部副部长高兰戈审读四稿，在半个月内提出意见；二、汇集大家的意见，向任白戈汇报，请他把个舵；三、赴成都向沙汀汇报，在他的指导下进行修改；四、赴北京，在中青社指导下最后定稿。一切都按照肖泽宽的部署进行。1961 年 10 月，罗、杨又一次赴京，进行了两个多月的修改，1961 年 12 月定稿，同年年底出版。

在《红岩》整个创作过程中，重庆市委对罗、杨的要求一直很严格。没有定稿前，市委要他们集中精力写作，不定稿不准拿出去发表，以免分散精力，放松要求。但市委也并不总那么严格、严厉。《红岩》第一版的稿费6000元，除罗、杨因生活和写作需要预支4000元外，尚有2000元，罗、杨商量后决定全部交党费。杨益言带着2000元稿费去见肖泽宽，肖听了杨的汇报后，满怀深情地说："为了写《红岩》，你们熬更守夜，辛苦了三年，现在又是困难时期，这钱就不要交党费了，拿回去补助一下生活，照顾一下孩子吧！"肖泽宽这番话入情入理，温暖着罗、杨的心，也体现了党组织对他们的关怀。他俩商量后，还是决定交党费，但也不能辜负肖泽宽的一番心意，于是一家各留下400元，把剩下的1200元交了党费。

《红岩》出版后，在社会各界一片叫好声中，又是市委向他们提了建议：要正确对待赞扬。肖泽宽提出三点建议："一、冷静下来，倾听意见，反复思考，暂不表态；二、摆脱《红岩》的具体内容，站在更高的角度，进一步认识当时的斗争，以此检查《红岩》已经达到和尚未达到要求的地方；三、在此基础上，总结写作中的经验教训，使自己得到提高，以便今后更好地前进。"从《红岩》出版这五十年的社会效果来看，可以盖棺论定了——重庆市委和肖泽宽同志正确地贯彻了党的文艺方针和文艺政策，成功地组织领导了《红岩》的创作，为我们党领导文学创作提供了一个成功的范例。

2003年4月，李长春同志在重庆考察思想文化工作时，对红岩精神给予了高度评价。他说："一本小说《红岩》，一曲《红梅赞》教育了几代人，对许多人的世界观、人生观、价值观产生了深刻的影响。红岩精神和井冈山精神、长征精神、延安精神一样，是我们党的精神财富，是激励我们自强不息的强大精神动力……是新时期全面建设小康社会征程上激励人、鼓舞人的重要精神力量。"当我收到杨益言寄来的这张《重庆日报》，立时就想到，若让正在住院的泽宽老人听到李长春的讲话，一定非常高兴。于是我打电话到他的病房，正如我预料，病中的泽宽老无比兴奋，在电话中不断地说："太好了，太好了，这不仅会切实加强重庆市的精神文明建设，也会有效地促进重庆市的经济建设发展，讲话的精神不仅适用于重庆市，也适用于全中国。你要赶快把这个精神告诉团中央和中国青年出版社。"我在电话里感到泽宽老精气神都非常好，怎能想到，他竟在一个月后突发心脏病猝死，享年85岁。

当年组织领导《红岩》创作的任白戈、肖泽宽、朱语今、沙汀、边春光一一离开了我们，但红岩精神会世代相传，《红岩》小说中的人物形象将永留人间。

（原载《中华儿女》2011年第12期）

杨益言
——从"同济学子"到"红岩之子"

　　杨益言于 2017 年 5 月 14 日病逝，我感到无比沉痛。我是 1958 年 10 月向他和罗广斌约写长篇小说《红岩》时相识的，六十年的相识相交，他给我留下的印象太深刻了。他的音容笑貌，至今仍浮现在我的眼前。

　　杨益言个子不高，但他腰板始终是笔挺的；虽然他很单薄瘦弱，但他的精神气质始终是昂扬饱满的；他无疑是一位经受了严峻考验的真正的共产党员，一位对党、对革命事业无比忠诚的老战士。在国民党统治时期，他在上海作为一名进步的大学生，在党的领导下自觉加入了如火如荼的学生运动第一线，成为一名英勇的"反暴"战士。在被捕关进了"中美合作所"渣滓洞监狱后，他受尽了恐吓和酷刑，经受了百般考验，始终无口供，机智巧妙地与敌特周旋，体现出革命者坚如磐石的意志和信仰。"文化大革命"中，他受尽了中伤、诽谤，政治上压得他喘不过气来，身心受到难以忍受的折磨，几乎命丧黄泉……对他来说，无论身处逆境还是恶境，对党的信任、对革命的信念、对事业的追求，总是让他满怀信心和希望，从未动摇过。岁月的雕琢，风雨的打磨，使他尝尽了人世间的酸甜苦辣咸，见识过各种各样的面孔，但最终杨益言还是

杨益言（1925—2017）

杨益言，从未改变其诚实、诚恳、诚挚的本色。

　　他也说自己有时不善于察人，但他那直率坦诚的秉性始终未改。无论在什么岗位上，他总是一心一意地干实事、干好事。大事他干，小事他也干；难事他干，苦事他也干；别人不愿意干的事他干，别人干不成的事他也干……只要有益于他热爱的事业，有益于社会进步，他便任劳任怨、踏踏实实、一丝不苟地去干，并且把事情干成、干好。这六十年来，他无偿地做了几百次报告，他写下的长篇、中篇、短篇小说加起来有两百多万字，并不时地被中央、省、市的电视台邀去做节目。他在一代又一代青少年中的影响，他对精神文明、社会进步的贡献，无疑是人所共知的事实。他就像一头老黄牛，不息地耕耘，默默地奉献，从不计较名利得失。当然他也遇到了无尽的烦恼、难言的苦衷，但他终究是杨益言，他毕竟经受过学生运动的考验；他毕竟是挺着胸膛，从人间魔窟中走出来的钢铁战士！他是坚定的、坚强的革命者，始终以至诚、坦荡、博大、宽容的胸怀对待历史，对待社会，对待发生在身边的人和事，始终保持一个堂堂正正的共产党员和革命者的本色。这就是刚刚离我们远去的杨益言。

一生陪伴杨益言的"同济情"

　　杨益言生于 1925 年，上小学、中学时分别赶上了"九·一八事变"和"七·七事变"。他上初中的第一课就是背着长枪接受军事训练，这以后他又目睹了日寇飞机狂轰滥炸、残杀无辜平民的"五·三""五·四"重庆大轰炸惨案。14 岁的少年杨益言义愤填膺，立志报效祖国，抗击日寇，拯救水深火热之中的祖国和人民。他怀着一腔热血，努力学习，准备将来报考工科，走实业救国的道路。1944 年高中毕业后，他如愿以偿地考入了南迁四川的上海同济大学电机工程系。抗战胜利后，同济大学于 1946 年迁回上海。杨益言怀着满腔热忱和喜悦走进了大上海，本想自此专心求学，实现追求与理想，但却投身另一场艰苦卓绝的斗争中。在国民党与共产党搏斗的旋涡之中，他自觉站到共产党一边，成为白区第二条战线上的一名忠勇的战士。

　　当时上海的学生运动和全国的学生运动一样，是从反对国民党、蒋介石的暴虐统治开始的，满怀爱国心和正义感的杨益言毅然决然走进大学生抗暴的行列。杨益言喜欢写作，最初他写些反映家乡生活的散文，先后在上海的《观察》《时与文》两个刊物上发表过五六篇文章。由于他爱写作，写得又快，后来成为同济大学学运新闻组的重要成员、油印《快报》的总编辑。

杨益言生前讲起半个世纪前在同济大学求学时的经历，是很激动的。他说："当时地下党负责和我联系的白巨源同学将重要消息告诉我，我迅速把它变成文字刻写在油印的蜡纸上。陪伴我的是一张刻写蜡纸的油印小桌子，时而放在游行队伍中的卡车上，时而放在集会的幕后。斗争越激烈，油印《快报》出刊的速度就越快，一般每隔十五到二十分钟，就出一期《快报》。所以一次游行下来，要出十几期《快报》。简明扼要的《快报》，不仅迅速地传递了学运的信息，更重要的是在学运中发挥了鼓舞、团结、动员同学以及促进学运高潮到来的战斗作用。"

1948年发生在上海同济大学的"一·二九"事件，可把南京国民党当局吓坏了。蒋介石亲自下令要国民党教育部长朱家骅和上海市市长吴国桢"迅速解决同济学生罢课事件"，一定要阻止学生去南京请愿，甚至不惜"解散同济"。国民党上海当局也慌了手脚，1月29日这一天，上海反动当局出动了全副武装的军队、警察、宪兵、特务，把同济大学工学院封锁起来，不准同学们迈出校门一步。同济的学生声东击西，机智巧妙地冲出学校。复旦大学等大学的同学们通过小街小巷，绕过国民党的军警队伍，和同济的同学们汇集到一起，打出旗帜，走上街头，游行请愿。国民党当局立即调动军警，组成多道防线封堵，疯狂地殴打、逮捕学生。特别是冲在前边的马队，挥舞马刀，劈砍学生，鲜血溅满了大地。敌人妄图以血腥的武力镇压手段打散游行队伍，阻止学生赴京请愿。在敌强我弱的形势下，同学们整队退入同济工学院大礼堂内。国民党的反动军警宪特立即把同济工学院团团包围，不准同学进出。同时提出四条无理要求：第一，交出为首闹事的学生；第二，交出已被开除的 11 名学生；第三，交出殴打市长吴国桢的凶手；第四，马上复课。同济大学学生自治会也派出学生代表，严词拒绝了国民党当局提出的四条无理要求，同时提出四条要求：第一，严惩殴打和残害学生的凶手；第二，军警马上从同济撤退；第三，赔偿损失；第四，收回开除学生的成命。双方针锋相对，毫无谈判基础。

被大批军警宪特围困在同济礼堂中的学生们，义愤填膺地召开了控诉大会。台前的同学们群情激昂，杨益言把原来摆放在游行卡车上的那张刻写蜡纸的小桌子搬到后台，一边谛听台上台下愤怒的讨伐，一边迅速编写刻印一张张《快报》。当《快报》以飞快的速度出到第 10 期时，台上的同学急匆匆地跑过来通知他：赶快收拾东西，特务就要冲进礼堂。杨益言藏好刻印工具，走到台下同学们中间。同学们正做应急准备，礼堂的大门被砸开了，全副武装的军警和便衣特务冲进礼堂。一个自称是"市长代表"的人走到台上，气势汹汹地发出最后"通牒"，限令在几分钟内把 11 名被开除的同学交出来，把殴打市长的"凶手"交出来！台上的"表演"立时引起台下同学们的怒吼声："军警队员退出学校！释放被捕同学！"对峙局面出现了，一场预谋好的野蛮行动开始了，大批军警特务沿墙穿插，转眼间就把同学们分割成几大块，然后对手无寸铁的学生横冲猛打。他们抓住女同学的头发往礼堂外面推，扭住男同学的胳膊往外押，不少同学倒在血泊之中……

同学们被军警赶出礼堂大门，排成单行接受检查。在礼堂走廊的尽头，站着一排蒙面特务，依照黑名单指认抓捕的对象。杨益言知道，自己早已上了黑名单。他被押出礼堂大门后，故意放慢脚步，这时他的鞋跟被后边的同学踩掉了，他立时弯下腰去提鞋，后面忽地一下堵了许多人。特务怕跑了人，一边大声吼着："快走！快走！不准停下！"一边推搡杨益言和后边的同学，就在这混乱的行进中，杨益言巧妙地躲在一位身材高大的同学后面，躲过特务的视线，安全闯过了这一关，但有100多位同学被拖上囚车押走了。1948年1月29日是令人难忘的一天，同学们以自己的血和肉与国民党在上海的反动统治者进行了大搏斗，写下了上海学生运动史上的光辉一页。

杨益言早已上了国民党的黑名单，随时可能被捕，但他一直坚守岗位，坚持工作，运动当晚在复旦大学学生宿舍隐蔽下来。次日清晨，大家从收音机、报纸得到的全都是中伤、诽谤同济爱国学生的言论，杨益言一腔热血沸腾了，愤慨之情爆发了。他真实详尽地写了一篇万余字的与反动当局唱对台戏的文章，详细记述了"一·二九"事件的前前后后，这篇题为《同济一·二九》的文章，连同数帧冒着危险拍下的照片，一并送给当时上海的进步周刊《国讯》。三天后，他的文章刊出，在社会上引起强烈反响，杨益言的处境也因此更加险恶。

经受了"一·二九"事件的考验，同济大学地下党支部委员白巨源介绍杨益言加入了地下党的外围组织——"一·二九同学会"。他们隐蔽在同济大学法学院的宿舍里,以他们经历过的和《快报》发表的材料为基础,编写了一本名为《控诉揭露"一·二九"事件真相》的小册子,原计划在上海出版。就在这时,一位被捕的同学从狱中带信,要杨益言赶快撤离上海,特务正在部署抓他。杨益言在同学们的掩护下,匆匆告别了上海,告别了同济大学,于1948年4月回到重庆。

杨益言是个有心人,又是个极为细致的人。谁也想不到,即使身处险境,他也没有忘记一个进步青年的责任和义务。他在自身难保的时刻,竟然把尚未出版的材料和照片全部带回重庆,与中学同学、重庆大学地下党支部书记凌春波商量后,在这年的"五四"于重庆大学礼堂隆重推出"同济一·二九学运展",又一次揭露了国民党反动当局的罪行,在山城产生了强烈反响,在学界起到了振奋斗志的作用。

1998年,在纪念同济"一·二九"事件50周年的时候,73岁的杨益言和当年的老同学、老校友追忆往事,心潮激荡难平。当年与杨益言并肩战斗的老校友们把他誉为《同济报》的"新闻之父",中共同济大学党委组织部对杨益言在"一·二九"学运中的表现评价很高:"杨益言同志当年接受党的直接领导,完成了地下党交给的特别任务,负责学运宣传工作,担任同济大学《快报》的总编辑兼出版工作,在学运中起到了很好的宣传鼓动作用,使同济大学的学运在党的领导下顺利进行,使同济大学成为当时上海市的学运中心(民主堡垒)。"而白巨源就讲得更具体了,他说:"当时我受地下党的委托负责同济大学的宣传工作,我找到杨益言同学，让他负责同济大学新闻宣传的主要工作，即以同济大学自治会的名义出版发行同济大学《快报》。从 1947 年 10 月开始，一直到 1948 年 1 月 29 日晚，我都与杨益言同学在一起，负责这一连串爱国学生运动的宣传鼓动工作和新闻发布工作。这段时间，杨益言不畏强暴，积极工作，出色地完成了任务。特别是在'一·二九'晚上，杨益言在大礼堂后台编辑出版《快报》时，不顾个人安危，表现非常镇静坚定，没有辜负地下党的委托，在工作态度与工作能力方面也非常出色。当时时间紧促，只需口头向他传达和叙述，杨益言即在钢板上迅速拟就标题，排出版面，刻出需要及时报道和传达的短小精悍的文章。《快报》在学生运动中也是小有名气的，当时在复旦大学求学，后来成为音乐家的司徒汉就写了一首《同济大学快报好》的歌曲。我与杨益言从事学运这段时间，正是白区学生运动如火如荼高潮迭起的时期。我们赤手空拳，前赴后继，与武装的反动军警搏斗，是无所畏惧的，但有不少同学做出了重大牺牲，为中国人民解放事业做出了贡献。杨益言同学也做出了一个青年学生的最大牺牲——被同济反动校方开除学籍。"

讲起这段经历，杨益言满怀深情地说："敌人的凶残吓不倒青年学生，敌人的种种限制，阻挡不了学生对正义、民主、革命的向往，野蛮镇压只能催化青年学生更快地觉醒。我和许多同学在遭到迫害之后，没有屈服，没有害怕；相反，我丢掉幻想，更加理智，更加清醒，更加坚定，更加自觉地寻找共产党的领导，接受共产党的领导。所以我说'一·二九'这场争取进步光明的学生运动，对我以后感悟人生价值、认识社会变迁、理解历史进步有重要意义。特别是从事《红岩》小说创作时，因为有了在同济大学的经历和感受，就比较容易进入相关的人物和环境，对发生在学运中的人和事理解得就比较快、比较深，写起来也比较顺手。上海的学运经历，使我永难忘怀，是我人生旅途中分量很重的'同济情'！"

落入"人间魔窟"渣滓洞监狱的杨益言

1948 年 5 月在重庆大学举办过"同济一·二九学运展"后，杨益言就不能在重庆大学学生宿舍住下去了。为了隐蔽自己，他到重庆铅笔厂职工夜校代课，同时搬进了这家工厂的工人宿舍。这段时间，他完全沉寂下来，安心撰写全面反映"一·二九"事件的《一·二九通讯》。完稿后，他觉得言犹未尽，又写了几篇有关"一·二九"事件其他方面的文章，寄给了上海的进步刊物。中华人民共和国成立后，他在查阅资料时发现，寄出的文章都在当时的《时与文》等进步刊物上发表了。

隐蔽而平静的生活很快就被打破，灾难和厄运突然降临到杨益言的头上。1948 年 8 月 4 日，是他终生难忘的一天。这天他正在工厂宿舍楼上看书，突然闯进四名特务，将他狠狠按倒在地，扭过双手戴上手铐。他被推上一辆中型吉普车，押往西南长官公署二处——这是当时西南地区军统特务的首脑机关。坐在那间阴暗潮湿又充满血腥味的牢房里，杨益言一眼看到，重庆大学地下党支部书记凌春波也在这里。凌春波也发现了杨益言，他避开其他人的视线，朝杨益言摆了摆手。杨益言立刻明白了，尽管他和凌春波在重庆大学举办过"同济一·二九学运展"，但这次被捕与他、与展览没有关系。杨益言心里有了底，安定了许多。

当晚，杨益言被押进刑讯室。昏暗的灯光下，几名行刑特务晃来晃去，各种各样的刑具，特别是那个老虎凳，摆在一眼就可以望见的地方。主审特务叼着烟，故作轻松地一笑，用狡诈的目光望着杨益言说道："杨先生，你还是自己先说吧！"表面上，杨益言十分沉静地坐在那里，默默无言，但他脑海中不停地运转着："我为什么被捕？必须把被捕的原因弄清楚！"他稳稳地坐在那里，一言不发，双方在精神上和意志上对峙着、较量着。特务终于忍不住了，想迅速打破这沉闷的僵局。他从座椅上站起来，气愤地把盖在桌上的报纸掀开，指着报纸下面的一堆东西，威胁他说："是不是要把你重大的女朋友也请来？别以为你不讲我们就什么都不知道。告诉你，你的一切我们早知道了，你是从香港派回重庆恢复《挺进报》的，对吧！你们的刘国定同志，现在已经是我们的中校同志了！"

聪明机敏的杨益言是绝对不会放过这个绝妙的好机会的！他睁大了眼睛，看见了他撰写的《一·二九通讯》油印稿，看到了他写给重大女友的信……瞬间，一切都明白了，这些都是从邮检中截获的！寄《一·二九通讯》时，他没有写寄件人的地址；给女友的信，他用的是工厂的信封。想到这里，他立时做出判断，敌人是经过核对笔迹才找到自己的地址。此刻，他担心的已经不是自己，而是上海那位收取文章的地下党员和托他转交的几家进步刊物的命运。杨益言紧张思考着，表面上却沉默着，似乎对敌人所说所做完全不屑一顾。特务似遭到了羞辱，气冲冲地走到杨益言跟前，狠狠地给了他一记耳光，然后一挥手，四名行刑特务冲上来把他架起，放在老虎凳上。老虎凳是一条长板凳，一头顶在墙上，特务让杨益言背贴着墙，双腿平放在板凳上坐下米，然后把一块木板放在膝盖上，用绳子把木板、大腿和板凳紧紧捆绑在一起，然后强逼杨益言弯腰，将他的双手大拇指和两脚的大脚趾也紧紧绑在一起。杨益言感到头发晕，身体发热，呼吸急促。审讯杨益言的特务拿着一根木棍，用力敲打杨益言的脚胫螺丝骨，得意地问道："你说不说？还是说了吧！你是不是共产党从香港派到重庆来恢复《挺进报》的？"

这时的杨益言不仅完全沉稳了，而且心中有了底——敌人既没掌握他的真实情况，也把他的身份搞错了。杨益言十分清楚，敌人要干的是什么：特务们会用棍子把他的脚后跟向上撬起，将一块砖头塞进去；然后撬起来，再将一块砖头塞进去；塞到四五块砖以后，他的膝盖骨就会粉碎……望着凶残野蛮的特务，愤怒的烈火似要在他胸中爆炸开来。他本要张口怒斥特务，蓦地想到要沉稳，不能激动，胸中的怒潮渐渐平静了下来。他高高地扬起头，声音不高，但字字清楚有力，吐出了两个字："不是！"之后再没有说一句话，晕了过去。

杨益言又一次被敌人拖上吉普车，双眼被蒙上黑布。车子在颠簸的山路走了许久，他突然听到阵阵的竹梆声，车子停下来，黑布也被摘了下来。只见山坡上布满了岗亭，露出的枪口对准了四面八方。层层的岗亭紧紧围着一道山沟，山沟下面用电网围着一栋栋房子……杨益言立时想到,这就是臭名远扬的人间魔窟——"中美合作所"集中营吧!

特务向杨益言宣布:"你的号码是 258 号。"然后就把他关进了渣滓洞监狱楼上第二号牢房。这间牢房囚禁着 28 个人,一个人只有"一脚半"宽的位置,夜里只能侧身躺下。杨益言在描述这段狱中生活时,曾写下这样一段话:"毒刑折磨的恐怖气氛,笼罩着黑沉沉的牢房。狱中米饭的霉味,便桶的臭味,刑伤溃烂的腥味,充满了牢房狭窄的小小空间。"在牢房里,杨益言的左边躺着工人余祖胜,他是受《挺进报》案牵连被捕入狱的。小说《红岩》中塑造的余新江,就有许多余祖胜的影子,他也受过老虎凳等重刑的折磨,但表现坚强,宁死不屈。一次,余祖胜走到风门口朝外边看了看,见左右都没有看守,回来后便拿一根竹筷,从他与杨益言躺卧的墙上钻了进去。他朝杨益言点点头,杨益言立时明白,他是想试试这墙是土墙还是砖墙,一试他就笑了,是土墙!他和杨益言一个在上边钻,一个在下边收起掉下来的墙土。他俩轮流干,不停地往里钻,一根筷子断了,换上一根筷子继续钻,终于把墙钻通了。在昏暗的狱灯下,余祖胜赶快用一颗竹钉将洞口塞住,然后挂上一件破衣服,把洞口掩饰起来。就是这个小小的洞口,后来竟成了狱中难友传递信息和行动的秘密通道,一直到 1949 年 11 月 27 日余祖胜在大屠杀中壮烈牺牲,敌人也没有发现这个秘密通道。

睡在杨益言右边的是重庆市电力公司的刘德惠。由于他家有一些特殊的社会关系,有时能送进来一些营养品,刘德惠就将这些营养品送给狱中的伤病号吃。刘家送来一把二胡，刘德惠不会拉，就让杨益言教他。杨益言望着这把二胡，想起了他在同济大学读书时的往事。当时同济大学还没迁回上海，就在长江上游一个偏僻的小镇上，他领头发起建立了一个"二胡研究社"。那时哪有那么多二胡？他和同学们就用竹筒、牛皮纸自制了200多把二胡，还举行过数次二胡演奏会，这个灰色社团组织一直延续到上海。在上海学运风起云涌之时，他以"二胡研究社"的名义参加了社团联合会，在学运中发挥了战斗作用。现在他要用刘德惠这把二胡，在这座人间魔窟中给众多受折磨的难友带来欢乐和愉快。杨益言的愿望不久果真实现了，那就是1949年辽沈、淮海、平津三大战役胜利的消息传进监狱后，狱中的难友们以春节大联欢的方式举行庆贺，楼二室出的节目就是杨益言的二胡独奏。

在狱中，杨益言还参加了为新四军战士龙光章被害致死的抗暴绝食等一系列斗争活动，并在狱中结识了一批共产党人，他们在对敌斗争中表现出的聪明和智慧、勇敢和无畏、可贵精神和崇高气节，给23岁的杨益言留下了一笔毕生使用不完的精神财富，铸造了一个革命者永不消退的宝贵本色。

1949年的元旦，蒋介石为了使蒋家王朝缓一口气，重新调整和部署军事力量。他宣布引退，实际上是退居幕后指挥。国民党的"副总统"李宗仁当仁不让，立即以代总统取而代之。李宗仁上台后，当即表示愿与中共重开和平谈判。我党立即抓住这个机会，提出释放张学良、杨虎城，释放一切在押政治犯的强烈要求。中共这个要求，赢得了全国人民和进步媒体的强烈响应。在重庆，国民党西南长官公署主任张群首当其冲——在四川父老和各界人士的重压之下，他不得不站出来表态："只要没有证据，就放人！"1949年春夏之交，营救张学良、杨虎城和释放押在"中美合作所"集中营里的政治犯的呼声，形成了高潮。杨益言等几十位革命者就是在这样的背景下，通过社会关系被保释出狱，虎口逃生。60年后，杨益言的哥哥杨本泉写下这样一段文字："弟弟被营救出狱时，两个耳朵洗出大量血水，这是被国民党特务施以'吊鸭儿浮水'酷刑留下的后患。"

出狱后的杨益言，隐蔽在重庆市北碚兼善中学校内。1949年11月30日重庆解放，杨益言在无比欣喜之际，惊悉国民党特务逃离重庆之前，在"中美合作所"渣滓洞监狱制造了骇人听闻的大屠杀。杨益言无比震惊和愤怒，对敌人的仇恨和对死难烈士的深爱，让他在重庆解放后的第二天就拿起笔来，赶写了一篇《我从集中营出来》，12月4日起在重庆《国民公报》上连载，此时距重庆解放还不到一周。这是重庆解放后，控诉渣滓洞监狱残暴罪行的第一篇檄文，真实具体地揭开了集中营的内幕，将狱中发生的一系列斗争史实和国民党特务的滔天罪行，暴露在光天化日之下。这篇及时的独家报道，在重庆市民中引起了广泛关注，产生了重大影响，激起了人们的愤怒声讨。

从这篇文章开始，杨益言就走上了传播红岩精神、歌颂红岩烈士不朽事迹的笔墨生涯。20世纪50年代，由他执笔写出中篇回忆录《在烈火中永生》，60年代与罗广斌一起写出长篇小说《红岩》，80年代写了《大后方》和《红岩》前续——《秘密世界》

两部长篇小说。此外，他还写了多部中、短篇集子，可就在他准备拿起笔来，完成《大后方》的第二、三部时，突发的重症脑梗死使他丧失了自主思维和语言能力，这对把写作视为生命的杨益言来说，简直是毁灭性的一击。2014 年，与他生死相依、患难与共的老伴病逝，他再也挺不住了，住进了医院，从此再也没有出来。2017 年 5 月 14 日，突发吸入性肺炎导致他病情恶化，离开了人世。

杨益言走得很平静，很安详。灵堂上，挂了一副醒目的挽联："垂泪书华章，巴渝永铭志士心；泣血写英烈，华夏长留英雄魂"，横幅"红岩之子"。在众多的唁电和花圈中，摆放着同济大学的唁电。

杨益言从"同济学子"到"红岩之子"的行程结束了，但同济大学和渣滓洞监狱给他留下的经历，却融入他的血肉情感之中，弘扬红岩精神，成了他毕生为之奋斗的事业。而今，他虽走了，但他留下的这份精神遗产将永留人间。

（原载《上海文学》2018 年第 9 期）

杨益言不愧是罗广斌生死患难的战友

杨本泉一锤定音，杨、罗、刘结下文墨之缘

出狱后的杨益言，隐蔽在重庆市北碚兼善中学内。

1949 年 11 月 30 日重庆解放后，中共中央西南局决定于 1950 年 1 月 15 日召开"杨虎城将军暨遇难烈士追悼大会"，当时正是解放大军向西南广大地区进军的时候，追悼大会的召开，正是发动群众、号召群众支援前线的最有力的动员令。筹委会还决定，在召开追悼大会的同时编一本纪念特刊。于是，从"中美合作所"渣滓洞监狱和白公馆监狱脱险的狱友又聚集到一起，其中就有罗广斌、刘德彬、杨益言。罗广斌是烈士资格审查委员会委员，杨益言被分配在筹委会宣传部工作。当时杨益言 24 岁，罗广斌 25 岁，刘德彬 27 岁，三个年轻人为胜利欢呼、喜悦、激动，谁也没有想到，三人会因同在筹委会工作而结下文缘，并延续了几十年……这中间有苦有乐，有喜有悲，有血有泪，有不安和苦闷，也有兴奋和遗憾……

一本题名为《如此中美特种技术合作所》的特刊，副题是"美蒋特务重庆大屠杀之血录"，署名是"重庆市各界追悼杨虎城将军暨被难烈士筹备委员会编"。《特刊》对内容和编排印刷有很高要求，负责具体工作的杨益言、罗广斌、刘德彬研究后，想到了在

《国民公报》副刊部当副主任的杨本泉（杨益言的哥哥），想请他全面主持《特刊》的编辑工作。当时杨本泉已是地下党外围组织"新青社"社员，又是得到茅盾支持指导的"突兀文艺社"的发起人。杨本泉爽快答应，和杨、罗、刘一起动手编《特刊》。《特刊》包括照片、电文和演讲、烈士小传、罪行实录四个部分，第四部分有如下文章：《中美合作所真面目》（《国民公报》记者、地下党员李忠禄撰写）、《血腥的记忆》（杨益言撰写）、《杨虎城之死》《血染白公馆》《江竹筠烈士小传》（罗广斌撰写）、《火烧渣滓洞》（刘德彬撰写），刊出时均未署名。最后由杨本泉撰写编后记，阐述编辑意图。《特刊》定稿后在《国民公报》印刷厂印刷，保证在1950年1月追悼大会召开时出版发行。后来这本《特刊》经中国革命博物馆筹备处编辑，改名为《美帝蒋匪重庆集中营罪行实录》，由大众书店于1950年8月在北京出版。

1950年1月15日，在重庆市举行过"牺牲在'中美合作所'集中营的烈士追悼会"后，杨益言被分配到重庆团市委工作。依据党的规定，凡曾被捕过的，必须经过党组织严格的政治审查。经过一段时间的审查，杨益言的历史是清白的，其被捕、出狱的情况是清楚的，狱中的表现是好的。1947年在上海同济大学，1948年在"中美合作所"渣滓洞监狱，1949年重庆解放后的"1·15追悼大会筹委会"期间，一直没有时机解决入党问题的杨益言，于1952年正式入党。从组织上来说，对杨益言考验、锻炼的时间是长了些，但对他个人来说，那却是他人生旅途中最光彩、最难忘、最值得纪念的一段经历。1959年重庆市委决定调派他创作《红岩》

罗广斌（1924—1967）

时，又对其政治历史结论进行了审查，没有发现任何新的情况和问题，这才批准他脱产和罗广斌一起写《红岩》。

1951年，重庆市文联主办的《大众文艺》月刊为庆祝建党30周年举办征文评奖活动，当时杨本泉是征文评委和组稿编辑，评委会要求评委发动广大作者应征写稿，是他要杨益言写一篇反映牺牲在"中美合作所"集中营里的共产党员事迹的报告文学去应征。几天后，杨益言把作品交给杨本泉，杨读后十分满意，在文字上做过润色之后，提笔起了一个含意深远又充满诗意的题目：《圣洁的血花》，然后又加了个副题"记九十七位永生的共产党员"。他与罗广斌、刘德彬都相识，想到杨、罗、刘都曾在"中美合作所"关押过，是同斗争、共患难的生死战友，如果这篇作品由三个人联名，可能社会效果会更好。征得罗、刘同意后，想到罗的传奇革命经历，其又是烈士资格审查委员会的委员，便将罗的名字排在第一个；刘在越狱突围时英勇机智，受过枪伤，是杨本泉在兼善中学的同班同学，就排在第二；杨益言是自己的弟弟，当然排在第三。这篇文章是重庆解放后第一篇较为全面描写"中美合作所"集中营监狱的报告文学，也是罗、刘、杨三人第一次联名发表的作品。文章发表后受到读者的关注和好评，荣获《大众文艺》征文奖，被《新华日报》全文转载，后由广州的华南人民出版社出版了单行本；同时，又在重庆市文联、团市委获奖。这是杨、罗、刘事先没有想到的，特别是杨本泉排列的署名顺序，是他们无论如何不会想到的，以至于1956年在渝京两地报上发表的《江竹筠》《云雾山》《工运书记——许建业》《挺进报（白宫版）》《小萝卜头》等短篇和1958年在中国青年出版社出版的《在烈火中永生》单行本等，都沿着这个署名顺序署了下去。署名在当时有如符号，是不为罗、刘、杨看重的，就是不署名字，他们也会精心写作的。

1950年，罗、刘、杨开始在四川各地做有关"中美合作所"的事迹报告，反响十分热烈，广大听众希望他们把这些事迹写出来，罗、刘、杨开始考虑听众的要求……机会终于来了，当他们听说杨本泉有三个月的创作假时，再也不想放过这个机会，罗广斌代表三人请杨本泉做指导老师。他对杨本泉说："请你不要推辞，这事我们已经研究过几次。第一，你比我们有写作经验，解放前你已发表过不少作品，有的作品还得了奖；第二，解放以来，我们已有过十分愉快的合作，我们信得过你；第三，我们和你的关系不一般，杨益言是你亲弟弟，刘德彬是你高中同班同学，至于我，比你小一岁，你就把我当作你的一个老弟看吧！为了不使广大听众失望，希望你答应我们的请求。"杨本泉怕自己力不胜任，十分犹疑，但想到这是一个不应被埋没的重大题材，作为一名党报的编辑，有责任协助他们把这一题材发掘出来，使之公之于众。在这样的考虑下，杨本泉表示可以试一试。罗、刘、杨向重庆市委组织部请了三个月假，1956 年 10 月，几个年轻人又走到了一起，这一年刘德彬 34 岁，杨本泉 33 岁，罗广斌 32 岁，杨益言 31 岁。在重庆南温泉一个小招待所里，杨本泉和罗、刘、杨围绕难忘的狱中生活，围绕革命烈士们的不朽事迹，用自己的笔，将留存在记忆中的那些难忘的人和事，一件件如实记录了下来。罗、刘、杨住在大房子里，一人一桌一椅一床，杨本泉独住在另外一间小房子里。

　　杨本泉当时在重庆文学界已颇有名气，写了不少诗歌、散文，还出了书。他写的短篇小说《丰收》，在 1945 年重庆《新华日报》主办的"茅盾文艺奖金征文"中被评为甲等奖。罗、刘、杨称他为"小先生"，对其写作经验和创作成就感到佩服。杨本泉确实是有经验的，他提出三个人在狱中的经历、见闻不同，所以建议各自写最熟悉的生活，各有侧重。罗广斌写白公馆和《挺进报》部分，刘德彬写江竹筠烈士事迹和云雾山部分，杨益言写渣滓洞部分（包括龙光章追悼会、春节大联欢、工运书记许建业等烈士的事迹，以及华蓥山游击队等）。分工后，杨本泉成了三人的写作中心，写什么，怎么写，都先与他交换意见；初稿送他审阅，由他审读并提出修改意见后，他们相互传阅补充修改成二稿；需要集体研究讨论时，由杨本泉召集；完稿后都交给他，由他加工润色，编排次序，组合统一。

　　对于罗、刘、杨三人来说，南温泉三个月的写作是对三个革命的幸存者美好心灵的展示，是三个狱中难友对历史、社会高度责任感的发挥。他们当时只想记录下历史，让后人记住发生在重庆"中美合作所"集中营里的这场正义与邪恶的斗争；记住在黎明前的曙光已经照耀到山城的时候，那些永垂不朽的革命先烈是怎样英勇献身、壮烈牺牲的！他们只想到把存留在心中的人和事如实地、详细地写出来……除此之外，什么也没有想，甚至写完之后连全稿的名字都没有想，便统统地交给了杨本泉。最后还是杨本泉总其成，暂定为《锢禁的世界》，这是在白公馆监狱殉难的蔡梦慰烈士《黑牢诗篇》组诗中第一篇的题目。

　　1956年的写作是纯洁的、美好的，三位作者对历史、社会、牺牲的革命烈士们尽了应尽的义务，做了该做的工作。辅导写作的"小先生"杨本泉，不但策划、辅导、编辑，为了让《锢禁的世界》有更多篇章在报刊上发表，在出版社出版，他还运用自己在新闻界的工作关系四处活动，出了大力。当时他是《重庆日报》副刊编辑，首先在《重庆日报》上发表了《江竹筠》《云雾山》；与此同时，他还向重庆《红岩》文学杂志编辑余薇野、《西南工人日报》副刊组长王诚德、重庆人民出版社文艺编辑室编辑李义方推荐，并把《锢禁的世界》寄给他的老朋友——时任《中国青年报》农村工作部部长的何才海，请他向《中国青年报》和中国青年出版社推荐。至今，中国青年出版社档案里还保留着1957年2月

28日由杨益言执笔，以罗、刘、杨三人名义写的投稿信，委托何才海将《铜禁的世界》中记述江竹筠、陈然等烈士的初稿共十八章，带给中国青年出版社。这封信原文如下：

中国青年出版社：

　　兹送上《铜禁的世界》（暂定名）初稿中的一部分，共十八章。这些章主要是写江竹筠、陈然等烈士的。因为机关工作较多，现在没时间改完全部初稿，以后当陆续送上，供你们审阅。如果你们看了以后，觉得可以修改出版的话，希将意见告诉我们，我们当在进一步修改以后，再将定稿寄给你们。初稿将由《中国青年报》何才海同志分批转给你们。

　　书稿有如石沉大海，始终没有收到中国青年出版社的回函。据杨本泉的回忆，后来何才海告诉他，中国青年出版社看稿人当时的反馈是："题材不错，可惜写得太差。"最后除了《重庆日报》《西南工人日报》《中国青年报》选了几个散篇发表外，其他的刊物、出版社均以粗糙、零乱、松散、缺乏文学性为理由而拒之门外。时间仅仅过了一年零八个月，《铜禁的世界》的命运就有了另一个新的境遇，与此前的情景相比，有如天壤之别，这"别"就是"别"在把《铜禁的世界》这个题材改写成长篇小说。

　　尽管《铜禁的世界》中的散篇在报刊上发表得很少，但对罗、刘、杨鼓舞还是很大的，更重要的是，在杨本泉提出的"以我手写我口"原则下，三人将存留心中的素材初步展示在纸面上，为以后创作长篇小说《红岩》做了有益的铺垫。杨本泉曾说过这样一段话："有人提出来，三个缺乏写作经验的青年凑在一起，仅仅三个月时间，就能写出一部几十万字的作品吗？这在今天看来确实是难以想象的，当时之所以能够完成写作任务，三个人的非凡勤奋是不可多得的条件。正由于他们写作经验不足，时间紧迫，又停留在'以我手写我口'的阶段，所以《镣禁的世界》的写作质量整个说来还是比较粗糙的，最后仅在《重庆日报》《西南工人日报》《中国青年报》发表了几个片段，基本上成了胎死腹中的废稿。尽管如此，对他们三个人来说，南温泉三个月的写作实践还是很有价值的。一是第一次发掘整理了有关这一题材的原始材料，为以后进一步加工创作奠定了基础；二是尽管作品是松散的、粗糙的，但锻炼了他们。假如没有1956年的写作，或许就不会有1959年小说《红岩》的创作。虽然这是两个性质截然不同的作品，一个是回忆录，一个是小说，但它们却是在同一题材上开出来的两朵花。当然这两朵花是无法相比的，前者仅仅用了三个月，后者用了三年，花了十倍于《镣禁的世界》的时间。前者只有一个人指导，后者有重庆市委、团中央、中国青年出版社，以及许多老同志、老作家的帮助和指导，无论在基调上还是格局上都实现了脱胎换骨、从量变到质变的飞跃。它不仅展示了一个新的独特的世界，而且还塑造了一系列让人永难忘怀的人物形象，这是《镣禁的世界》所无法比拟的。"

1957年，杨本泉被错划为极右派，发配到云南修成昆铁路，且一去就是五年，从事体力劳动，离开了笔墨生涯。在他1962年回到重庆时，小说《红岩》已经出版了。杨本泉虽没有参加长篇小说《红岩》的策划，但对于《红岩》的诞生，他在早期做出的贡献依然是十分重要的，是不能忽视的。

到了1958年，罗、刘、杨已是另一种景况了。罗广斌虽然还是重庆团市委常委，但已经离开团市委统战部部长的岗位，调到市委在长寿县筹建的一个大型干部劳动基地——长寿湖农场。刘德彬在1954年就调离了团市委，到市总工会教育工会担任副主席，1957年因犯了所谓"工团主义"错误，被下放到长寿湖农场瓦银坳生产队——一处交通十分不便的湖中小岛上劳动锻炼，只有杨益言依然是团市委常委，担任办公室主任。

就在这时，中国青年出版社专门发表革命回忆录的《红旗飘飘》丛刊向罗、刘、杨发出了约稿信。信转到团市委杨益言的手中，杨益言找罗广斌商量后，就把两年前他和罗广斌去江津地区做报告时，由江津团地委刘思碧、童德贵二人记录整理的讲话稿找了出来，经过修饰和改动，署上罗、刘、杨三个人的名字，寄给了《红旗飘飘》编辑部。这就是后来发表在《红旗飘飘》第六期上的《在烈火中得到永生》一文。文章发表后，中国青年出版社又来信，希望在此文基础上，扩展开来，出版单行本。这封信以及后来的催稿信，都压在杨益言手上。当时，无论是罗广斌还是杨益言都十分忙碌，加上全民大炼钢铁，日夜奋战，根本无暇抽出时间写作。而以刘德彬的处境，就更难以完成了。可能由于行政工作过于劳累，杨益言在"中美合作所"集中营留下的病根——肺结核病复发了。就在这时，大炼钢铁新一轮战役打响，市委要求干部三天三夜不下火线，坚持战斗在炼钢的第一线上。也许是为了照顾病号，团市委书记让杨益言在机关值班，也是三天三夜不准离开岗位。杨益言留守在无人的团市委值班室内，既无电话可接，又无工作可做，闲不住的他，忽然想起中国青年出版社的约稿信——何不利用这天赐的三天三夜时光呢？说干就干，他拟定了"在黑色的山谷里""魔窟""考验""意志的闪光""日光、空气、水及其他""监狱之花的诞生""追悼会""望窗外已是新春""铁窗里""坚强的人""最后时刻"十一个小题目，铺开稿纸就写了起来。也许他对过去的生活和经历太熟悉了，也许是周围的环境太安静了，也许是写作的欲望和激情太强烈了，三天后，他居然把这部四万多字的中篇回忆录书稿完成了。

他把书稿寄给在长寿湖农场的罗广斌，并要他转给刘德彬。作为当时长寿湖农场场长的罗广斌，正一门心思培育新鱼苗和组建"三八"女子捕鱼队，但还是忙里偷闲，认认真真把初稿看了一遍。他没有动结构，没有增加内容，没做大的删改，只在文字上做了一些小的改动，全部加起来只有16处，也就200余字，说明罗广斌对这一稿是满意的。在将原稿寄还给杨益言时，罗广斌还附上一封短信，大意是：刘德彬所在的瓦银坳生产队地处偏僻，十天半月靠一叶小舟通信往来，唯恐稿件遗失，就不给他看了，寄出去吧！

杨益言依然与数年前的杨本泉一样，按照罗、刘、杨的顺序，署上了名字，寄给了中青社，这就是1959年2月出版的《在烈火中永生》。《在烈火中永生》的手稿现在完完整整地保存在中青社的档案室里，手稿的前几章是杨益言的爱人何明扬抄写誊清的，后面几章都是杨益言的手迹，罗广斌修改的 16 处，清清楚楚反映在原稿上。从《我从集中营出来》到《圣洁的血花》再到《在烈火中永生》，也经历了十年磨炼。《在烈火中永生》是杨益言执笔的作品中最成功的一部。这本革命回忆录，具有真实、简练、朴素、流畅的特点，在很短的时间内就售出了 300 多万册，其中有关江姐和《挺进报》的两个段落，被选入中小学语文课本。

与罗广斌携手登上创作之舟，是杨益言一生最看重的一件事

1958 年 10 月，我陪同朱语今社长来重庆时，向杨益言提出约他们三人写长篇小说。杨益言不敢答应，要与老罗、老刘他们商量。于是我们约上杨益言一起到长寿湖农场，见到了罗广斌、刘德彬。我们表明来意后，一开始罗、刘和杨益言一样，也不敢答应。原因很简单：他们从没有想过写长篇小说，生怕完不成任务。所以当时我们的任务，就是消除他们的畏惧心理，增强他们的自信心，把他们的创作激情激发出来。现在回想起来，在长寿湖上我们泛舟漫游的那个夜晚，之所以能把写长篇小说的事情敲定，朱语今的鼓励和鞭策起了关键性的作用。

最终，罗、杨愉快接受了任务，这是使《锢禁的世界》死而复生的重要转折点，但重庆市委只批准罗、杨参加小说创作，没有批准刘德彬参加。当时罗广斌正处在泥菩萨过河、自身难保的境遇中，他当场长时提出有四万亩水面的长寿湖农场应该"以渔为纲"，虽然是从实际出发提出的主张，但在后来的"大跃进"和

"整风运动"中遭到了严厉批判，说他与毛泽东提出的"以粮为纲"唱对台戏，招来了铺天盖地的大字报，甚至被说成是反党反社会主义分子。已调到市委组织部编党刊的杨益言得知情况后，急忙向市委组织部副部长雷雨田反映实际情况，最后还是雷雨田出面讲话，为罗广斌解围，使他从暴风骤雨式的运动中脱身，回到重庆参加小说《红岩》的创作。

关于罗、杨联手创作《红岩》的事，我记得1962年1月，任白戈、肖泽宽来北京参加中央召开的七千人中央扩大工作会议时，把我叫到前门饭店了解情况。任白戈问我："罗、杨在写作中是怎么合作的？在小说的构思和写作中能一致吗？如果发生了分歧和矛盾，以谁的意见为主？"任白戈是"左联"时期的作家，对小说创作很在行，对《红岩》的创作一开始就十分支持、关心。对于白戈的提问，我根据自己的观察、感受，做了认真回答："他俩的合作之所以如此融洽、协调、默契，好似一对天生的搭档，不是偶然的，是革命的大目标把他们联系在一起。"新中国成立前，他们共同经受狱中的生死考验；解放后，又同在共青团这条战线上并肩宣讲革命烈士的事迹，一起工作了近十年，是对敌斗争生活和革命工作把他们俩紧紧联结在一起。他俩不仅对彼此的经历、性格、优点十分了解，就连缺点、弱点也十分熟悉。基于这样一种不寻常的友谊，两人在创作《红岩》时非常坦诚、自然、直率，不存在任何负担和顾虑。他们不仅能平等相处，互相学习，而且能够互相砥砺，互相批评；他们在观点和内容上能想到一起，做到一起，所以无论是我写你改，还是你写我改，都能毫无顾虑，其至推翻重写也不介意。如关于江雪琴的构思和描写，就是以罗广斌为主、杨益言为辅完成的；而对许云峰的刻画，又是以杨益言为主、罗广斌为辅完成的。在《红岩》的手稿中清晰地保留着这样的痕迹，比如，特务在渣滓洞给江姐用刑，让江姐交代党的组织关系，江姐回答："上级的姓名、住址，我知道；下级的姓名、地址，我也知道……这些都是我们党的秘密，你休想从我口里得到任何材料！"这段话原出自杨益言的《烈火中永生》，到写《红岩》时，被罗广斌一字不差用在江姐身上。他俩只追求完美，从没有发生过你高我低、你强我弱、你不服我、我不服你的现象，而是分工合作、各有侧重、取长补短，这在我们的文学创作中实在少见。正如罗广斌所说："我俩是城隍庙里的一对鼓槌，谁也少不了。"罗、杨不仅有很高的审美境界，政治上也很敏锐，常常在人物对话中显露出独到的光彩。

就在他俩进入最后润色的阶段，发生了赫鲁晓夫把斯大林遗体从红场陵墓里抬出来烧毁的事件。这一恶行激起了罗、杨的极大愤慨，他俩切磋，一定要在《红岩》中发出正义的呼声。最后，在许云峰和毛人凤交锋的情节里，他俩让许云峰喊出"斯大林还活着！""马列主义永远不会过时！"以警示后人不要忘记过去。

在研究《红岩》书稿如何修改的过程中，我常常感到罗广斌在精巧构思方面表现更为突出一些。我当时还对任、肖说："罗广斌、杨益言过去没有写过小说，脑子没有框框，完全从生活出发，从题材出发，反而打破了传统写法，给人一种新鲜别致的感觉。更可贵的是，他们在创作时始终怀着对烈士的亲情和深情，这不仅增强了作品的真实性，也增强了作品的感染力、感召力。"当时任白戈、肖泽宽还围绕《红岩》中一些精彩片段、精彩对话，向我了解他们是怎么构思的，怎么写出来的。这个下午他们问了许多，我也讲了不少。任、肖回到重庆不久，就决定让罗、杨走进文学圈，调入市文联，专门从事文学创作。罗、杨两人合作的《红岩》是一个创造性的新事物，其经验是值得人们总结的。

杨益言在危难时刻挺身而出，仗义执言

"文革"中有大量脏水泼在罗广斌身上，一时间，"罗广斌是被他哥哥罗广文送进'中美合作所'管教的""罗广斌是反动官僚地主的孝子贤孙""罗广斌入狱后交出了中共组织关系""罗广斌不是突围越狱，是特务有意放出来的""罗广斌是叛徒，是美蒋特务"等言论层出不穷，罗广斌就是在这时被劫持后被迫害死的。就在这险象环生、朝不保夕的时刻，杨益言挺身而出，旗帜鲜明地为罗申冤辩护。下面是杨益言1967年4月在北京一个群众大会上发表的讲话：

> 罗广斌是叛徒？是美蒋特务？我们说，不是！绝对不是！这是造谣诬蔑，恶毒诽谤！
> 我和刘德彬认识罗广斌同志，是在19年前。1948年夏天，我们被囚在重庆"中美合作所"渣滓洞集中营，我被关在楼上第二号牢房，刘德彬关在楼上第五号牢房。到了10月，天气渐渐凉了。有一天，我们看见一个青年学生，个子不高，

很瘦，被押进了集中营，关在楼上第一号牢房。楼上一号牢房的同志们说，新来的人叫罗广斌，从成都被捕来的，他出身于地主官僚家庭。当时狱中斗争很尖锐、复杂，新来的人，同志都要了解审查，罗广斌当然也不例外，楼上一号牢房的同志们对他更要进行审查了解。隔了不几天，我们就听说了，女牢房里有同志带信过来（女牢房是栋平房，和男牢房不在一起），信是江竹筠同志带过来的。江竹筠说："罗广斌是西南学院的学生，在学校表现不错，没有问题。"那是监狱斗争的环境，她不可能讲得再多了。新中国成立以后，我们才知道：江竹筠领导过西南学院的地下组织，她是罗广斌入党介绍人之一，这是狱中的同志们对罗广斌最初的了解。

罗广斌在狱中的表现怎么样呢？

有几件事，是永远不能忘记的。第一件事，出在1949年元旦。那个时候，解放战争胜利发展的形势，使狱中同志无比振奋，都很想找一个机会广泛交换意见。但是很困难，特务监视很紧，传话、带纸条很不方便。同志们决定：一定要和敌人进行斗争，创造条件。元旦那天，同志们向集中营提出了三项要求：一、延长放风时间，放半天风。平常的时候，每天只放风十分钟，过新年要求放半天风，在当时国民党走下坡路的形势下，特务迫于形势只得同意了。二、在放风时，让楼上牢房和楼下牢房的同志们出来，比赛一场篮球。特务也被迫同意了。三、让全体革命者走出牢房观看篮球比赛。特务也被迫同意了。篮球比赛一开始，同志们从日夜禁锢的牢房里走出来，想找谁交换意见，就跟谁站在一起，一边看球赛，一边谈话。几百个人混在一起，特务根本没法监视。在篮球比赛开始的时候，同志们高兴地看到：楼上第一号牢房的同志们拿出了五件白衬衫，发给楼上八间牢房的球队代表，罗广斌是楼上球队代表之一。每件白布衬衫的左胸前，都刺绣了字，刺的是英文（因为看守的小特务不懂英文）。大家一看见衬衫上刺绣的英文Liberty，就禁不住互相转告："自由，解放！"在渴望解放的同志们心中引起了强烈的共鸣！

"刺绣，是谁搞的？"我们问楼上一号牢房的同志们。

"罗广斌。"对方回答。

隔了一些日子，又一位新战友来到了渣滓洞集中营。他的名字叫齐亮，是昆明原西南联大地下党支部负责人之一。罗广斌在联大附中认识齐亮，他们一同在昆明工作过，罗广斌是西南联大附中的学运负责人之一，1945年昆明"一二·一"学运后，他们曾一同转移到云南乡下。以后撤回四川，罗广斌到西南学院念书，齐亮到重庆《新华日报》工作，后来转入地下。罗广斌在集中营里突然看见齐亮，心情很激动，很想把集中营的情况尽快告诉他。他找齐亮谈话时，不幸被特务发现了！集中营是不允许革命同志之间互相谈话的，因此，罗广斌被戴上了一副15斤重的铁镣。

再隔不几天，就是1949年渣滓洞集中营的大联欢。楼上第一号牢房的同志们的表现很突出：最先带头唱革命歌曲，迎接春节大联欢！他们还表演了一个舞蹈节目："铁镣舞"。

四个拖着沉重铁镣的同志，从第一号牢房出来一步一步下了楼，走到牢房前的院坝，然后两个人一对，脚尖对着脚尖，戴着铁镣，双脚离地"当啷！当啷"地对跳起来。铿锵雄壮，乐观豪放，表现了革命者大无畏的英雄气概和对美蒋特务极大的蔑视。同志们个个都很兴奋，大家高兴地看到：参加跳铁镣舞的，有一个年轻的同志，就是罗广斌。

当时，同志们心目中出现了一个共同的看法，罗广斌的出身虽然不好，但他背叛了他的反动家庭，参加了革命，他是我们的好同志。狱中的表现再一次证明，罗广斌同志的革命立场是坚定的！

楼上第一号牢房的同志们，因为在春节联欢中表现很突出，受到特务注意。在这以后，特务采取了一系列的措施，坚决进行镇压。他们把罗广斌从一号牢房押走，转囚到白公馆集中营。

我们再见面的时候，已是重庆解放以后了。那是1949年12月初，先后从渣滓洞、白公馆集中营出来的同志，在"重庆一·一五被难烈士追悼会筹委会"见面了。几十个人住在一块，在党的领导下，清理、安葬烈士的遗体，了解、整理烈士的斗争事迹，同时接受同志们和组织上的审查了解。罗广斌同志转囚到白公馆以后的情况，同志们很快就弄清楚了。罗广斌在白公馆里，曾经和陈然、刘国志同志囚在一起。1949年7月，罗广斌的反动家庭曾想通过特务机关保释他，他的父亲专门从成都赶到重庆，和特务机关的代表一道，把罗广斌押解到伪西南长官公署二处谈判。谈判的内容非常简单，特务要罗广斌保证，出狱以后不再参加共产党活动，就可以恢复自由。罗广斌态度鲜明地回答："办不到！"从此，他又被押回白公馆，直到重庆解放前夕。

1949 年 11 月 27 日，美蒋特务对重庆集中营进行了血腥的大屠杀。白公馆的屠杀，是在这天下午开始的。傍晚，囚禁罗广斌等同志的牢门打开了，刽子手在叫："刘国志出来，出来！"刘国志同志是原西南联大的学生，也是罗广斌的入党介绍人之一。刘国志在狱中参加过一系列斗争，他秘密保藏着半截铅笔，现在没有必要再保存了，他把铅笔拿了出来，回答敌人的催促："别忙，我写一首诗再走！"敌人说："不行，马上走！"刘国志同志很气愤，扔掉铅笔，大步跨出了牢门。这时，远处传来了炮声，解放军的炮声已经打响了，解放重庆的白马山战斗开始了。刘国志同志一边走一边喊道：

同志们，听吧！

像春雷爆炸的，

是人民解放军的炮声。

人民解放了，人民胜利了，

我们，没有玷污党的荣誉，

我们，死而无愧！

……

狱外是枪声，烈士英勇就义的口号声，伴随着刘国志高昂的喊声。在大屠杀中，罗广斌同志还看见，从对面牢房里，有一个同志走了出来，他就是上海地下党的许晓轩，一个在狱中很有威望的老同志。许晓轩就要走上刑场去了，他伸出手来，和同志们一一握手告别。走到罗广斌的牢门前，他紧握着罗广斌的手，郑重地说："胜利以后，请转告党：希望我们党注意不断地整党整风，清除我们队伍里的蜕化变质分子，机会主义分子，把革命进行到底……"

几次分批屠杀之后，白公馆剩下的党员很少了。烈士们临刑前的遗嘱，更使罗广斌感到了自己的责任。他自觉地担负起组织越狱暴动的任务，选择时机，准备越狱。他把楼下牢房还剩下的 16 个人组织起来，编成小组，准备用桌脚凳腿做武器。有一个姓姜的，被特务的血腥屠杀吓破了胆，向特务告饶。罗广斌斥责他："你这样没有志气，你告饶，他就不杀你了吗？"

夜里，有消息说，特务准备把罗广斌带往台湾，其他的人全部就地处决，罗广斌对大家说："要死，大家死在一起！"他继续寻找越狱时机。渣滓洞囚禁的人多，特务发现渣滓洞有越狱暴动迹象，就决定把白公馆的看守特务抽去围攻渣滓洞屠杀。有个叫杨钦典的看守，透露了这个消息。这个看守特务，陈然烈士曾对他做过工作。这时候，他完全清楚：美蒋特务大势已去，台湾，他去不了，跟着顽抗下去只有死路一条。经过同志们的帮助争取，这个小特务终于把钥匙交了出来，并且约定：等到特务集中出发，他用脚在楼上踏三下，把情况告诉牢里的人们（重庆解放后，杨钦典由重庆公安机关宽大处理，并出具证明，遣送回河南郭城县原籍）。

罗广斌等同志得悉特务确已出发，立即打开了牢门。他带了两个人，把楼上牢房里囚禁的两个小孩和他们的母亲救出来，派人把小孩背上。然后，采取突然行动，打开白公馆狱墙旁边的小门，19个人一道冲了出去！因为解放大军迫近重庆，敌人已经开始乱了，大部分特务已去渣滓洞，剩下的人数不多，又在夜里，所以罗广斌领导的这批越狱者无一伤亡，全都冲出来了！

罗广斌同志的狱中表现和出狱经过，是清清楚楚的。先后从狱中出来，认识罗广斌的，现在还有几十个人。从白公馆和他同道越狱的，除罗广斌以外，其他18人也还健在，他们都可作证。任何造谣诽谤，都是徒劳的。

罗广斌同志为什么被捕，也是一清二楚的，一句话：由于叛徒的出卖！叛徒就是冉益智。这是一个双手沾满了烈士鲜血的大叛徒！刘国志同志，江竹筠同志，还有好几十个同志，都是冉益智出卖的！这个家伙是当时重庆地下党的学运负责人。按照当时规定，入党要写自传，自传经过介绍人审查，还要交审批人看，看后就烧毁。冉益智审过罗广斌同志的自传，冉益智叛变后，把这一切全都给出卖了。1948年2月，组织上派罗广斌和陈家俊一道去川东，在秀山县发展地下组织，建立革命据点。到了夏天，因为重庆出事，他们一同撤回重庆，以后经组织批准，又一同转移到成都。到了成都，陈家俊决定让罗广斌回家暂住几天，等候川西地下党安排工作的通知。

特务化装成农民给罗广斌送信，包围了罗家，逮捕了罗广斌同志。

叛徒冉益智，是 1949 年 12 月在重庆被我们抓住的！1950 年，我们审问过这个混蛋！我们看过叛徒的口供和材料，冉益智供认，他出卖过罗广斌同志，这个叛徒的口供材料存在重庆市公安局。1951 年，案件全部查清以后，人民政府把这个血债累累的叛徒执行枪决！

罗广斌同志的被捕，是清清楚楚的，可是，造谣者却玩弄种种卑劣伎俩，硬要把他打成"叛徒""美蒋特务"。他们利用反动的血统论和怀疑一切的反动思潮，说罗广斌同志出身不好，恶毒地诽谤他革命是假的，坐牢是假的，甚至转囚到白公馆是"监视"革命同志的！这真是荒谬到了极点！

他们无中生有，颠倒黑白，也到了极点。说什么罗广斌可以在狱中"自由打篮球""下围棋""坐小轿车进城上馆子"，等等，这完全是造谣污蔑！被囚禁者打篮球，我们就只看见一次，就是前面讲到的 1949 年元旦那一天，我们也从未见到有什么"小轿车"进出监狱，就是当时到监狱去的特务头子，乘坐的也只是美国的小吉普车！这样还不够，造谣者竟乞灵于特务、叛徒，竟然大量使用美蒋特务推脱罪责、攻击革命同志的话，大肆攻击罗广斌同志，甚至把叛徒冉益智在国民党特务面前讲过的罗广斌同志写过自传这一罪行，也公然算在罗广斌的头上。甚至把狱中出来的同志，全部打成"和罗广斌串通一气的"！造谣者竟然能到如此疯狂的程度！

事实改变不了，历史不容伪造！熟悉罗广斌同志狱中情况的，从狱中出来的有几十人，了解罗广斌地下斗争情况的，更何止数十人。他们对罗广斌同志的历史情况，最有发言权，任何人要想封住他们的嘴巴，永远休想！

必须指出：对罗广斌同志的被捕和出狱，早在1950年4月，重庆市委便已做出结论，并正式恢复他的党籍。以后，经过审干等又多次审查，重庆市委对他从未提出过任何疑问。

作为共产党员，我们相信群众，我们相信党。除了向革命群众如实报告外，我们还将把我们知道的罗广斌同志的历史情况和有关证人的名单，全部报告给党，我们相信党一定会给罗广斌同志做出应有的结论！

常言道，危难时刻见真情。40多年前杨益言处在自身难保的险恶环境之中，竟然还能如此态度鲜明地仗义执言，既让我们对他的凛然正气和忠勇高节十分敬佩，也为罗广斌有这样一位至诚无畏的好友而自豪。

"文革"后，厄运刚过的杨益言挂念着的两件大事

"文革"中罗广斌被迫害而死，一心要为罗广斌的死讨回说法的杨益言，很快也遭遇厄运。

《红岩》出版后，罗、杨不止一次讲："这本书真正的作者是那些在'中美合作所'里为革命献身的先烈，是那些知名的、不

知名的无产阶级战士。我们只是做了一些概括、叙述的工作，如果没有烈士们的斗争，这本书是不会出现的。"这是他俩发自内心的声音，事实上也确实是这样，因为渣滓洞和白公馆里斗争太残酷、太壮烈、太少见、太可歌可泣了。罗、杨耳闻目睹、亲身经历了这一切，没有革命先烈在对敌斗争中的牺牲，就没有《红岩》这部小说！但就是这样一部表彰先烈的作品，竟也遭到了江青的垂涎和扼杀。

江青的"三·一五"讲话公开后，首当其冲的就是杨益言。当时他正住在成都四川大学内，讲话一传到成都，他马上就沦为阶下囚，被押进理工大楼，接着被押回重庆，公开宣布逮捕，被单独囚禁起来接受市革委会军事法庭的审讯，日夜不停的审讯，一场又一场上千人的批斗大会就此开始了。经过一段时间的残酷批斗和精神折磨，当权者从杨益言口中什么也没得到，于是便把他押送到渝黔边界大山中的一个叫九锅菁的劳改茶场进行监督管制劳动。从这时开始，杨益言苦难的劳改生活就开始了：天不亮起床，吃过早饭挑着箩筐上山采茶，一直到天黑以后才能挑着满筐的茶叶下山；整天劳动在雨淋淋、雾茫茫、寒气刺骨的大山中，完成农场给劳改犯规定的采摘指标。杨益言整整过了四年劳改犯的生活，恶劣的生活环境和超负荷的体力劳动，让杨益言在"中美合作所"集中营里患上的肺结核病再次复发，以至于长时间持续高烧，肺部也出现空洞。杨益言知道自己已经到了生死关头，他怀着一线希望，冒着很大风险给周恩来写了封信，没想到这封信起了救命作用。1972年10月，周恩来亲自批示，要成都军区实事求是对杨益言的问题做出处理，杨益言因此才转危为安，被允许回渝疗养治病。1968 年到 1972 年的劳改生活结束，比他当年被囚在渣滓洞监狱的时间还要长。不幸中的万幸是，他以坚强的毅力又一次闯过生死关。

重病中恢复了自由的杨益言，并没有安心住在疗养院调养身体，他心中挂念的是死去的罗广斌和《红岩》的命运。在身体和处境略有好转的时候，他亲自奔波，为罗广斌的平反昭雪，为《红岩》的解禁与市委谈、与市文联谈，这从他当时写给我的几封来信中可以证明。

从 1967 年年底杨益言离京返渝到 1975 年年底，我与杨益言有八年时间没有联系。1975 年 12 月 14 日，我突然收到杨益言的来信，心中又惊又喜。他在信中写道："前几年，曾受到较严重的冲击，不过也好，经过多方面的审查，没有任何问题，仍维持 1956 年审干结论——即被捕、出狱的情况是清楚的，狱中表现是好的，现在组织生活已恢复。从个人来说，经过审查，有关问题弄得清楚了，这就更好了。"在信里他告诉我："川东地下党的广大党员，在白公馆、渣滓洞牺牲的同志，经过这次大冲击，也更清楚了，现在的结论和解放初期审查的情况基本一样。渣滓洞、白公馆这两处展览馆，均已恢复。经省委批准，许建业、许晓轩、江竹筠、陈然、罗世文、车耀先、叶挺、杨虎城、黄显声、龙光章、宋绮云（小萝卜头的父亲）等烈士的事迹，狱中的斗争、追悼会、春节大联欢、越狱等事迹，均得以展出，前往参观的中外人士和青少年极多……你可能还记得，在写小说《红岩》时，我们曾经明确议论过，这个小说凡是写狱中已牺牲的，大多是有模特儿的，现在可以说，小说中主要人物的模特儿和主要事件全部解放了。"

杨益言的这封信，对我们来说是非常及时、相当重要的。"文革"中中国青年出版社被"四人帮"下令停业，1975 年刚刚恢复业务，当时我们正在研究上报一批"文革"中被查禁的图书，其中就有《红岩》。杨益言的来信，证明《红岩》中描写的人物和事件没有问题，这就增强了我们争取解禁《红岩》的信心。但不知为什么，我们送上去的报告迟迟得不到回音。一直到 1977 年 2 月，粉碎"四人帮"已经过去四个月了，许多被"四人帮"禁锢的电影、歌剧、话剧、音乐都解禁了，但《红岩》的解禁却没有一点动静。当杨益言知道我们在为《红岩》的解禁而努力时，他很高兴，在 1977 年 1 月 31 日给我的信里写道："看了你的这封来信，使人非常高兴。回想 1958 年'大跃进'高潮中，你们来渝组织这本小说，写作的往事，至今记忆犹新。然而，谁知这事一开始，一起一落，竟经历了这样一场惊心动魄的大变化、大斗争，时间竟也过去近二十年之久。那时候，广斌和我都只有三十多点，而今已五十有余了……和十年前不同的是老了，要戴老花镜才能看书了。"杨益言在信中一针见血地指出："小说《红岩》的解禁问题，现在主要矛盾可能在重庆市委，即对老罗的结论问题。"罗广斌的结论迟迟做不出来，对此杨益言很有意见，他在信中写道："老罗去世已经十年多了。我觉得，'出身'问题，'怀疑'问题，均不应当成为解放的障碍了。老罗的问题已经冲击、'复查'了十年，不应再'复查'下去了，按照党的一贯政策，应当实事求是地做出明确结论。"在当时，一本书解禁，就意味着作者解放了、平反了。《红岩》能不能解禁，当时已不是它的内容和杨益言所能决定，而是关乎罗广斌的结论。在作者没有做出结论之前，他们的作品是不能解禁的，更不要说再版了。

《红岩》自 1961 年 12 月出版问世后，已发行 300 余万册，在国内外产生了广泛的影响，作者罗广斌、杨益言广为中外人士所知，两个名字已经是一个不可分割的整体，只要有一个人的问题没有解决，《红岩》就甭想解禁。当时我是中青社文学书籍解禁工作的负责人，一切工作都围绕"促进罗广斌问题迅速解决"这个中心环节进行。对于这个事实，无论是杨益言还是中青社都看得明明白白，双方想法完全一致，配合得及时有效。杨益言来信告诉我："四川省已经开始清理作品，但只限省内出版，《红岩》是中央的出版社出版的，还得中国青年出版社出面。"我们得到这个信息后，立即以出版社名义给四川省委宣传部、重庆市委宣传部去函，除陈述解禁《红岩》的理由外，还提出再版《红岩》的要求。基于杨益言和重庆市许多老同志的努力，加上中青社函电交加，促使罗广斌的结论加快进行。经过半年的努力，罗广斌的问题终于有了结论性的意见。1977 年 7 月 17 日，杨益言以无比高兴的心情写信告诉我："北影的同志来渝坐等《烈火中永生》电影的意见，你们又在这时来了两次电话，市委也急了，把问题交给审干办公室限时处理，审办的同志熬了几个夜，问题初步得到解决。宣传部的同志告诉我，给中国青年出版社的复函，已于十六日发出。这件事让我们深深感到：小说《红岩》的解禁再版，电影《烈火中永生》的解禁，只有在粉碎'四人帮'以后，在深入揭批江青的罪恶阴谋之后，才有可能解决。"果然，不久我们就收到重庆市委宣传部的来函。《红岩》的解禁和再版，实际上是向国内外宣布罗广斌历史上没有任何问题，"文革"中强加给他的一切罪名统统被推倒了，被江青扼杀的《红岩》翻身了，罗广斌也"解放"了。

1978 年，新版《红岩》出版了。这是"文革"后的第一版，立时在大江南北掀起了阅读热潮，至今 40 年过去了，影响始终不衰，据出版社统计已印刷了 70 多次，加上"文革"前印的 300 多万册，总印数已超过 1000 万册，成为中华人民共和国成立 70 年来革命历史题材的长篇小说中发行量最大的一部。

1978 年《红岩》新版本出版后，无论是杨益言在《人民日报》上写的文章里，还是他在接受新华社、中新社及众多媒体的采访中，都以揭露江青对周恩来和南方局的攻击，对川东地下党和华蓥山游击队的诬蔑，对罗广斌的迫害，以及对《红岩》的扼杀为内容。他所做的这一切，对扩大为罗广斌平反昭雪的影响和为后来举行声势浩大的罗广斌骨灰安葬仪式做了很好的舆论准备。特别是罗广斌的骨灰安葬仪式，他尽心尽力，从当时他写给我的两封信中，可以感受到这一切。

1978 年 7 月 19 日来信：

维玲同志：

几天前就想给你们写信，因为想等待老罗的骨灰安葬仪式最后确定一个具体日期，就这么等了好几天，等不及了，终于决定还是先写这封信。

由于中央的直接关怀，老罗的结论解决得相当好，工作进度也较快。听说，耀邦同志在胡蜀兴同志（罗广斌的夫人）的申诉信上写了批文，并转给了中央，华国锋主席也批了。这样通知下来以后，省、市都很重视，市委书记、部长亲自听汇报，直接过问，工作进展也就大大加快了。市委现在已给老罗做了两个结论：一是历史结论，一是死亡结论。历史结论说：罗广斌被捕，"是由于叛徒的出卖"；他在狱中，"表现是好的"；他出狱，是在新中国成立前夕"越狱脱险"。死亡结论说："广斌同志对党的工作和党的文学事业是有贡献的"，"是被林彪、'四人帮'的反革命修正主义路线迫害而死"，"应当举行骨灰安葬仪式，给以抚恤，给以昭雪"等等。市委拟给老罗举行骨灰安葬仪式，但具体日期尚未定下来。请你和老阙斟酌一下。老罗在青年团工作的时间长，联系也多，老罗骨灰安葬仪式一事，是否应告诉耀邦同志，告诉团中央？还有是否应让中宣部知道？是由你们转告好，还是由市里直接电告好？很想知道你们的意见。

在罗广斌骨灰安葬仪式举行后，杨益言在 1978 年 11 月 18 日来信：

上图　1977 年杨益言在北京修订《红岩》时留影

下图　1977 年杨益言向来访的歌剧《江姐》编剧阎肃（右）、作曲羊鸣（左）

　　　介绍《红岩》再版修订情况

维玲同志：

　　信收到了。老阙写来的信，出版社的唁电等，均收到了。出版社及老朱、老边、刘文致等同志的花圈，均由筹备小组办了。

　　老罗的骨灰安放仪式，在重庆来说，是较隆重的，也是轰动一时的"新闻"。共青团中央、文化部、出版局、全国文联、全国作协、上海作协、省委组织部、宣传部等都送了花圈，《中国青年》《中国青年报》《文艺报》也送了花圈。胡耀邦、茅盾、周扬、巴金、夏衍、沙汀、张光年、严文井、林默涵等均送了花圈，加上省市负责同志、生前好友送的花圈，达250多个，还收到许多挽联、挽词、唁函、唁电。参加仪式的达500人，仪式完毕后，还有许多群众拥入会场瞻仰。《重庆日报》已于十五日第一版刊登消息；新华社四川分社写了新闻，传给总社；《四川文艺》十二月将发几篇悼念老罗的文章，《重庆日报》近期也将发表几篇悼念文章。

　　谢谢出版社、团中央的领导和同志们的关心。老罗这件事总算恢复了历史的本来面目，一切不实之词，终于推倒了。请代向这些同志们致意。

从《红岩》解禁到罗广斌平反昭雪，前后经历了三年多的时间。杨益言一直不懈地努力，最终促使有关部门及时对罗广斌做出结论，《红岩》得以解禁再版。这些工作环环相扣，反映了杨益言的良苦用心，反映了他对江青的满腔义愤和对罗广斌的深切怀念，展示了共产党员的情怀。

一生守望，杨益言是罗广斌最可信赖的伙伴

对罗广斌，杨益言有很深的感情。从与美蒋特务斗争到"文革"中罗广斌去世，18 年啊，他俩没有分开过！无论是在老罗生前，还是老罗死后，杨益言始终是罗广斌最信赖的战友和伙伴，是一对生死患难的好友。

有一件事让我特别难忘，也让我更加敬佩杨益言的至真至诚、始终如一。1998 年，杨益言被《红岩》署名官司搞得心力交瘁，心情十分郁闷，那是他精神上最压抑的时期。就在这时，北京的《团结报》发表了一篇直指罗广斌的文章，题为"渣滓洞大屠杀唯一幸免者"，作者林先生是罗广文的部下，原国民党十五兵团政二处处长。当年，他是可以和军统特务机关及徐远举等人直接对话的人物，因此文章中涉及的观点就显得特别有分量。文中涉及徐远举为何承诺要"放"罗广斌，以及在重庆解放前夕，徐远举在逃亡之际如何表示无条件把罗广斌交给林先生，由林先生交给罗广文，以及罗广斌是"渣滓洞大屠杀中唯一幸免者"和"在'文革'中难忍叛徒罪名而跳楼自杀"等等。无疑，林先生文中的这些说法有的未成为事实，有的严重失实，有的又重复了"文革"中的传言。文章发表两个月，没有任何人站出来回应，杨益言不得不再次挺身而出。他在 1998 年 7 月 28 日写了一篇题为"关于罗广斌从白公馆越狱脱险一事"的文章，也发表在《团结报》上，全面澄清林先生文中与历史事实不符的内容，重申罗广斌是从白公

馆越狱脱险的，而不是渣滓洞大屠杀的唯一幸免者。敌特机关几次都是要有"条件"地释放罗广斌，都被罗严词拒绝，从没有"无条件释放"一说。"文革"中罗广斌不是因"难忍叛徒"罪名而"跳楼自杀"，而是被迫害致死的。杨益言在文中严肃指出："'文革'中流传的种种说法，是因为不存在这样的事实，不应再传播了。"

杨益言未完成的两部长篇小说

作为一种自然现象，杨益言走了；作为红岩精神，他永在。

1995 年 5 月，我去重庆参加学术研讨会，得知杨益言突发心脏病住进医院，院方采取有力措施使其转危为安，病情逐渐平稳下来。当时我在病房紧握着杨益言的手，他说了一句让我心酸不已的话："老王啊，抗战才八年，我的官司（指《红岩》署名官司）已经打了六年多了，打掉了我两部长篇小说的创作计划，损失太大太大太大啦！"望着病床上瘦弱不堪的杨益言，听着他那有气无力的话语，我几乎要掉下泪来！此刻我能说什么呢？我只能含糊地说："暂时先把这一切放下吧，当今最重要的是身体，治好病养好身体比什么都重要。"杨益言紧紧握着我的手，知心地点点头。

杨益言所说的两部长篇小说，就是《大后方》之二《大转折》、之三《大搏斗》。这是杨益言晚年心头最重的两件事，为什么？我记得杨益言跟我讲过一个至今想来仍十分动人的故事：决定创作以南方局在大后方建立抗日民族统一战线为内容的《大后方》三部曲后，他曾到北京搜集党史资料，经老同志介绍，找到了一位年已八十，曾在南方局军事组从事秘密工作的老同志，当时他在住院。这位老同志有着传奇经历，早年留学法国，从事共青团和党的秘密工作。"二战"爆发，希特勒占领法国后，他被党派遣回到重庆，周恩来亲自和他接上关系，要他留在大后方继续从事党的秘密工作。他打入国民党军事要害部门，在非常险恶的环境里，和他的战友为党及时提供了大量的、珍贵的军事情报，做出他人无法取代的贡献，且始终没有暴露，直到国民党当局逃往台湾，他一直被重用。老人听到杨益言要把这段历史写成文学作品，高兴极了，在病房约见杨益言，滔滔不绝地谈了两个下午。他希望把自己知道的一切都记录下来，供杨益言写作时参考。所以他和杨益言约定，病情有所好转时再详细谈，一个星期不够就两个星期，要把周恩来当年如何领导他和他的战友，在敌人的"心脏"进行的工作和业绩，毫无保留地讲给杨益言。老人还说，这不是为他个人树碑立传，而是写南方局的战斗历程，写党史中很重要的一个方面。当杨益言再次来北京，准备细细采访老人时，老人已经病逝了。杨益言十分惋惜地说："是这些久经考验的革命前辈的革命精神、忠诚品格、辉煌业绩和不朽形象，以及对我的殷切希望和信任，让我不能不下决心把《大后方》三部曲写出来。"

1984年初《大后方》出版，第一次就印了20万册。与此同时，这部书被《中国青年》《文汇月刊》选载，首都各大报纷纷报道了该书的出版消息。《大后方》以重庆为中心，以成都和西南地区为舞台。1936年至1940年中国共产党以民族大义为重，在周恩来和中共中央南方局领导下经过艰苦卓绝的工作，终于使抗日民族统一战线在大后方初步形成，掀起了轰轰烈烈的抗日热潮；广大的青年学生和各界爱国志士同仇敌忾，发起组织抗日后援会的募捐活动，以助前线战士英勇杀敌；地方实力派、大军阀刘湘

上图　1991年王维玲（右）在重庆和杨益言研究《大转折》《大搏斗》
　　　两部长篇的修改时合影
下图　1991年6月王维玲（右）在重庆与肖泽宽（中）、杨益言（左）
　　　合影

也被动员起来，率领川军出川抗日。大后方的抗日热潮使日寇惶恐不安，在重庆市内制造了"五·三""五·四"大轰炸惨案。国民党投降派被日寇的恫吓吓破了胆，一方面派心腹人员向日寇暗送秋波，丧权辱国；另一方面又对共产党和爱国民主人士狠下毒手，制造了"稻草事件""抢米事件"，逮捕罗世文、车耀先、马寅初，企图把在大后方点燃的抗日烈焰扑灭。在险恶困难的形势下，我党仍旗帜鲜明地坚持抗战，坚持团结，反对投降，反对分裂，针锋相对地和国民党投降派进行斗争……《大后方》以这一切为背景，真实再现了当年大后方的生活和斗争。

《大后方》的写作，得到当年在中共中央南方局工作的老同志的支持和帮助。小说出版后，杨益言表示一定要把荣高棠、熊复、曾德林、林默涵、肖泽宽、朱语今等老同志聚在一起，好好招待一番，以感谢他们对《大后方》写作的扶持。不久后杨益言来京，我记得那是一个星期天的上午，这几位老同志也应邀前来。在王府井全聚德烤鸭店一个单间里，老同志们举杯祝贺《大后方》的出版，畅谈《大后方》出版的意义和价值，并希望杨益言尽快进入《大转折》《大搏斗》的写作。

1992 年 6 月，为纪念毛泽东《在延安文艺座谈会上的讲话》发表 50 年和庆祝《红岩》出版 30 年，中国青年出版社和重庆市文联在重庆联合召开座谈会。会后我留下来，用了五天时间读完《大搏斗》初稿，又花一天时间思考，然后用三天时间与杨益言交谈。参加研讨的还有杨益言的哥哥杨本泉和《红岩》杂志的资深编辑熊小凡，他俩都看过《大搏斗》的初稿，我们一起为杨益言的下一步修改出谋献策。《大搏斗》这部小说,无论规模还是内容都要比《大后方》广阔、丰富、复杂。小说写了"皖南事变"后中共中央南方局如何面对反共高潮的到来;如何戳穿国民党顽固势力的反共面貌,如何进行有理有利有节的斗争;如何团结爱国民主人士,维护抗日民族统一战线不被破坏;如何作最坏的准备,防备国民党反共高潮进一步发展恶化;如何转移进步人士,保存力量,隐蔽精干,积蓄力量……与此同时,由于太平洋战争爆发,美国对日宣战,日本军国主义捉襟见肘、日渐衰败,蒋介石生怕八路军、新四军发展壮大,加紧反共、限共活动。面对国民党的反共潮流,大后方的民主进步力量迅速组织起来,开展活动,以西南联大为重点,展开了一系列坚持团结抗战、反对国民党法西斯行径的民主活动。围绕"抗日能不能坚持下去""抗日前途到底如何""民族矛盾还是不是当前的主要矛盾""联合抗日、一致对外还是不是拯救民族危难的出路"等问题,在大后方展开了广泛的讨论。由于国民党顽固势力加强了独裁统治和残暴镇压活动,不仅激起了西南联大爱国师生的强烈不满和反抗,也加深了蒋介石与黄炎培、沈钧儒、张澜等高层民主人士,以及地方实力派人士刘文辉、龙云的矛盾……可以说,这部小说波澜起伏,反映了中国现代史中不可忽视的一段历史。

杨益言在这部作品中倾注了大量心血,尽管小说初稿还有很大的开掘、深化的余地,但内容的丰富性、故事的复杂性已显现出来。对杨益言来说,完成这样一部作品是有难度的,这是一部压手之作。有一次,我在鲁明同志(曾在南方局担任过董老的秘书)

1999年杨益言（左）在京拜访南方局老同志鲁明（中）的情景，右为王维玲

家中和南方局一批老同志相聚，大家都为至今还没有一部完整反映南方局历史的作品感到惋惜，于是我便谈起杨益言正在写的《大后方》三部曲，大家都非常高兴，让我一定把这部作品抓出来。后来杨益言来北京，鲁明同志专门发出邀请，在家中和他长谈了一次。我多次到鲁明家中做客，有时在座的还有他的一些老战友，通常他都在客厅接待我们，但这一次杨益言来，他安排大家在书房见面，早早就把空调打开，还准备了冰镇西瓜。两位老人围绕当年大后方和南方局的历史交谈了两个多小时，谈得投缘，谈得尽兴。由于杨益言当晚还有安排，只好依依不舍地告辞。分手时，鲁明又一次发出邀请："下次来京，我们接着谈。"

几天后，我收到鲁明的信："我习惯重复思维，这次比上次全面，为了下次交谈方便，故列出了轮廓，20 个题目，请转杨益言，供他思考。"他还在信中提醒杨益言，写大后方这段历史，不能忘了猪鬃大王古耕虞、味精大王吴蕴初、铅笔大王吴羹梅、机电大王胡厥文、火柴大王刘鸿生、航运实业家卢作孚等工商界代表人物的事迹和贡献。这些内容，对于不了解大后方历史和红岩村革命活动的人来说，也许作用不大，但到了杨益言手中，就会引起强烈共鸣，引发众多联想，有如拉开一出历史剧的大幕。遗憾的是，这以后杨益言几次来京，都是来也匆匆，去也匆匆，始终没有宽裕的时间再和鲁明会面。插入这段往事意在说明，杨益言的《大后方》三部曲真应该写出来！这项任务没完成，不仅是个人创作上的损失，也有负于热心关注他的老同志们的殷切期望。

1992 年 6 月，我从重庆返京后没多久就收到杨益言的来信：

您走以后，我对《大搏斗》做了进一步思考。我的想法基本上有两条：一、应当把它改得更好一些，过去敢改自己的东西，现在老了，还是应当不怕改；二、听了您和小凡、本泉的意见，完全可能再改，并前进一大步。为此，实际上再写一遍，亦必须如此。我准备近日就动身去云南走一趟。您知道，我曾几次安排去云南就是为了把 1943 年至 1945 年这部分写充分，当时国共两党在大后方斗争的一个重要方面，就是滇缅路的内幕。我党要把内幕揭开，而国民党严严实实地捂着，生怕共产党给捅出去，这是很有历史特色的内容。

实际上什么走私、毒品、黄金、美钞投机活动，全在这里进行。戴笠系特务控制的所谓缉私署及其税警团，实际就是走私贩毒的大本营。把这一线索写进来，国民党的腐败，以及戴笠与云南地方势力的矛盾就尖锐化、具体化了。这次我就想把云南这一块写得更充实、更具特色一些。而1943年至1945年抗战这一段属于战略反攻阶段，材料很充分，也好写。打算七月下旬返渝，即着手重写。由于内容太丰富了，我想把这一部分为两部，即《大转折》（1941年至1943年）、《大搏斗》（1944年至1945年），不知您觉得如何？

我给杨益言回信，表示完全赞同，从《大后方》到《大转折》《大搏斗》，全面反映了抗日战争时期大后方的整体形势，会是一部很有历史意义和历史价值的作品，希望他尽快去云南，并祝他一路顺风。

1992年8月8日，杨益言来信告诉我：

> 这次去云南，跑了滇缅路全程，一个县一个县地了解情况，深入采访，受益不少。但由于交通不畅，也多花费了一些时间。县里十分热情，保山提供了120万字材料，德宏提供了100万字材料……一路上听了不少故事，花了一个月时间才基本上完成了预计只花半个月时间的工作量，不过，这个心愿了了。

杨益言进入创作前的准备，到1992年底，他已经改了大半部分。这时他忽然感到还有潜力可挖，还有不少地方可以"突破"，于是又在人物、情节、结构上下功夫，有的地方再次重写，计划1993年三四月间将《大转折》定稿，之后进入《大搏斗》的创作，力争1993年年底拿出初稿来。

事情的变化就是那么不可预测，就在杨益言埋头创作的时候，他蓦然发现：《红岩》作者署名问题已经在大江南北闹得沸沸扬扬，在媒体上炒得火热。为了《红岩》不容侵犯的尊严，为了维护他和罗广斌著作权人的权益和尊严，他必须旗帜鲜明地应战，于是忍痛放下手中的创作……可他万万没有想到，这一放下，就再也没有机会拿起来，而且是永远，永远。

1995年5月，我在重庆探视过杨益言以后，对他的身体开始关注起来。2001年，"《红岩》署名官司"终于画上句号，但杨益言高兴不起来。毕竟丧失了九年，时间太长了，他付出的精力、体力、财力太大了，《大转折》《大搏斗》的草稿也放得时间太久了，不仅不能一下进入写作，就连原来构思的内容也已遗忘了不少，这是最让他痛心的。为了恢复写作状态，他一点一滴从头做起，用了四年时间，好不容易把生锈的笔头磨光，正准备全身心投入创作，一场意外的打击又一次降临到头上，让写作计划彻底落空。

2005年2月，杨益言的小女儿杨小谊打电话告诉我，父亲突发重症脑梗死，进入神志不清的状态，经医生及时抢救，虽从死亡线上拉了回来，但失去了自主思维和语言能力。当杨益言发现自己已不能说、不能写、不能表达，他号啕大哭，拍着身子说："我不能写作了，还活着干什么？"小谊伤心地对我说："爸爸活了70

多岁，我们从没有见他哭过，这次可把我们吓坏了。"我最最担心的事，终于发生了，对于怀有宏大抱负的杨益言来说，这是毁灭性的打击，是最惨痛的现实！从医学上来说，这次是不可逆转的重症，但杨益言毕竟是杨益言，他有坚韧的性格，坚定的追求，坚强的毅力，你不知他有多么强大。

得重病的杨益言，每天都独自一人出去锻炼，他长时间散步，走很远很远的路，风雨无阻。女儿们怕他走丢了，劝他少走一点，他不听。他仍对身体寄予希望，希望精神不衰，希望身体复原，希望东山再起，希望出现奇迹，希望能重新拿起笔来。面对杨益言的现状，我一直在想：如何把《大转折》《大搏斗》的草稿抢救出来？即使不完美，那也是一块未竣工的丰碑、一件有历史意义的大事！如果真的把这件事做成了，不仅了却了杨益言晚年的头等大事，也给他的文学事业画上了圆满的句号！于是我又想到了杨本泉，他不仅熟悉弟弟，还熟悉弟弟的作品。2008 年，我给本泉写信，建议由他牵头，找两个合适可靠的助手，完成杨益言未完成的两部作品。本泉回信拒绝了，他写道："用意甚佳，惜 87 岁了，不但无此能力，亦无此精力，碍难从命。"信在我手中抖动，心中有说不出的苦痛，是啊，本泉已不是当年的本泉，他也老矣！

2014 年，杨益言身边又发生了一件有如天塌的大事——与他生死相依、患难与共的老伴病逝。一次次的精神打击，让他再也挺不住了，不久就住进了医院，这一住就再也没出来。2017年 5 月 14 日，他突发吸入性肺炎，导致病情迅速恶化，陷入深度昏迷。从 2005 年到 2017 年，杨益言与疾病进行了长达 12 年的顽强抗争，最后在 2017 年 5 月 19 日上午 10 时 25 分与世长辞，享年 92 岁。

当小谊把父亲逝世的噩耗告诉我时，我只觉得身在颤抖，眼前一片空白，除此什么感觉也没有。小谊说："这些年爸爸一直不能说话，不能表达心中所思所想，只能听，同意就点点头。当别人和他讲起《红岩》时，他还会流泪。"杨益言一生播种红岩情，就好像为了弘扬红岩精神而来。他在重庆《国民日报》上连载的《我从集中营出来》是重庆解放后控诉敌特罪行的第一篇檄文，这以后，又合作或独立写了《圣洁的血花》《在烈火中永生》《红岩》《大后方》《秘密世界》《红岩的故事》《雾都空劫》等十多部作品。他一生贡献大不大？大，很大，但他的付出也大，他太累了。

在悼念杨益言的灵堂上，挂着一副醒目的挽联：

> 垂泪书华章，巴渝永铭志士心
> 泣血写英烈，华夏长留英雄魂
> 横幅：红岩之子

这副挽联写出了广大读者和大家所想的、要说的。只要《红岩》在人世间流传，人们就忘不了杨益言。但我在祝祷杨益言安息的同时，也对他本应完成而未完成的《大转折》《大搏斗》感到遗憾和惋惜，这也应是人们在追怀纪念杨益言时不应丢失的记忆。

一首壮丽的英雄史诗

——谈长篇小说《红日》

　　最近在我们文学创作的阵地，涌现出一批优秀的、为广大读者喜爱的文学作品，其中有吴强的《红日》、梁斌的《红旗谱》、曲波的《林海雪原》、杨沫的《青春之歌》、徐怀中的《我们播种爱情》、乌兰巴干的《草原烽火》和刘流的《烈火金钢》等。让人们兴奋的是，这些作品大多虽是作者的第一部创作，但它们都像茁壮的苗芽一样充满生机，在不同程度上获得了成功。

　　《红日》是继《保卫延安》之后，反映同一时期华东战场的长篇小说。吴强是长期在部队中从事文化工作的干部，是从华东战场艰苦斗争的岁月中走过来的。他对那一时期的战争生活十分熟悉，读者阅读《红日》的时候，会感到作品里的生活气息是那么浓厚，人物的声音笑貌是那么活灵活现，读来仿佛身临其境。

　　1947 年，蒋介石匪帮在华东战场采用了重点进攻的战术，华东人民解放军在毛主席"运动战"战略方针的指导下，大批部队由江苏撤到山东。当时，尽管全国各个战场我军都取得了辉煌胜利，人民解放军有了很大发展，蒋匪的力量和士气也在下降，但关键问题仍是如何战胜敌人。《红日》就是以此为背景，描写了华东战场上具有重大历史意义的莱阳战役和孟良崮战役；描写了我军如何抗击占有优势的敌人，如何克服困难歼灭了蒋匪最大一支王牌军——七十四师，取得华东战场上具有决定意义的胜利。

《红日》不仅有广阔的生活场面和战斗场面，还塑造了一群有血有肉的我军干部、战士形象，如军长沈振新、团长刘胜、通讯员李尧、区委书记华静等，都是真实、鲜明的英雄人物。

沈振新是一个身经百战、有丰富实战经验的将领，是一个赤胆忠心的共产党员。他旺盛的革命热情和充沛的革命干劲，在小说里都有充分的描写。在指挥作战上，他沉着、机智、勇敢，有着高度的责任感和强烈的自尊心。在小说开头，作者以少而生动的笔墨描写他在涟水战役失败后的痛苦和烦恼：

> 他的心被尖细而锐利的鼠牙咬啮着，撤退以后的三天以来，他没有安眠，像患病似的，他的饭量大为减少，香烟点着吸了三两口就摔掉，或根本让它自己烧完，熄灭。战斗的失利，他是经历过的，他深知没有不打败仗的将军，但是这一次，他特别地感到心痛和不安。部队受了损伤，主力团的团长兼政治委员苏国英牺牲了，这是一方面；另一方面，是张灵甫的七十四师这个敌人，竟是这样逞威称霸，他不大理解，也不甘服。

作者吴强除了表现沈振新无限忠诚于革命的品格外，也适当写出了他过分激动的心理状态，以及强烈的复仇意志。这种感情上的冲动，对于一个军的指挥员来说十分不利。沈振新及时认识到了这一点，把自己从激动的浪涛中扭转过来，从失败的行动中

《红日》封面 1959 年版

吸取了教训，并反映在对刘胜的一番劝说上："涟水战役失败的原因很多，我们很多干部的骄傲自满，是许多原因中最重要的一个。"读到这里，读者会被沈振新坦诚面对错误的精神深深感动。

作者对沈振新并没有停留在声音笑貌的描写，而是抓住了他的个性，写出其个性的发展过程。涟水战役失败后，他渴望和张灵甫再作交锋。到了孟良崮战役，真的与张灵甫再次交锋时，他的心情是错综复杂的。一方面，他有说不出的兴奋和激动，要在这次战役中医治涟水战役的创伤，要让张灵甫把"喝下去的血，连自己的血"一并吐出来；但是另一方面，他更多考虑在装备弱于敌人的情况下，如何利用敌人的弱点打败敌人。对沈振新来说，

吴强（1910—1990）

不但要靠勇敢的精神，更需要冷静的思考、周密的计划，需要全面、深刻地分析敌情，做出谨慎的决断，需要忍受预想到的和预想不到的困难。所以，当他发现玉泉顶狙击阵地有些吃紧的时候，毅然决定把侦察营和军部的两个警卫连拿出来，去打敌人的"屁股"，牵制敌人的正面攻击，支援狙击阵地。当知道指挥前线战斗的刘胜团长牺牲时，沈振新万分激动，感情起伏不平，但他仍然忍受着痛苦，压抑住感情，沉着地做了安排，保证战斗正常进行。正因为他对形势了如指掌，所以当他接到参谋长朱斌的电话，得知张灵甫准备突围时，才能那么泰然自若，相信敌人已经"插翅难逃"了。此时他已经完全静默，向全盘战斗的最深处窥察。从涟水战役起到孟良崮战役止，作者成功写出了沈振新的变化过程，读者仿佛也在随着他成长、变化。

沈振新不但是一个称职的高级指挥员，也是一个具有敏锐嗅觉和观察力的政治工作者。他十分关心干部的思想状况和他们的成长，不允许干部在思想上有什么不纯的成分。当陈坚被派到刘胜团里担任政委时，刘胜看不起陈坚，沈振新军长十分激动地指出：

> "同志！虚心一点好！对自己要多看到短处，对别人要多看到长处；不要以为自己什么都行，人家什么都不行。我过的桥，走的路，比你要多些，我碰的钉子，吃的苦头，也比你要多得多，老刘呀！我们不能再去自找苦吃！就拿过桥作比方吧，有平坦宽阔的桥，也有独木桥。骄傲自满的人，常常把自己逼到独木桥上。俗语说，'双木桥好走，独木桥难行'。走独木桥是危险的，走不好，要跌到水里淹死的……"

然而，当沈振新发现刘胜的衣服后摆烧了铜板大的洞，他立刻要通讯员把自己仅有的夹绒大衣送给刘胜。仅这个情节，就充分表现出沈振新对待干部的态度：在政治思想上对干部严格要求，而在生活上却又那么体贴，这是真正的"爱"，既不是溺爱，也不是偏爱，而是鼓舞我们上进的爱，是一种"严厉的爱"。在《红日》里，上下级之间，同志之间，都充满着这样的"爱"。在这种友爱的氛围下，大批指挥员、战斗员迅速更正缺点，成长起来。

总之，作者对沈振新的刻画是全面的，不但写出了高级指挥员的成长过程，还写出了他丰富的内心和个性。

刘胜，是作者塑造的中级指挥员形象之一，也是一个令人难忘的人物。他具有和我军指挥员共同的特征：战斗勇敢、忠诚革命、关心同志、勤劳朴素等，但也有着特有的鲁莽和冒进，因而常常不能认识和掌握客观现实的发展规律。在刘胜出场的段落中，作者对他的描写一下触及人物的心坎深处，涟水战役的失败也成了他心头沉重的包袱，使他产生更强烈的求战情绪；看到友邻部队的红色捷报时，"好像是一股浓香的带有刺激性的酒气，猛烈地窜入他的鼻腔，一直钻到他的脑子里"。军部决定他这个团做预备队，他想不通，怕他的部队打不上仗，缴获不了敌人的装备，他不愿意这个团在战斗中落个"坐享其成"的名声。但是，部队的纪律是严格的，要求指挥员们绝对服从，丝毫不差地完成分内任务。在这种情况下，刘胜不得不以极大的毅力压抑着自己的情绪，说服干部和战士们，但他仍然幻想着改变军部决定。在这里，作者对他做了生动的描写：

> 他不自觉地走进师指挥部，由于心情激动而胡乱地拨弄着炉火，最后终于在副军长梁波面前发牢骚："打消耗战有我们的！赔本有我们的！赚钱的生意挨不到我们！"

当梁波副军长批评了他，他开始了解到预备队也可能是这场战斗中能否取得胜利的一着绝棋时，他逐渐地意识到自己的错误，这时我们会感到这个人物在急剧地变化。团政委陈坚打电话来问：

  "到师指挥部去听到什么消息吗？"
  "给副军长狠狠地上了一课！"
  "上了什么课？"
  "军事课加政治课。上得好，吃了批评，心里舒服！"

  作者在这些描写中，对刘胜内心和性格的刻画相当生动，一方面突出表现了他单纯追求荣誉的狭隘性，另一方面突出表现了他坚强的革命意志。他由发牢骚到思想不安，然后慢慢扭转过来，心情愉快地承认错误，这些情节前后集中，情绪发展很自然，人物形象亲切、动人。

  刘胜原来是一个很鲁莽的指挥员，涟水战役失败的事实深刻教育了他，迫使他不得不煞费心机，思索问题。作者在这方面的描写也令人信服。当军部命令刘胜团插入敌军阵地去歼灭敌人时，刘胜心里不单是兴奋和激动，还产生了焦虑和不安。他在进一步思索，战斗将怎样开始，沿着怎样的道路发展。这个时候，我们看到他"脑袋上的几条皱纹聚集到一起"，最后终于想出具体的方案："……多路突击，不是一路、两路突击，应该是四路、五路突击……在敌人肚子里打起来，接应大队突击。"刘胜的转变在作者的笔下不是抽象的，而是随着战争发展起来，是和战争中的困难和忧虑一起表现出来的。

  尽管刘胜在指挥艺术上尚不够成熟，但他毕竟是一个对敌人

仇恨，对革命、对同志忠诚的指挥员。在歼灭七十四师的孟良崮
战役中，他负了重伤，奄奄一息时：

> 他缓缓弯过手臂，在他的手腕上摸索着，他取下了那只
> 不锈钢的手表，接着又在胸口摸索着取下粗大的金星钢笔，
> 再接着，又把一只手探进怀里，摸索了许久，取出一个小皮夹，
> 从小皮夹里取出一个小纸包，从小纸包里取出一张第二次国
> 内革命战争时期苏维埃银行的一元票券。他把这三样东西握
> 在一只手里，哆嗦着掷给邓海，声音微弱但是清晰明朗地说道：
> "交到组织部去！这张票子，……是我……参加红军那一天事
> 务长……发给我的。……十五年了，……是个纪念品……"
> 　　邓海的眼泪川流而下，握着表、钢笔和苏维埃银行票券
> 的手，剧烈地颤抖着，头埋在刘胜的怀里，叫着："团长！团
> 长！""打得怎么样？孟良崮打下来没有？"刘胜低沉缓慢地问道。
> "打下来了！张灵甫捉到了！"邓海为着宽慰他的团长，脸挨
> 着团长的脸，说道。"小凳子！……好好干！……革命到底！"
> 他抚着邓海的脸声音竭力道……

"死"对于每个人来说都是一件痛苦的事，何况对于刘胜这样
热爱生活、全心为美好生活而奋斗的人啊！他多么想为革命出一
份力，多么希望亲眼看到七十四师崩溃啊！他负了重伤，生命垂
危，但是他所想的并不是自己的痛苦，而是对部下革命意志的鼓舞，
尽一个共产党员最后应当履行的义务。刘胜的性格是钢铁铸造的，

《红日》1959 年版插图 军长沈振新审讯俘虏
（作者：聂昌硕 ）

好像一尊塑像巍然屹立在我们面前，给我们以力量和鼓舞。

石东根也是一个令人喜爱的人物。作者一方面表现了他不怕困难、忠于人民、忠于革命事业的品质，另一方面突出表现了他作为连级指挥员的骁勇多智。在吐丝口战斗中，他带着连队插入敌军腹地，破坏了敌人的重重工事，"出其不意"地打到敌军指挥部门前，打乱了敌人部署和战斗意志，走完了决定性的一步棋。石东根的勇敢和忠诚，反映了一个指挥员最宝贵的品质。

莱芜战役胜利了，敌人狼狈不堪，死伤大半，巨大的战果使沈振新全军沸腾起来了。涟水战役失败的创伤，医好了大半，干部和战士们都浸润在胜利的欢乐中。这种情况下，干部最容易产生骄傲感和麻痹思想，石东根就是表现最典型的一个，他在团部的干部聚餐会上喝得酩酊大醉：

> 像一个国民党军官，头上戴着高檐大帽，两脚蹬着带刺的长筒黑皮靴，身穿黄呢军服，腰里挂着长长的指挥刀，左手抓住马鬃，右手扬着小皮鞭，在飞驰的马上，不住地吆喝着："嘎！嘎！"

这里固然反映了一个指挥员在战争胜利后压抑不住的激动心情，但更多表现出一种危险的情绪——骄傲。这种情绪，已经使沈振新在涟水战役中惨遭损失，不立刻纠正，对我军极为不利。克服这种情绪，已经成为能否战胜敌人的关键，成为部队能否继承优良战斗传统的关键。正因为这样，沈振新狠狠地给了石东根一顿"排骨"吃。

随着斗争的发展，石东根的性格逻辑也成熟和发展起来，在小说开头几章，石东根的领导艺术还不够完美，容易感情用事，因此他迷惑于敌人的诈降，使连队受损。但到了孟良崮战役，他已经表现出智慧和勇敢，当战士们听到团长刘胜牺牲的消息时，都万分悲愤，求战情绪高涨，石东根却能够压抑自己的感情，冷静地指挥战斗。读者从中看到了他的成长。

作者除了塑造了一批英雄的指挥员形象，也塑造了不少英雄的战士形象。当我们读到"小广东"装哑巴捉俘虏兵，秦守本、王茂生活捉敌人师长，以及在孟良崮战役中杨军只身插入敌人阵地，我们的心会很久不能平静。这些出场的指挥员、战斗员，尽管性格不同、职位不同，但是对革命的信心和干劲是相同的。几乎每一章节，每一个指挥员、战斗员的言行里，都有这种感人的力量。

在《红日》里，作者吴强对于张灵甫、李仙洲、何莽这些反动大亨的描写也是十分成功的，并没有把他们描写成愚蠢可笑或不堪一击的人物，而是深刻揭露了他们残暴狂妄、钩心斗角的真实面目，这些描写又都是建立在战争的尖锐性上的。盘踞在吐丝口的敌军师长何莽，是最卑劣下贱的，为了求得李仙洲的欢心和赏识，他残暴镇压失守阵地的军官，给他们的心上"戮了一把尖刀"。何莽是国民党匪军将领中典型的灭绝人性的暴徒，张灵甫则是一个冒险成性的赌徒，一个狂妄骄矜的吸血魔鬼。孟良崮战斗开始的时候，他是那么狂妄，那么自信，以为孟良崮的天险由他"钢铁的队伍"把守，再"设置上八门到十三门榴弹炮"，即使共产党"生了翅膀也难攻上来"。可是人民解放军惊天动地打上孟良崮，打到张灵甫指挥部门前！这个一贯以乐观情绪、豪迈气度和坚强自信引以为豪的"常胜将军"，终于出现了从未有过的狼狈神情："心神不宁，身子瘫痪，由于过分慌乱，摇晃着脑袋，猛烈地碰到石头上，手枪从颤抖着的手里跌落到地上"。

应该承认，《红日》写人是相当成功的，但也有一些人物应该写得更充实、更深刻。如团政委陈坚，以他在书中的地位和作为一个艺术上人物来说，分量还是轻了一些；军政委丁元善，在书中也占有很重要位置，虽然我们看到了他的活动，听到了他的声音，但却没能给我们一个完整的印象，他敏锐的嗅觉和观察力，以及对战争负责的精神，没有更深刻地表现出来。

高尔基说："得到一本好书、正确的书，是多么可庆贺的事啊！"正因为《红日》是这样一部书，我才深深地爱上了它，舍不得放下它，不止一遍地读它。

(原载《中国青年》1958年4月，《文学青年》1958年8月)

重读《创业史》

柳青是 1978 年逝世的，至今整整 30 年了。《创业史》是 1960年出版的，至今 48 年了。国内读者没有忘记柳青和《创业史》，海外读者也没有忘记。不久前，我的女儿把一篇题为《我们在什么时候失去了梁生宝》的文章拿给我看，其最初发表在 2007 年 1月 8 日的《21 世纪经济报道》上，作者韩毓海系学者、作家，曾任普林斯顿大学和九州大学访问研究生，东京大学教养学部特任教授。我这几年视力下降，很少看报刊，外界对柳青和《创业史》的评价，我知之甚少。但在看过这篇文章后，我兴奋不已，也受到无尽的启示。我想起了柳青生前说过的一句名言：“对文学作品来说，50 年是一个单元。”50 年的检验，证明《创业史》揭示的历史的、文学的、社会的、经济的发展规律，生活的、哲理的人文现象，具有不衰的价值和生命力。

文章开门见山指出：《创业史》的创新和成就，首先在于将“现代时间观念”纳入小说叙事，让这部以中国农村、乡土为内容的小说，在叙述方式上非常现代，乃至非常“西洋化”。韩文这里说的“现代时间观念”，就是指《创业史》从“当下”的角度叙述历史和预言未来，是一部开创性的长篇小说。这个提法很新鲜，在以往的评论中很少见。

文章对论点的阐述令人信服。《创业史》以第一个五年计划为背景，写道往年"从旧历开头的整个正月、二月、三月漫长的春天，当农业生产还没有高度组织起来的时候，几乎没有什么田地里的活路，农民只能靠赌博、喝酒和下雨天打孩子打发时光"。而今，农业合作化的"时间开始了"，梁生宝的互助组建立了，不仅新的事业开始了，也意味着"时间改变了"现代人和现实生活的一切。千百年来，农民祖祖辈辈日出而作、日落而息的时间观念被彻底打破，无所事事的"农闲天"而今变得一派忙碌。梁生宝率领他的互助组成员，走进终南山割竹子、扎扫帚、搞副业生产，出现了以农业生产为主的多种经营的雏形。在潇潇春雨的渭河岸上，梁生宝肩上扛着刚刚买到的亩产 710 斤新稻种，从高原走进蛤蟆滩，开始思考如何通过科学分析的方法和技术手段来掌握季节和天气变化的自然规律，从而保证互助组第一次播下的新稻谷能够增产丰收，意味着新一代农民已经有了"科学"种田的先进意识，虽然还处在萌芽状态，却是一件十分喜人的新事物。回顾历史我们不能不承认，农业的互助合作化把农民组织进现代工业化的时间体系中，土地在互助合作的基础上被重新配置，农业、手工业等在现代农业意义上开始以"工分"形式实行货币化，劳动力的合理分工和调配也开始起步……这一切被柳青敏锐地抓住了，或者说表现了当时农村、农业、农民根本性的变革。虽然仅仅是开始，但在中国当代文学中是最早的一部具有现代意识和现代标志性的作品。

中国的农村经济政策实行新的调整，是在 20 世纪 80 年代全

柳青和王家斌

面铺开的，从互助组、农业社到实行生产责任制，允许一部分人
先富起来；从原来禁止包产到户到允许包产到户，从经营管理到
分配制度都有了重大变化。这样的政策，在当时是最得人心的，
是解决当时广大农民摆脱贫困和饥饿、走向温饱和富裕、实现增
产增收最妥实的办法。实践的结果也证明，在短短的几年中，农
民的利益在农村的经济体制改革中速见成效。

历史不是文学，但可以在文学中存留；文学不是历史，却可
以记录下历史的真实面貌和发展道路。在历史的长河中，可以有
被遗忘的人和事，但存留在人们心目中的历史印记是不会被遗忘

的，是会长留在文学中的。这种历史和文学的互动关系，既会加深人们对历史的沉思和默想，也会揭示文学中潜藏不息的光芒。《创业史》的价值和意义也许就在于此。

早在40多年前，柳青就在《创业史》中写了党员姚士杰、郭世富这些只顾自己的人先富起来，但共产党和互助合作的领头人梁生宝却把屁股坚决地坐在弱者一边，组织高增福、欢喜、任老四等饥肠辘辘的八户穷苦农民走摆脱贫困、共同富裕的互助合作化道路，和姚士杰、郭世富展开一场增产粮食、增加收入的"战争"。梁生宝选购高产的"百日黄"稻谷，率领互助组成员进山割竹子、扎扫帚，正是反映当时农民中新一代改革者为增产增收、拓宽农业生产发展道路的可贵思维，以及新事物的雏形。柳青在写《创业史》时思路非常清楚，那就是他在书中说的：如今靠打仗的战争年代过去了，看谁能多打粮食的"战争"开始了。谁来领导这场让鸡毛飞上天的多打粮食的战争呢？是共产党，是梁生宝。只有梁生宝这样坚决跟着党走、坚决走社会主义道路、怜贫恤孤的干部，才能成为农业合作化的栋梁，才能真正维护弱势群体的利益，带领贫苦农民脱贫致富、增产增收，过上富裕的日子。所以柳青把梁生宝塑造成一个踏踏实实、一心一意做着对贫苦农民最有益的事情、新生一代的基层代表人物。

我们可以想象一下，如果不实行粮食统购统销，不批判小脚女人、右倾思想，而是一夜之间就进入高级社、人民公社……梁生宝领导的这场多打粮食的"战争"会是何种局面呢？柳青赞成不以行政手段，而是用经济手段领导农民进行这场多打粮食的"战争"。柳青的认识是正确的，最终中国的农村、农业、农民不是以三年大饥荒、"十年浩劫"的惨痛教训，以农业生产全面大滑坡而告终吗？我们可以指责当年政策中"左"的现象，却不能指责梁生宝式的这一大批与贫苦农民共命运、坚决走互助合作化道路的干部。当今享誉海内外的集农、工、商、贸、旅游于一体的"中国第一村"——华西村，不就证明了这一点吗？1950 年，华西村也是当地最穷的村子，有着与梁生宝几乎同样的经历和命运的吴仁宝，领着华西村最穷的 13 户人家成立了当地第一个互助组，经历了风风雨雨的磨难和检验后，华西村终于成为一面不倒的红旗。吴仁宝在总结自己这 50 年的道路时，说了两句至理名言："集体主义救华西，共产党救中国。"吴仁宝和华西村的故事，给我们提供了另一种历史的可能——如果《创业史》能够顺顺当当发展下去，很可能在蛤蟆滩上诞生另一个华西村、另一个"吴仁宝式"的梁生宝。

改革开放 30 年后的今天，人们对中国农村和农业的认识已经发生巨大变化，已由一部分人先富起来走向全民富裕；由民富论走向国富论。这个根本目标的变化让我们认识到，80 年代初一家一户单独经营的模式和分配方式，已经滞后了，而家庭联合的趋势越来越显现出优势。尤其是在扩大生产经营规模、融资引资、应对农业产业化、工业化、市场化的挑战，率领农民建设现代化的新农村时，人们发现太需要梁生宝这样的带头人了！人们也越来越感觉到柳青和他的《创业史》存在的价值！也就是在这个背景下，人们发出了"寻找梁生宝""重读《创业史》""柳青魂兮归来"的呼唤！

　　我是在读《我们在什么时候失去了梁生宝》一文时发现，早在 2004 年，武春生就在《读书》杂志第六期发表了《寻找梁生宝》。2007 年，陕西省作协修葺了柳青的墓碑、墓地，成立了柳青文学研究会，设立了"柳青文学奖"。2008 年是柳青逝世 30 周年的日子，上述现象的出现，是对柳青最好的追思和纪念，既说明柳青在中国文学史上有着不可或缺的地位和价值，也说明人们对《创业史》的研究越来越深入，越来越认识到这块未竣工的艺术丰碑的不朽之处。

（原载《中青出版通讯》2008 年第 15 期）

《创业史》1960 年版插图 主人公梁生宝
（作者：蔡亮）

忆柳青

在纪念柳青诞辰百年的时候，我回忆和他几十年的交往，翻看自己写过的一些文章，思绪连绵，心情激荡。但我觉得还有的说，有的写，只因为疾病的困扰，精神和体力太差，所以采用随笔形式，断断续续写下一些片段，以此纪念我心中永远怀念的柳青。写作中，我得到了柳青女儿刘可风的帮助，她的身体也不是很好，让我感动，十分感谢！

从深入生活到文学创作

柳青生前和我交谈时，凡讲文学创作，必谈深入生活。他的"三个学校"论述（生活的学校，政治的学校，艺术的学校），享誉文学界。他说："'三个学校'没有毕业的期限，须终生勤恳攻读。""文革"中有人批他不突出政治，把生活的学校放在第一位。柳青反驳："没有生活，如何结合实际学好政治、学好艺术？所以生活的学校居首位，是基础。"

柳青还说："对文学创作者来说，深入生活仅仅是开始，是第一步。重要的是扎根在人民之中，融入生活之中，在生活中沉下去，体验人民群众的感情和心理、精神和思绪、情义和血脉、语言和默契，并将这些融入自己的视觉、听觉、触觉中。只要贯通

柳青在皇甫村

在自己的'感觉'中，笔下的人物必然会活跃在你的眼前，个个有血有肉，有声有色，栩栩如生。这时你才会感觉到生活的神奇，创作的奥妙。"

凡谈到文学创作的"感觉"，他的谈兴就来了。他说："有这种'感觉'和没有这种'感觉'是大不一样的。有这种'感觉'，就能够把自己亲身体验到的生活精华融入作品之中，形成自己的血肉、个性、特色、风格。作家的创作倾向，也是在生活中形成的，常说'风格是整个的人'就是这个道理。要创作，就要深入生活、融入生活，说文学是愚人的事业，就是指文学事业是一种终生的事业，要勤勤恳恳搞一辈子，不能见异思迁，不能三心二意。要长期扎根在人民之中，真正融入生活里去，才能产生对生活的真实'感觉'，才能对生活中的人物产生亲情、真情，从思想到感情和人民亲密起来。没有这种只属于自己独有的生活'感觉'，就不大可能写出有特点的文学作品。"

由此他谈道：1942年"延安文艺座谈会"之前他就到了米脂，但那不叫深入生活，更谈不到融入生活，一直到1943年到米脂县三乡当乡文书，这才算真正下农村。这以前，他虽然也常到农村，但并没有到农村的实际工作中去，只是为写作"搜集"资料、"观察"生活，还不是生活潆流中的一分子。在农村有没有做实际工作的感觉，是完全不一样的。做实际工作，才能找到创作的活水源，找到滋养思想和艺术的维生素。生活是作家的大学校，培养作家，也孕育作品。确实如柳青所说，他在三乡的山沟里做一名乡文书，一住就是三年，吃的是小米，点的是煤油灯。为了发展农业生产、冲破国民党对陕北的封锁，他和乡村干部日夜谋划如何贯彻减租政策，如何把积极分子动员起来，组成变工队。经过艰苦细致的工作，终于掀起了农村中大生产自救运动，最终生产发展了，粮食丰收了，政权巩固了，国民党的封锁政策彻底失败了，柳青参加了这些工作的全过程。

通过这一段实际工作，三乡农村中不同类型的人物表现和变化，新旧事物的矛盾、冲突和转化，在柳青的心里留下了难忘的印象。活生生的人和事，总在他的眼前跳动，让他难抑创作冲动。他决定写一部长篇小说，反映这一段刻骨铭心的生活感受，这就是后来诞生的《种谷记》。

在大连市写出第一部长篇小说《种谷记》

抗日战争胜利后，日军从东北撤出，延安迅速派出大批干部奔赴东北建立地方政权。柳青是第一批派往大连市的干部，市委派他到大连书店负责行政领导工作。柳青离开米脂县三乡时，已经写出了《种谷记》草稿，在大连书店的工作走上正轨后，他向市委宣传部申请脱产创作。市委知道他是作家，对他主持大连书店的这段工作很满意，支持并批准了他请假创作。考虑到大连书店地处市中心，环境嘈杂，不适宜创作，市委便在日本人撤走后留下的海边洋房中，给柳青选了一套两层七间房的小洋楼，还帮他雇了一名女用人，负责做饭、洗衣、打扫卫生。柳青对市委的安排非常满意，他选了一间既能当写作室又能当卧室的房间，不分日夜、全身心投入写作。住在这里的三个月，他又"回到"了陕北的米脂县，"回到"了三乡，和那里的天和地、和跳动在心头上的人物生活在一起。他完全进入了自己的小说世界。

当他在写作中突然失去对人物的"感觉"时，脑海就一片空白，一个字也写不出来。这时他便走出小楼，眺望大海，吹海风，听海啸，让疲惫的身心得到休息。过一阵子，回到案头，有时读着已写出的段落，"感觉"突然有了，思路也连贯起来，就继续写下去。有时还是和稿子中的人和事接不上气，一点"感觉"也没有，他就到楼对面市委宣传部部长谭立的住处，和他讲延安的生活，说米脂的故事。柳青讲话幽默风趣，极具感染力，在延安就有"陕北契诃夫"之称，每次谭立都怀着极大的兴趣听柳青讲故事。这时，柳青完全进入陕北的生活，不知哪个故事填补了他心头上的空白，让他一下子打开了思路。新的构思、新的灵感闪现在眼前，创作中的难题迎刃而解。这时他生怕这难得的"感觉"瞬间消失，便停止讲话，起身离去。开始谭立还不理解，后来弄清楚其中缘由，对柳青更加敬佩。

柳青说，写《创业史》时也常常出现这种情况。这时他会放下笔，走出家门，从崖上走下来，蹚过漓河，在河边路旁、在稻田场院、在农民的炕头上、在饲养员的茅草房里，和乡亲们一起抽旱烟、喝水说话，常常就在这不分彼此的接触中眼前一亮，豁然开朗，好像在头顶上开了个天窗——鲜活的人物、有声有色的细节、起伏曲折的情节，一起涌进了他的视野。这时他就赶紧回家，忘我地投入写作。所以柳青说："文学创作没有什么神秘的，就是要踏踏实实地扎根于人民之中，全身心地投入到生活中去。从做实际工作开始，这是从生活到文学创作的根本规律。"

《种谷记》写作一结束，柳青便到市委宣传部报道，同志们见他头发又长又乱，满脸胡子拉碴，就知道这三个月他是怎么过的。大家都劝他先不要上班，好好休息调整几天。

经组织上研究，《种谷记》由三联书店大连分店出版。

巴金、叶圣陶的鼓励，让柳青终生难忘

1951年，柳青在上海的好友周而复看到《种谷记》后，非常高兴，在上海组织一批作家、评论家展开座谈。他的初衷是希望《种谷记》得到好评，鼓励柳青今后写出更多更好的作品，谁知事与愿违，与会者对这部作品否定多于肯定，赞扬的话不多，批评

的话却不少。意外的是，在一片否定的声音中，巴金、叶圣陶发出了不同的声音。巴老说："不要看这部书写得不行，但他走了自己的路，将来很可能是一位有特色的作家。"叶圣陶说："这部书如同一列火车，每个车厢都很漂亮，就是缺个火车头。"

这份记录柳青看了几遍。他没想到，自己倾尽心血的《种谷记》问题如此之多，评价如此之低，是不是上海的同行太苛求自己了？但他立时否定了这种想法，第一次写长篇小说，虽肯吃苦受累，但经验技巧还是不行，不少意见还是说到要害，说明自己在深入生活、观察生活、感受生活、再现生活上还有很长的路要走，大家说"看不下去""情节沉闷""故事不连贯、不曲折""没波澜"……这不正指出自己今后努力的方向吗？如果没有同行的指点，靠自己去摸索，不知要花多长时间、走多少弯路。《种谷记》是他头一个长篇习作，有缺点甚至失败都不可怕，最怕的是把缺点当优点，对失败不以为然！柳青的不寻常之处，就是善于从正反两面进行深入思考，从中汲取营养。

第二部长篇《铜墙铁壁》仍有缺憾

不久后，柳青离开大连，准备回陕北参加解放大西北的战争。由于战事阻隔，这一走就是 10 个月，到延安时战争已经结束。他无法直接感受战争中的生活和气氛，只好进行深入广泛、认真细致的采访。《铜墙铁壁》初稿写出后，又用了近两年时间加工修改，在 1951 年出版。

《铜墙铁壁》出版后，虽然获得好评，但柳青对《铜墙铁壁》

的评价始终不高。他明白，没有经历实际的生活体验，只靠采访、收集材料写作，在感受上总是有些隔阂，这就影响到创作的激情发挥和细节的生动丰富。柳青认为："《铜墙铁壁》结构是完整的，主题明确也集中，情节的发展也比较匀称，不像《种谷记》，一疙瘩稠，一疙瘩稀，人物也不像《种谷记》那样杂乱。但作品的生活气息不浓，人物的立体感不强，尤其缺少生动的细节。所以这两部书都不是成功的作品。"正是通过这两次实践，柳青认准了方向，坚定了想法，决心到基层中去，到生活中去。1952 年柳青就到了长安县（现西安市长安区，下同），开始了在皇甫村 14 年艰苦难忘的生活。

长期生活在人民群众之中

柳青常说："永远不要丧失一个普通人的感觉，特别是对作家而言，如果丧失了对外部世界的感觉，要想在作品里表达人民的愿望和情绪，那简直是不可能的。"柳青 1952 年 9 月落户长安县担任县委副书记，仅 7 个月后就辞去了这个职务，目的是长期住在农村，和农民生活在一起，这有利于他永远保持普通人的感觉，也让农民永远把他看成和自己一样的普通人。

但深入生活也难，尤其像柳青那样的有影响的作家。从 1952 年在长安县皇甫村落户直到 1956 年，他没发表有较大影响的作品，界内外人士对他这种深入生活的方式产生了怀疑，各种说法也冒出来了。有的说："长期住在一个村子里不是方向，肯定写不出大作品。"有的说："有作品就拿出来，写不出来就不要在皇甫村待下去了。"有的劝他回西安当驻会作家,到省委宣传部做领导工作。他的老朋友到皇甫村看望他时,转达了省委领导对他的关心:"写不出来就不要硬写,也可以像其他作家那样到处跑跑,写点反映人民群众火热斗争的小东西。"对于这些反映,柳青没做任何解释,他想:社会生活千差万别,文学作品多姿多彩,难道大家都采用相同的生活道路吗?自己的计划本来就是长途跋涉,不会立竿见影;每个人对文学艺术都有自己的理解,看法也不会相同,走的道路也不会相同。自己走的道路是根据对艺术的理解确定的,无论成功或失败,都要坚决走下去。如果失败了,说明这条路走不通,这也是对文学的一点贡献。

不同的意见,不同的见解,不仅没有动摇他,反而坚定了他的方向。事实上,当时《创业史》已写出了两稿,虽有提高和进步,但离他心中的目标仍有距离。在写过《种谷记》《铜墙铁壁》两部长篇小说后,柳青想,自己今后的创作如果没有独到之处、没有个性特色,也就没有多少存在的价值。特别是经过皇甫村几年的生活体验,使他对过去写的作品越来越不满意,决心在艺术上闯出一条有自己风格的新路,掌握一种新的艺术手法和艺术形式;较好地掌握以人物为中心,解决好艺术角度问题,使《创业史》在整体结构、情节描写上和谐舒展,内容和形式统一。为实现这个目标,他立即投入第三稿,拼死也要越过这道多年没越过的沟坎。

1956年是柳青最苦、最累、最艰难的一年。这一年,他忘记了家庭,忘记了欢乐,只有创作的苦恼。他食不香,睡不宁,变得又黄又瘦,身体极度衰弱,长了一身黄水疮。病情最重的时候,背上生了个拳头大的疮，每天能流出一碗脓水，以致后来腿上、背上留下好几个大疮疤。讲起这一年，柳青笑着说："那才真正是'脱胎换骨'，狼狈极了。"到了1957年，他暂停写作，深入学习和研究一些中外名著和成功作品，自此终于有了转机。他说："第一部写得顺畅，第二部、第三部就好写了，如果第一部疙疙瘩瘩的，如何能写好下面的几部？"闯过了这一关，他在创作上"想到"和"做到"之间终于有了突破口，从此他吃饭香了，喝茶有味儿了，人也胖了。1975年，柳青给我的信里有这样一句话："从五十年代到六十年代，这十年，我从死亡的边缘挣扎过来，没有死，我胜利了。"其中就包含对这一段难忘生活的概括。

柳青在皇甫村时，曾给文学爱好者写过一篇短文，题目叫《答习作者》。文中有这样一段话："每一部作品都是对一个作家的考验，考验他劳动的坚韧性，自然，也考验他的生活基础、文学才能和思想修养。这三个方面如果是不及格的，甚至只有一个方面不及格，那在他来说，就是打了一个没有把握的仗，随时都有放下武器的可能。我的经验就是自我克制，就是忍耐，就是坚持工作。不要着急，哪怕进展很慢，也不停息。只要你是有条件写这个东西，困难总是可以克服的，更不要气馁。如果谁怀疑到自己的努力是否会有效果，如果被几句难听的话吓倒，那就说明自己是个没出息的人。"这是柳青一生遵循的创作原则和切身体会，如果没有这种成败不移、背水鏖战的坚韧性，他是写不出《创业史》的。一直关心柳青健康和创作的阎纲先生，在柳青百年诞辰写的纪念文章中，有一段话十分直率、精准。他写道："毛主席在《在

上图　柳青（左二）和农民在一起
下图　柳青在他的皇甫村农家院内

延安文艺座谈会上的讲话》中号召：'中国的革命的文学家艺术家，有出息的文学家艺术家，必须到群众中去，必须长期无条件地全心全意地到工农兵群众中去，到火热的斗争中去，到唯一的最广大最丰富的源泉中去观察、体验、研究、分析一切人、一切阶级、一切群众，一切生动的生活形式和斗争形式，一切文学和艺术的原始材料，然后才有可能进入创作的过程。'柳青以惊人的、顽强的意志，义无反顾投身生活长达 14 年之久，首先是做人，然后是写作，表现'新的世界、新的人物'，到死留下人格魅力，留下划时代的《创业史》。我们不妨做一番对照，毛主席以上所要求于文学家的哪一条，柳青没有做到？"

周扬与柳青的两次对话

1960 年第三次全国文代会前，中国作协召开理事会，周扬同志到会。当时《创业史》第一部刚刚出版，文艺界和媒体反响热烈，好评如潮。周扬同志对柳青表示祝贺，对他长期生活在皇甫村、对《创业史》给予充分肯定。柳青当时已看到周扬同志的报告未定稿，他真诚地对周扬同志说："您在报告中对《创业史》讲的好话太多了，《创业史》刚刚出版，还没听到更多读者的反映，先不讲这么多好不好？"周扬同志觉得有理，回去便对讲稿的文字做了压缩，但依然两次提到《创业史》，在他表扬的 14 部长篇小说中，《创业史》还是谈得最多的一部。

1964 年初政协例会期间，周扬同志来宾馆看望作家们。见到柳青时，他对柳青长期落户农村的生活方式给予了充分肯定，对《创业史》第一部给予了很高的评价。交谈中他问柳青："莫泊桑、高尔基、鲁迅都培养了成名的青年作家，你心目中可有对象，准备培养谁？"柳青对周扬说："时代不同了，我们今天这个时代，不再是作家个人去培养，而是火热的建设生活和当家做主的人民培养。在今天，好石匠可以教出好徒弟来，但文学办不到。世界上有一部分人是很杰出的，一定会冒出来的。旧事物在客观上是新事物的帮助者，文学艺术也是这个道理，专门去培养，不一定是很杰出的，客观上可能还不利于他们成长，会助长他们的优越感、特殊化和骄傲情绪。今天老作家的任务，一是要在深入生活上做出榜样；二是要在文学创作上做出榜样，以行动和作品影响青年作者。"周扬同志非常赞赏柳青的见解，不停地点头，建议柳青把这些想法写成文章，在《人民日报》上发表。

50 年过去了，周、柳的两次接触，让我深深感受到周扬对精品佳作的渴望和关爱、肯定和鼓励，也感受到柳青辩证唯物的精神和从难从严的创作态度。对青年作者的殷切期望，也表现在二人的言谈之中。

柳青谈《红岩》及其他

柳青虽然长期生活在农村，但他对新出版的长篇小说，特别是读者反映强烈的作品，大多会找来看看，以便了解当前文学创作的状况。"文革"前他看过一些长篇小说后，不安地写信给我："古典之林的小说，哪有平铺直叙的！平铺直叙，人物站不起来，更不要说能动人了。人物是平面叙述，场景描写肯定是静物罗列，

平铺直叙的东西再好，也是公园里的假山，不是崇山峻岭。"但他
在读过《林海雪原》《三家巷》《红岩》之后，却无比兴奋和激动。
他预言《林海雪原》会是传世之作："这样题材的作品，曲波还有
得写！"看过《三家巷》之后，他对欧阳山的艺术技巧很是称赞：
"似这样追求艺术技巧的作品，是十分难得的！"而对《红岩》，
他讲得就更多了。1961年底《红岩》出版后，我给他寄去一本。
很快便收到他的热情来信："在读《红岩》，有一些想法，很感兴
趣，觉得这是很大的成就。这两个同志的第一本小说达到这样的
水平，的确令人鼓舞的。1960年你来皇甫村的时候，谈到的就是
这本书吧！他们采取了近代手法，这证明生活赋予作家发挥才能
的基础，可惜在一些最困难的章节里，他们没有坚持用这种手法
调动和安排众多的同场人物，显出了低洼地带。我想这样要求第
一次写长篇小说的人，也许是不合情理的。"柳青这里指的"低洼
地带"，是说作家在描写人物时应该有统一的视角，这个视角，就
是人物的眼睛。写有两个人物以上的场面，不能时而从这个人的
角度，时而从另一个人的角度去写，应该自始至终用一个人的眼
睛去观察，通过他的嘴在说这一切，这样笔下的人和事、环境和
事物便有了个性，活灵活现了。支配作家身心的、占据作家思想
感情的是艺术角色本身，从作家笔下流出的一系列的人物和对话、
情节和场面都是个性化的，这样的作品，艺术感染力就完全不同了。

柳青讲这段话，是针对《红岩》中徐鹏飞、毛人凤设宴诱降
许云峰一章，以及假释放刘思扬等章节说的。柳青认为："罗、杨
对小说《红岩》的构思十分巧妙，自始至终从人物描写着手，大

祖孙三代：长孙刘昀（中），长子刘长凤（左），1975 年 6 月

多数章节都注意了艺术角度，只是在个别章节忽视了这个问题，造成艺术手法上不够统一。对一部基本成功的长篇小说来说，这是很可惜的。"柳青对《红岩》有很高的评价，还特别强调《红岩》在艺术上也比当今出版的一些长篇小说强，生活充实，构思巧妙，文字流畅，特别是描写角度处理得很好。但柳青也不是一味肯定，他从人物刻画上谈了一个问题，即对刘思扬的把握和描写，要求我们转告作者。柳青认为，从作品里看刘思扬这个人物是不真实的，"刘思扬是一个大官僚、大资产阶级家庭出身的知识分子，他为什么参加革命？参加革命后为什么那样坚决？从作品里看不出有什么根据。被捕之前，他经受过什么样的考验？他是在什么样的背

景下，经历了什么样的历程，使他背叛家庭走上一条与父兄完全相反的革命道路？存在决定意识，现在的描写没有提供足以支撑人物思想、心理、情绪的形成与变化的内在依据。也许在作者心里，这个人物是有根据的，但在作品里没有写出来。提出这个问题，不是文人相轻，对这部作品我是充分肯定的，但作为一个严肃的作家，我应当提出这个问题。如何处理好这个问题？需要研究，作者占有的生活材料很充实，也许不费什么力就能解决；如果不解决，始终是个问题，即使现在不提出来，迟早也会有人提出来的。""只写人物的活动表现，不注意写活动表现的根据。这个问题在《红岩》其他一些人物身上也存在，不过不像刘思扬那么突出、那么敏感。关于这个问题，我考虑得比较多，意见比较肯定，请你们和作者认真研究。"

后来柳青来京时，我向他做了解释：罗、杨之所以这么写，意在说明刘思扬与狱中那些有着丰富斗争经验的老党员相比，还有很大差距。他还年轻，还不成熟。假释刘思扬以后，刘思扬急于和党接上关系，险些上特务的当等情节，在稍有地下斗争经验的党员身上是不会发生的，但在刘思扬的身上发生了，说明刘思扬还需要在斗争中不断磨炼提高，不断总结经验教训，才能走向成熟。听了我们的介绍，柳青表现出一种少有的兴奋。

柳青对《红岩》的评价和意见，我是十分重视的。很快，我就给罗、杨写了一封信，详细地告诉了他们。后来，他们在武汉相遇，柳青高兴地祝贺他们，同时也十分坦率地把这些看法和罗、杨进行了交流，双方都留下了深刻印象。1964 年，他们来京见到我时还谈起这次会面，罗、杨很有感触地说："在我们接触的作家中，柳青给我们留下了最深的印象，他不仅艺术造诣很深，理论水平也很高。他和我们的谈话，很深刻，有见解，对我们的启发帮助很大。"

一次柳青和我谈起长篇小说的创作，他联系看过的一些作品对我说：粗糙零乱的构思，冗繁内容和平铺直叙的描写，刻画不讲究角度，场景描写不通过人物的眼睛而是客观罗列，意义不大的人物过多，增加了许多不必要的细节。读这样的作品，不是一种美的享受、心灵的共鸣，而是一种沉重的负担，让人感到厌倦……你们不要出版这样的作品，不仅有损出版社的声誉，也把读者的胃口搞坏了……

他在另一次谈话中还讲道："文学源于生活，重要的在于艺术实践，而完成艺术实践的是技巧。为什么有些作品读起来让人感到轻飘飘的？原因就是作品没有源于生活，虚构、编造的东西从来都没有生命力，文学这个东西，是弄不得假的。好比驴子驮得动的东西，就不要用大骡子、大马来驮；同样，是个驴子，也不要把它写成起重机。"源于生活，不断实践，讲究技巧，以质取胜。这虽是柳青 50 年前说的话，却实实在在道出了长篇小说创作和出版的真谛！

柳青与刘绍棠、浩然

1951 年，柳青在完成《铜墙铁壁》当天下午，就到刚刚创办问世的《中国青年报》上班，担任报社的编委、副刊部主任。他虽然在《中国青年报》仅工作了一年多，但尽心尽责，特别是对青年人的来稿十分关注。刘绍棠的短篇小说《红花》，就是柳青从大量来稿中发现的，他热情地推出这篇小说，亲自撰写编者按："这篇稿子的作者，是一个16岁的青年团员。虽是一篇习作，但写得相当动人。希望作者继续努力，写出更好的作品来。"刘绍棠一直不忘柳青的鼓励。粉碎"四人帮"后，柳青来京看病期间，刘绍棠专程赶来看望柳青，二人进行了长时间的交谈。柳青知道刘绍棠长期扎根在农村，和农民生活在一起，坚定地走自己的路，还写出了一部长篇手稿。临别时，柳青拄着拐杖，送刘绍棠到大楼门口，语重心长地对刘说："一定要把长篇写好，一个作家一辈子能写一部为人民认可的长篇，就很了不起了。不要着急出版，自己满意了，再拿去出版。"

"文革"前，柳青看过浩然的长篇小说《艳阳天》和短篇小说集《彩霞集》后，满怀好感地对我说："浩然对农村生活有很丰富的积累，以他现在的年龄来说，这是很难得的。他的文笔也好，不仅生动流畅，而且有生活色彩，有思想深度。文学的技巧，主要从生活中来，所以叫创作。而创作的手法，都是作家在研究生活之后，在如何表现生活时创造出来的。这种手法不仅打着生活的烙印，也深深地打着作家个性的烙印。浩然有很高的文学天赋，这不是每一个青年作家都具有的，如果有名师再指点一下，他会写出更好的作品。"我把这些话告诉了浩然，浩然很兴奋，表示一定登门拜访柳青。后来，柳可风告诉我："他们终于在'文革'期间见面了。父亲到北京看病，浩然不止一次去他的住处看望和交谈。

一次是 1972 年，我在场；一次是父亲从北京回来告诉我的。1972
年那次，浩然很兴奋地对我说：'我看《创业史》，就怕看完。'"

柳青对青年作者一直寄予很大的希望，同时对青年作者要求
也很严。柳青说："最糟糕的是，对于一些有才华、有前途的年轻
人采取庸俗的吹捧态度，不是放缓他们的进步，就是扼杀他们的
前途。"他知心地对青年作者说："成名和成功不完全是一回事，
成名不一定成功，成功一定成名。现在成名极容易，只要写出几
篇像样的东西，杂志很多，印刷方便，一下就成名了。然而对艺
术来说，名并没有多大的好处，老老实实下苦功，这才是艺术规
律。""文学作品要强烈，像酒精一样，不能掺进去大量的水。"谈
到作家的修养时，他说："一个作家没做到，就别说；做到了，也
就不用再说了。作家需要的是作品，而不是豪言壮语！"这些话
都是柳青发自内心的声音，讲得多好！

柳青性格上纯真可爱的一面

柳青一直低调做人。三次文代会陕西代表团回到西安，省委
书记给他们接风，在和柳青握手时，省委书记高兴地说："你现在
是著名作家了！"柳青立时就说："可不要这么说，你只说我是作
家就行了。"

柳青做什么事都很认真，考虑来考虑去，想好后才办，这是
他处事待人上的优点、特点；也有考虑不周、简单从事的时候，
常常在这些问题上，反映了他性格上纯真可爱的一面。1961 年《创
业史》第一部出版后，柳青只赠送了 20 余部出去，我觉得送的人

太少了。在他来京开政协会时，我向他提出："文学界的很多朋友都很关心这部书的出版，特别是与你很熟的朋友，不送不好。"听了我的话，柳青睁大了眼睛，问我："主动送去好吗？人家不讨厌吗？"我说："你也不是没有选择地送，送那些关心你、熟悉你的朋友，他们只会高兴，怎会讨厌？"柳青接受了我的建议，扩大了赠书名单，但在赠书时不签名，常常使对方以为是出版社赠送的。我问他："为什么不签名？"他笑了，说道："写上'请某某同志指正'，实际是一句客套话，只是通知人家，我已经出书了。"正因此，他送巴金同志的书也没签名，开会时，巴老拿来让柳青签字，这件事让柳青非常不安，觉得很对不起巴老。他在给我的信中说："给巴金同志送的书未写名字，人家又叫我写，显得不尊敬长辈。一个人常有这样的情况，在重大问题上总是谨谨慎慎，而在日常的琐事上，特别是在事务性强的事情上，有时并不那么细心，应引起注意。"

（原载《上海文学》2018 年第 3 期）

与梁斌血肉相连的红旗谱系

1958 年我调入文学编辑室，与梁斌相识。开始交往不多，关系也不深，"文革"后因重印《红旗谱》《播火记》，出版《烽烟图》，我俩交往多起来，对三部曲的交谈由远及近、由浅入深，自然关系也逐步亲密起来。梁斌在中青社出版的《笔耕余录》(1984 年)、《一个小说家的自述》(1991 年)都是由我提出书名，他拍板定下来的。1994 年，他亲自圈定要我担任梁斌研究会的顾问，并邀我赴津，参加他从事文学创作 60 年和 80 岁诞辰的纪念活动。他一次次地把心爱的书画作品赠送给我，还要我在京帮他主持设计"二梁画展"的说明书。就这样，我们成了好朋友、忘年交。1996 年他病逝后，由我任主编，宋乃谦任副主编，在中青社出版了《大地之子——梁斌纪念文集》。这以后，我还多次赴津参加纪念梁斌的活动。2016 年是梁斌逝世 20 周年，我因病未能参加活动，但一直没忘记他，思念之情也更强烈，不由自主拿起笔写下了这篇文字，追忆我心目中的文学大家——梁斌。

不写出家乡父老形象，我头昏、心跳、肚子打战

梁斌是 1927 年参加革命的，新中国成立时，李先念点名要他做行政领导工作。当时，他已任新武汉日报社社长，如果一直干

梁斌（1914—1996）

下去，现在早已是高级干部，但他毅然申请离开领导岗位去写小说。当时许多人不理解，以他的资历，走仕途之路前景是十分好的。他对儿子散襄军说："现在打下了江山，本应该安心治理江山了，但那些与我同患难的家乡父老，走马灯似的在我眼前晃动；那些在战争年代倒下去的战友，走马灯似的站在我的面前，让我激动得头昏、心跳、肚子打战。不写出他们来，就好像有人用鞭子抽打我。"就这样，他走进了文学创作的队伍。

实际上，梁斌早就开始文学创作了。1936年，他写了反映高蠡暴动的短篇小说《夜之交流》《三个布尔什维克的爸爸》；1938

左图　各版本《红旗谱》封面
右图　《红旗谱》1958 年版
　　　（封面题字：郭沫若　封面设计：黄胄）
下图　《红旗谱》作者手稿

年，他在新世纪剧社当社长时，写了《千里堤》等剧本；1943 年，他写的《父亲》轰动一时，这部中篇小说塑造了一个充满燕赵风骨、性格叛逆的中国农民形象。实际上，《红旗谱》的骨架这时已经开始组构，朱老忠的形象已在孕育之中。《红旗谱》是从短篇小说到中篇小说，又从中篇小说发展为长篇小说。从《战寇图》到《红旗谱》《播火记》《烽烟图》，他常说，"书中的人物，在我的脑海里生活了十几年，经常在梦里出现。战争年代的生活是今晨穿上鞋和袜，不知明晚脱不脱，这样的生活太深刻、太强烈了。""写作的沉重担子，压得我透不过气来。"1954 年，梁斌开始写《战寇图》时，创作的冲动已经使他不能在任何岗位上工作了，"笔下千军万马，欢蹦乱跳，写作十分顺畅"。当时他在中国作协文学讲习所任支部书记，1955 年夏，他被调到河北省文联担任副主席，开始从事专业文学创作。这时，他心情无比舒畅，创作激情更高，笔下的农民和地主、知识分子和开明绅士、流氓和地痞……农村中各种类型的人物全都涌上心头，喷吐而出。他说："在战争年代，朱老忠、严志和、春兰等人物一直装在我的胸膛里，和我一起转战南北、出生入死，和我的热血和生命、欢乐和悲伤、大恨和大爱、激情和理想融合在一起，现在想放也放不下了。"

梁斌一旦进入创作佳境，手就停不下来，常常通宵达旦。有时，他夜间两三点就起来写作，想起吃早饭时，食堂午饭都已经开过了，于是他就吃西瓜、馒头，把馒头掰碎泡在西瓜里，大口大口地吃上一顿。夏日酷热难熬，他就从井里打上一桶凉水，把被单用凉水泡了擦身。经过两年苦干，他终于把《战寇图》的草稿改写成《红旗谱》《播火记》《烽烟图》三部长篇小说。之后，他就力改《红旗谱》。他说："好作品不怕改，我要写一部农民喜闻乐见的长篇小说，要使有文化的农民看得懂，没文化的农民听得懂。"《红旗谱》就是这么改出来的，修改少的地方有七八次，多的有十几次。1958年《红旗谱》正式出版。

茅盾对《红旗谱》是很看重的。1960年，他在《人民文学》发表了一篇评论文章，对《红旗谱》的艺术风格、艺术成就评价甚高。他说："从《红旗谱》看来，梁斌有浑厚之气，笔势健举，有浓厚地方特色，而不求助于方言。一般说来，《红旗谱》的笔墨是简练的，但为了创造气氛，在个别场合也放手渲染，渗透在残酷而复杂的阶级斗争场面中的，始终是革命乐观主义的高亢嘹亮的调子。这就使得全书有浑厚而豪放的风格。"与此同时，他对朱老巩、朱老忠、严志和、江涛、运涛、春兰、严萍等人物也进行了相当深刻的梳理分析；对环境的描写、细节的运用、情节的展开，也进行了深入分析。这是《红旗谱》出版后，众多评论中最重要的一篇！

文学是心之花朵，要开在人民的心里永不凋谢

1965年，正当梁斌要对《烽烟图》进行最后一次加工润色时，"文革"开始了。他被关进牛棚，受凌辱遭批判，《烽烟图》的原稿先被查抄封禁，后遭公开批判，最后不翼而飞，下落不明。稿子丢失使梁斌悲痛不已，一直到"四人帮"粉碎后，他在新华社记者的帮助下在全国15家报刊上发表了寻稿通告，这才发现原稿保存在一位复员军人手里。和这部劫后归来的"游子"重逢时，

梁老热泪盈眶，悲喜交加。写这部书时他 39 岁，如今已年逾花甲，真是人世沧桑，变化万端啊！

《烽烟图》的曲折命运见诸报道后，读者非常关心它，希望早日看到它。为此我多次写信给梁斌，催他尽快将原稿拿出来出版，梁老回信提醒我："不要着急！""雷同了不好。""我实实在在地在生活里滚了几十年，对中国农村的各个阶级、阶层的了解、观察、体验比较深刻、厚实，吸收的创作营养如山如矿，取之不竭。我尽量要使自己在表现地方特色、民俗民风、历史面貌、人物性格上有特色。这是表现中国文学的民族气派和民族风格的根基，不能急，急了弄不好。""多部头的作品，要像炒菜一样，鱼有鱼味儿，肉有肉味儿，蛋有蛋味儿，如果都一个味儿，还有什么吃头。""《红旗谱》算是'别开生面'[1]，《播火记》实际上写了半部书[2]。《红旗谱》和《播火记》醇厚的味道不尽相同，《烽烟图》怎么改，我还在考虑。写三部好书，不写一部坏书，时间不要定死，艺术无止境，要更上一层楼。我一定努力写一部有厚度、有硬度、有广度、永不衰退的书。文学是心之花朵，要用心浇灌，她不是枝头上的花开过就完，而是要开在人们心里，永不凋谢。"就这样，梁老又花了三年时间充实、修改，润色，一直到 1983 年才出版《烽烟图》。一部书稿，整整经历了 30 年，文学创作就是这么艰难。

平原三部曲，是一部血肉相连、世代沿袭的革命红旗谱系。第一部《红旗谱》从清朝末年写到 1927 年大革命；第二部《播火记》

---

1 郭沫若看过《红旗谱》，题诗：红旗一展乾坤赤，别开生面万木新。
2 指书中获得社会好评的"绿林行"部分。

写中共党史上著名的河北高蠡农民大暴动；第三部《烽烟图》写1937 年开始的抗日救亡运动。三部大书 100 多个人物，个个活灵活现、栩栩如生，成为农民革命运动的丰碑[3]。

梁老原本计划写完平原三部曲后，再写抗日三部曲。第一部写抗战初期到建立冀中根据地；第二部写两面政策、两面政权的复杂局面和斗争；第三部写抗日队伍的壮大和反攻，直到抗日战争胜利。这三部作品以大贵、二贵、江涛、运涛为主，写他们在抗日岁月里的战斗和生活，青出于蓝胜于蓝。奈何，"文革"剥夺了梁老的健康。梁老说："十年浩劫给我留下了痛心的记录，工作精力跟不上去，力不从心了。"梁老讲得平缓低沉，字字重如千斤，让人听了无比心酸。

梁老一生留下了 220 多万字的作品。这些作品经过战火的洗礼、心血的浇灌，是开在人们心上的永不凋谢的鲜花，是展示中国文学民族气派和民族风格的典范之作、不朽之作！

《集外集》的出版成就和编辑缺憾

1994 年，中青社为祝贺梁老 80 大寿和从事文学创作 60 年，决定将他近年写的散文集结出版，定名为《集外集》。梁老得知非常高兴，在给我的信中写道："这恐怕是我最后一个集子了，虽然以后还会写，但很少了，出集子怕不容易了。《集外集》虽薄，只有五万字，但表示我写文章一直到 80 岁，出版这个集子也算一件

---

3 茅盾来津，会见梁斌时说："《红旗谱》是里程碑的作品。"

1991 年 10 月在人民大会堂贵州厅出版座谈会上，姚雪垠与梁斌握手，祝贺他的《一个小说家的自述》出版

大事。"在另一封信中，他说："我的小品和散文与别人不同，都是有感之作，绝无无病呻吟之作。"这是最精准、最实在的评价，道出了他的本意。晚年的梁老思乡爱乡、怀念故土的心情特别强烈，曾无比激动地说："我永远也忘不了农民父老在几十年的战斗生活中对我的影响和教育；不能忘记吃了他们多少小米，坐了他们多少小渔船，睡了他们多少热炕头……"这些凝重深沉的话语，全都发自老人的肺腑，是他心灵的自白。

把梁老充满激情、真情、深情的散文集结出版，是十分必要的，

上图 梁斌与王维玲
下图 1990 年 5 月梁斌、散帼英夫妇和长子散襄军在二梁画展上

也是出版人的责任。遗憾的是，我在编辑时只注意到梁老的小品和散文，忽略了他的绘画。在梁老的绘画作品中，有不少随手点染、即兴式的小画悬挂在他画室的墙上，这是我到他家参观时发现的。作品虽小，但乡土气息十分深厚，画中有村边的小河小桥、场院中的石碾、井台旁的花架、田间的枣林和瓜棚，以及各种不同形态的茅草房……张张有灵气，抒发了梁老晚年怀念故土的感情，展示了他对美的意境的追求。这些小景小画，只因为是信笔涂抹，尺寸和用纸又不讲究，一直没引起梁老和人们的重视，在正式出版的多本画集中都被遗忘了。我在编辑《集外集》时，曾想赴津把这些小景小画搜集起来，收进书里补白。梁老知道我这个想法后，拍手叫好，对帼英大姐说："叫维玲过来挑！"如果我的想法真的实现，这将是一本很有特色、很有价值、很有纪念意义的散文集。只因为《集外集》要在庆祝梁老80诞辰和从事文学创作60年时出版，时间太紧迫，已来不及去做。两年后梁老逝世，想起这件未做成的事，我就悔得不行。

《集外集》是不能和《红旗谱》三部曲相比的，但却是完整认识、研究梁斌一生及其作品的不可缺少的作品。

写于 2018 年 2 月 26 日　定慧寺东里

贰

中青遗珍

中国青年热爱苏联文学作品

近几年来，我国已大量翻译出版了苏联社会主义现实主义的优秀文学作品，从 1949 年 10 月到 1956 年底已有 2700 多种，其中留·柯斯莫捷绵斯卡亚的《卓娅和舒拉的故事》发行了 130 多万册，法捷耶夫的《青年近卫军》、尼·比留柯夫的《海鸥》、奥斯特洛夫斯基的《钢铁是怎样炼成的》、波·儒尔巴的《普通一兵——马特洛索夫》、薇拉·凯特玲斯卡姬的《勇敢》等，都发行了数十万册。在北京，很难找到一个中学生没有读过其中的一本的。据去年长春、大连、吉林三市图书馆统计，借阅苏联文学的读者，占整个文学读者的三分之一。

我国青年特别热爱苏联文学作品。1954 年尼·比留柯夫的长篇小说《海鸥》中译本出版后，在全国青年中掀起了学习"卡佳"的热潮，座谈会、朗诵会、报告会风起云涌，卡佳成了中国青年的知心朋友。北京师范大学物理系的同学组织了"海鸥"锻炼队；上海五四中学高一的同学把自己的班命名为"海鸥"班；北京市女一中的同学还把"海鸥"改编成多种文娱节目……中国青年出版社尽管已经印行了 83 万册，但仍然供不应求。有一个时期，清早书店还没有开门，门外就有人等着买这本书。晚上，书店要关门了，那些站着看了多半本《海鸥》的读者丝毫不觉困倦，只能

《读书月报》1957 年 11 月号封面

恋恋不舍地离去。

青年们阅读苏联文学，已经不完全是出于对文艺的爱好，而是把它们当作良好的生活教科书去学习。昆明市第一中学"卓娅班"的同学们，在教室后面的园地里布置了一个地方，取名为杨树林（卓娅家乡的名字），他们经常聚集在这块美丽的园地，朗诵《卓娅和舒拉的故事》，讲述自己向英雄学习到的东西。"卓娅班"自命名之日起，一直是全校的模范班。

北京市第四中学学生王华文看了《普通一兵——马特洛索夫》以后，决心把自己锻炼得像主人公马特洛索夫那样坚强。在一个寒冷的夜晚，急骤的雨声和窗户的撞击声震醒了王华文，马特洛索夫的形象，鼓舞他马上从床上爬起来，冒着大雨将教室的 48 扇窗户关好了。

保尔·柯察金、密里席叶夫、伏罗巴耶夫顽强的意志、坚韧的实践精神，同样也教育和鼓舞着我国很多长期生病、一度失去信心的青年。不久前，《中国青年报》介绍了一位全身瘫痪且在病床上坚持自学 12 年的青年江幼农，他就是读了《钢铁是怎样炼成的》，从保尔的身上获得了与疾病斗争的力量，最终排除万难，成为在农业科学和营养学方面有所建树的人。

苏联英雄们的事迹，对培养我国青年的爱国主义、集体主义、革命英雄主义产生了巨大的影响。几年前，在朝鲜战场上，苏联英雄们的事迹曾鼓舞着千千万万的中国人民志愿军战士。在有名的上甘岭战役中，就出现了无数马特洛索夫式的英雄事迹——机枪手的下肢被打断，或头上负了重伤，但仍然向敌人扫射；战斗英雄黄继光受了马特洛索夫的影响，在一次战役中效仿他的英雄行为，为后续部队开辟了前进的道路。

同样的，以苏联社会主义建设成就为题材的文学作品，也受到我国青年的欢迎。特别是在我国进行第一个五年计划的时候，阿扎耶夫的《远离莫斯科的地方》、柯切托夫的《茹尔宾的一家》、恰柯夫斯基的《我们这里已是早晨》、安东诺夫的《第一个职务》、格林的《顿巴斯某处》等中译本问世，立即成为我国工人、大学生和工程技术人员不可缺少的精神食粮。北京地质学院的同学们读过《远离莫斯科的地方》后，"争取做和别里捷、柯甫少夫一样的工程师"一度成为推动他们学习的口号；《我们这里已是早晨》

也成为我国大学毕业生和工程技术人员到边远地方从事建设时鼓舞自己、教育自己的榜样。正在我国西北建设第二个钢都的工程技术人员和工人们，为了争取早日实现祖国的工业化，正在不避风雨紧张地劳动着，他们往往以保尔·柯察金不怕艰难困苦修筑公路的精神鼓励自己。我国的青年读者，从这些作品里看到苏联工业建设的缩影，看到共产主义建设的远景，从而鼓舞了劳动热情，增强了建设社会主义社会的信心。

以反映卫国战争伟大胜利为题材的小说，对我国许多读者来讲并不陌生。特别是法捷耶夫的《毁灭》、西蒙诺夫的《日日夜夜》、考涅楚克的《前线》等，在我国抗日战争与解放战争中，起过鼓舞战斗意志的作用。

我们整个时代广大青年的成长，和反映十月革命伟大胜利和社会主义辉煌成就的苏联文学是分不开的，他们常常是因为喜爱文学而接近了革命，他们从苏联文学作品里受到教育，怀着反抗的意志走上了革命的道路。这样的青年，有的在战场上牺牲了，有的在今天担任着重大任务，也有的成为人民的作家……中华人民共和国成立以后，苏联社会主义现实主义的优秀文学作品被大量地介绍到我国，这些作品以高度的艺术技巧和共产主义精神激发了我们的创造和战斗力量，使我们找到了生活的榜样，给了我们莫大的精神鼓舞。这就是中国青年热烈欢迎苏联文学的原因。

．（原载《读书月报》1957 年 11 月号）

生活永远是创作的泉源 [1]

随苏联对外文化代表团前来我国访问的卡达耶夫，在今年 1 月 17 日应我社编辑部的邀请，前来做了一次友谊的访问。在一个不大的会议室里挤满了二三十位文学编辑，大家围坐在这位老人周围，座谈就此开始了。

交谈的第一个问题，也是大家最关心的问题：卡达耶夫是怎样创作《雾海孤帆》和《团的儿子》等作品的。他谈到《雾海孤帆》之所以写得成功，有两个基本因素。一是在他青春时期正好赶上 1905 年的俄国革命。童年时代感受最深的事情，都和这次革命相联系，这就使他能在作品里深刻反映当时社会的特点和革命初期的生活状况。第二个因素是爱国主义情感。除了广义的爱国主义感情外，还有爱自己乡土的情感——爱故乡的一草一木。他说："当这种感情和革命的感情结合起来，就产生了一种力量，推动我去写这部作品。"

有人提出《雾海孤帆》是卡达耶夫的自传体小说，他说"这部小说不能绝对说成自传，因为许多内容是从生活的各个角落里取来的"，但小说描写的彼嘉与他童年的经历相仿。他说："在起

---

1 本文系为纪念《红岩》出版 50 年而作。

《青年读物介绍》1957 年 11 月号封面

义开始时，我只有 8 岁，直到现在我对当时的情景还记忆犹新。
记得第一次看到红旗和军舰的时候，简直迷住了。虽然起义的日
子里到处飞着流弹，我还是和街上的孩子们到处游玩，还和起义
的士兵一起玩。敖德萨展开巷战的日子，我都是在街头度过的。
实际生活里，也确有像卡甫立克那样的孩子，后来我还亲眼见到
他成了党的工作者。"他还说："这段生活是这部长篇小说的现实
基础，如果用马列主义术语来说，这段生活奠定了我一生的世界
观和意识形态。"在谈到小说中的瓦西里·彼得洛维奇·巴切伊时，
他说："这是我父亲的形象，道道地地的俄国知识分子，我在《雾
海孤帆》的续篇《草原村庄》里，进一步塑造和发展了这一人物

形象。"

卡达耶夫在谈创作经验时，特别强调了作家的生活基础。从实际生活中感受最深刻的事物，写到作品里去，是最有感染力的。他说："《团的儿子》就是我在卫国战争中碰到许多实际事例、受到情感的冲动写成的。当时我是《真理报》战地记者，有一次到骑兵团采访，接见我的是位上校军官，即现在敖德萨的卫戍司令。到那里已经夜里两点，他给了我一件军大衣，要我在团部过夜。这时忽然走进一个十二三岁的孩子，穿着哥萨克的军装，戴着哥萨克的帽子，一进屋就向上校做报告，接着上校就和他谈话，请他喝茶，跟他开玩笑。我对这种情景感到很奇怪，在紧急的战争状况中，军队哪来的小孩子呢？上校回答说："这是部队撤退路上碰到的在战争中失去父母的孤儿，因为战况紧急，没法送他到后方去上学，只好把他带在身边。后来看他很机灵，就让他当了联络员，还给他取了个军号'团的儿子'，称团长为'爸爸'。"我听了这段故事后很有感触，在那样紧急的状态下，我们的军人还有那样崇高的感情去爱一个孩子，确实伟大。但这也只是一刹那的印象，我并没意识到这是一个重大的社会现象。过了一段时间，我到莫斯科去，在火车上碰到一个上了年纪的士兵，他带着一个小孩，也是一个小兵，穿戴得很干净。他总是想尽一切办法使大兵舒服，比如拿了水壶打水给大兵喝，等等。我好奇地问："这孩子是什么人？"那个上年纪的士兵回答我说："他是我们'团的儿子'，是在战争中拾到的，我们收留在部队里，大家怕他在战争中死去，所以团长派我送他到后方去上学。"我问他这些事在部队中常发生吗？士兵回答说"是的"。后来我到空军部队去，同样碰到这些事情。这使我意识到：这不是个别的现象，它说明了我们人民的革命人道主义精神，更说明了苏军战士对人类的爱。在这种情感的冲动下，我设想在一个月光明朗的夜晚，在树林里，侦察兵悄悄从敌军阵地爬回自己的战线，途中发现一个丧失一切的孩子，在炮弹坑里呼呼睡觉，当孩子惊醒后，他们安慰他，把他带回部队……之后上级成立了苏瓦洛夫军事学校，收留战争中失去父母的孩子——这又一次说明问题——我也去了，我看到了孩子们的集体宿舍、听到他们的吹号声，看到他们的衣挂、什物，也看到了一些老战士——培养他们的人。所以很自然地，我的作品有了一个完满的结尾。

　　谈到这里，卡达耶夫又追溯了几十年前的经历。他说："我描写战争的作品之所以获得成功，与我是士兵出身分不开。在1914—1918年欧洲大战时，我在波兰境内与德奥帝国军队作过战，后来还获得了一枚乔治勋章；十月革命时我负伤住在医院，出院后又参加了炮兵，当了指挥员。这些使我对士兵的生活非常熟悉。例如写《我是劳动人民的儿子》，就有我实际的生活基础。欧战时，我的身份是一级志愿兵。按照当时的待遇，是可以和军官一起吃饭的，但被我拒绝了。我一直和士兵生活在一起，我觉得战争时期是最能够深刻了解人民的时期，我和他们一起住，一起吃，一起睡，甚至可能一起被打死。所以，我对乌克兰人民所有的习惯、生活都十分熟悉。因此，当我写《我是劳动人民的儿子》时，第一次世界大战的情景和乌克兰人民的生活……都呈现在眼前了。"

接着话题转到卡达耶夫怎样使编辑工作和创作生活相结合。他说："我现在比过去起得早了些。早晨八点钟起床,九点坐在桌子前写作,一直到下午 1 点。在这段时间里,别的事情都不考虑,也不想编辑部的事情。下午 2 点才上杂志编辑部去,从事编辑工作。我发现每天到编辑部去,并没有白白浪费时间。第一件事情就是与有关编辑谈话,使我每天听到各种不同意见和各种情况;然后会见一些来访者,每个人都会有许多话可谈,他们提出了生活中的各种问题,能帮助我充实生活知识;再就是处理读者来信(当然,不可能每封信都去看,而是由编辑每天向我汇报最有价值的来信),它们也能给你带来新的血液。因此我觉得编辑工作对创作很有帮助。《草原村庄》这部小说就是我从事编辑工作以后写成的。"

谈到这里,时针已指到 12 点了,为了要赶下午的报告会,谈话不得不到此结束。当我们举杯祝卡达耶夫健康时,老人的答词是:"希望在座的同志都能长寿,活到 60 岁时还像我这样精神抖擞。"在欢笑声中,我们送别了老人,并默默地祝他永远健康,晚年再写出优秀的作品。

(原载《青年读物介绍》1957 年第 2 期)

谈《野樱河畔》中的两个人物

　　翻开《野樱河畔》，就看到了一个年轻的姑娘，梳着两条粗辫子，红红的、健康的圆脸，稚气地鼓胀着嘴，两条浓黑的眉毛不断蠕动着。她坐在团区委书记面前，激动地说："我们什么时候才能有团委书记？没有团委书记，我们的团费交给谁？谁来组织会议？……难道一定要你们确定候选人吗？我们自己不能选出个书记来吗？"连珠炮似的质问，弄得年轻的、新上任的团区委书记不知所措。这就是《野樱河畔》的主人公卡嘉，一个直爽、聪慧、有魄力的姑娘。

　　卡嘉是在集体农庄的抚育下长大的，她爱农庄的生活，爱农庄里的每一个人，对农庄里的任何事情都观察得很精细。她勇敢、刻苦、直率，对于那些不良现象，她一丝不苟地、勇敢地进行斗争。对于那些公认的有益于全体庄员的事情，即使阻力再大，她也跑在前面。在书中，清算科洛缅克夫的场面；与官僚主义者帕拉蒙诺夫斗争的场面；斗争胜利后，人们满怀热情种植果树、开辟果园的场面；"歇马不歇机的办法"使每班割草任务超额完成的场面……我们可以从中得到力量，得到鼓舞。

　　虽然卡嘉是一个刚满 20 岁的姑娘，但已经担任了不轻的职务。她是团委书记，有 60 名共青团员要她指挥；她是生产小组长，小组的生产要她安排、领导。这些并没有什么，如果都像"长草那样简单"，倒也会使这个姑娘感到轻松。然而，现实生活没有让她省心，生产和工作都不断地难为着她，征服事业上一切困难，对于这个年轻的姑娘就是复杂的工作了。卡嘉第一次担任生产小组长，第一次领导组员把亚麻的种子播到田间时，她是那么兴奋、激动，一日几次地往田间跑，担心亚麻不能发芽。当亚麻长得已经像"小枞树"一样时，她仍不放心，日夜担心天旱、大雨、冰雹降临，摧毁了他们用心血培植起来的成果。然而，老天爷常常戏弄人，竟下了一场雪。卡嘉是那样惶惑不安地"只穿了一身单衣"，疯了似的跑到地段上，抓起亚麻纤维亲吻、流泪……看到这里，我不能不激动，恨不得这场雪变成初春的雨水。直到伊万诺夫娜大娘说"亚麻不会受损失时"，我才随着卡嘉的心一起平静下来。

　　作者成功刻画了卡嘉这个形象。她有着姑娘们共有的腼腆和温柔，也有姑娘们少有的沉着和威严，从不放松要求自己。当卡嘉了解到同她一起工作好几年的科洛缅克夫原来是个品质恶劣的人，她内心除去憎恨、鄙视，也万分痛苦——他以前在劳动上并不比别人差，不久前还担任团委副书记，获得了大家的信赖，而现在却不得不没收他的团证了。她沉痛地说，"忽略了他！"读到这里，我们多么想责备这个团委书记！但是我们终于还是原谅了她，因为她认识到错误，而且也很痛苦。

　　对待纽莎的做法，突出表现了卡嘉为人宽厚、热情的品质。纽莎遭到科洛缅克夫欺骗怀了孕，她凶暴的、自私的母亲逼迫她非嫁到城里不可。纽莎违背了自己的意愿，打算向恶势力妥协，离开集体农庄。卡嘉和共青团员们耐心地劝说了她，把她安置在自己的家中，又请伊万诺夫娜去劝说纽莎的母亲，使纽莎重新回到沸腾的、紧张的集体生活中来。从卡嘉身上，我们可以看到一个共青团员所应具备的优良品格和工作作风。

　　另一个人物，科洛缅克夫是"五一"集体农庄的汽车司机，前任团委副书记。他虽是共青团员，却也是拿着团证作护身符的卑鄙龌龊的人。他自以为很聪明，但这种聪明损害了他自己；他是个懒汉，不爱劳动，可是懂得舞弊，盗卖拖拉机和联合收割机的零件换酒喝；他过去是一个团干部，但是颓废了，失去了共青团员应具备的荣誉感与责任感。他欺骗了纽莎，用甜言蜜语骗取了她的纯真爱情，但并不爱她，只是为了"玩玩"。纽莎怀了孕，要求与他结婚，他露出一副卑鄙自私的嘴脸，耍弄着流氓手段，妄想一箭双雕——既得到纽莎的身体，又得到纽莎一家的财产。纽莎没有向他屈服，勇敢地唾弃了这个恶人；科洛缅克夫却走向了堕落的道路，为了弄到一身西服，吃到好酒好菜，他将集体农庄的汽车借给一群盗窃犯，成了人民不可宽赦的罪人。

　　在社会主义社会里，劳动和诚实是一种美德，这种美德，为广大劳动人民所共有，谁要是以欺诈的手段、用别人的眼泪来获取个人欢乐、满足个人欲望，必然会被社会唾弃。科洛缅克夫就是一个很好的例子。共青团一开始并没有一脚踢开他，只要他认识错误，是有机会赎罪的，但他拒绝了，亲手毁灭了自己的前途。

（原载《青年读物介绍》1957 年第 6 期）

管桦的《将军河》三部曲

一

写长篇小说，怎么开头是很重要的。有的作者常常几次落笔，又几次推翻。高尔基说过："最难的是开始，就是第一句话，如同在音乐上一样，全曲的音调都是它给予的。"阿·托尔斯泰也说过："开始——常常是很难的。"名家们之所以这么强调和讲究"开头"，是因为作品要在开头不长的篇幅里，把小说的魅力，人物的特点，故事发生的时间、环境，以及一些特定的生活场景等，生动地揭示在读者面前，让人们拿起书来就放不下。这一点，恰恰是许多作者在创作时容易忽略的。

管桦的长篇小说《将军河》的开头，给我们提供了一个很好的范例。它具有生动的细节、微妙的动作、性格化的对话……这一切，不但是形象的、外露的，也是内在的、心理的。在艺术手法上，有浑厚的勾画，也有精细的描写，两种手法和谐协调，既符合作品的生活内容，又保持了作者特有的艺术风格。

主人公之一古大鹏一出场就把读者吸引住了。他穿一身洗得干干净净的毛蓝土布衣裤，肩上搭着沉甸甸的干粮袋子，背着当年同八国联军作战时使用过的鲨鱼鞘雁翎刀，急匆匆地走出街来……他这是去做什么？细腻的描写，给读者留下了悬念。原来

管桦（1922—2002）

他听说荣头做工的那个煤矿是洋鬼子开办的！"这不是伙同洋鬼子挖自己的祖坟吗？我宁可绝户了，也不要这种儿孙后代！不宰了他也砍折他腿，看他还跟不跟洋鬼子走！"有声有色的几笔，便把古大鹏的思想、性格表现了出来，同时也为他将要在将军河地区高举抗日大旗做了很好的铺垫。

笔锋一转，半个月过去了，古大鹏回来了。他那风尘仆仆的脸不再怒气冲冲，而是喜气洋洋，从眼神到嘴角都隐藏不住笑的模样。作者通过这"一去一回"，又通过古大鹏与铁匠冯顺的两次会面，把人物的思想变化、心理活动层层揭示在读者面前。他先是拿大巴掌亲热地拍打着冯顺的胸脯子，说："天大的喜事儿啊！"

接着在冯顺的肩膀上捶了一拳，神秘地说："中国可真出了能人啦！"又用一只胳膊搂着冯顺的肩膀，悄声说："能人领着荣头他们一帮子工人，跟洋人二毛子斗上啦！"接着掏出二十枚铜钱，高兴地叫道："打酒去！"仅这几个小动作，就展现出古大鹏对中国共产党的信赖和希望，以及激动兴奋的心情。

到这里，作者已经写出了古大鹏的性格和精神世界，但并没有就此中止。精心的构思，又一次深化了古大鹏的性格，完善了古大鹏的形象。古大鹏第二次去煤矿看荣头，很容易给人重复的感觉，但在作者的笔下却不同，展示在读者面前的是一个意外的情景。原来荣头已经是工人运动中的领袖了，在反对帝国主义和军阀的罢工斗争中不幸被捕，敌人逼他背叛革命，以此来解除工人武装，瓦解工人运动。古振荣英勇不屈，被带往刑场，正在这时，古大鹏出现了，这意外的一笔立时把读者吸引住了。

在这个特殊的时刻、特殊的环境，作者着力描写的是古大鹏深沉锐利的眼睛，通过这双眼睛，看到了遍体伤痕的古振荣被反剪着双手，在密密的刀丛中英气勃勃地走向刑场；看到了敌人又是欺骗又是威胁，幻想逼迫古振荣悔过低头；看到了在威武雄壮、视死如归的古振荣面前，敌人阴谋破产时的焦虑不安；看到了古振荣挥臂高喊"打倒卖国贼"之后，如何从容就义。

突发事件临头的时刻，一个人的精神面貌、品质性格很容易充分显露。古大鹏没有因为敌人的血腥屠杀而畏缩胆怯，没有因为亲人的牺牲而悲观失望；正相反，他有的是坚决和自信，在呼啸的大风和瓢泼的大雨之中，他掩埋了儿子的尸体，领着小孙子

古佩雄回到了龙虎村……他异乎寻常地镇定、从容，凝视着眼前
发生的一切。他的行动和姿态都极平常，可就是在这平常之下，
深刻隐藏着愤怒、反抗和坚强不屈。古大鹏精心抚养着小孙子古
佩雄，煞费苦心要把他培养成为一个像他爹一样的人！他在后院
挖了土坑，让古佩雄跳上跳下；他用桃木削成一把刀，教古佩雄
劈杀；他在古佩雄的小腿腕子上绑沙袋，练"飞毛腿"；夏天，他
让古佩雄到将军河去游泳；冬天，他让古佩雄进山去打猎……在
日本鬼子进关时，古佩雄已经长成一个彪形大汉了。作者透过古
大鹏的喜、怒、哀、乐，把劳苦大众最深沉广阔、真挚细腻的感
情交融在一起，塑造了一个血肉丰满的艺术形象。

　　《将军河》之所以读来令人神往，就在于作者把人物的精神、
气质、思想、行动，自然地、合理地展示在读者面前。《将军河》
的开头，是一个有声有色的开头，是一笔写了三代人的开头，是
一个让人读进去就跳不出的开头，是一个预示着将军河地区将要
展开一场大搏斗的开头！

二

　　刘勰在《文心雕龙》里说："文以气为主，气之清浊有体，不
可力强而致。"一部作品，刚柔起伏，风姿面貌，应是自然地延续、
发展、形成。柔和严谨又气魄宏伟，绚丽多彩又清新明快，既是《将
军河》的风格，也是管桦本人的文气。

　　管桦在艺术技巧上有自己的追求。从《将军河》里可以看出，
他不是对抗日生活做简单临摹，而是让古大鹏、古佩雄祖孙两代

人历尽困苦艰难、严峻考验，以此表现他的忠诚、勇敢和坚定，也对冀东地区的抗日战争做了最本质、最有力的艺术概括。同时，在许多平凡的场面中，作者注入了独有的、丰富的色彩和音响，使作品显示出不凡的艺术特色，尤其擅于描写人物一瞬间的心理起伏。比如围绕派谁到天津地下交通站去取电台这个情节，作者对古大鹏的描写就很有特点，当地下党领导人周世忠把这个危险的工作任务告诉古大鹏时，古大鹏异常兴奋地说："我去！"可出乎意料的是，周世忠不同意他去，这时我们看到，古大鹏细眯着眼睛，皱着眉头，把烟嘴插在嘴里狠命地吸着，以表面的沉默掩饰着内心的紧张，终于"脸色变得泛红，两道垂悬的浓眉耸起……眼睛里闪出明亮的光芒……以致他那激动的情绪不能平静……"。明白了周世忠的心思和意图后，他毅然决定叫大孙子古佩雄去，周世忠紧紧地抓住古大鹏的手，激动地说："您要把唯一的亲人献给革命交给党了！"两个人眼睛对着眼睛，目光闪过来射过去……多么好的描写，多么生动的对话！一个画面，三言两语，不同的人物性格跃然纸上。写小说，最重要的就是写出人物的感情起伏，作为烈士古振荣战友的周世忠，面对着烈士的父亲古大鹏，派他唯一的孙子古佩雄去完成危险的革命任务，他不能没有担心和顾虑，但是古大鹏不是别人，他是当年义和团的老团首，是共产党员革命烈士古振荣的父亲！阶级的深仇，民族的大恨，冲击着老人的心田，他想的不是被捕、枪杀、酷刑、死亡……而是怎么让古佩雄走上革命道路，继承父辈的遗志！

　　管桦在谈《将军河》的创作意图时说："每一个历史时刻都是

完整的，自成一体的；每一个时期都是崭新的，充满着希望，包含着幸福和悲哀。在奔腾呼啸的历史长河中，抗日战争这一泼天巨浪，显示了中华民族不可屈辱的尊严。但这个尊严是在每一个人的身上，假如没有了人民的尊严，也就没有了这个国家民族的尊严。"读这段文字，我很自然地联想到：人的尊严，民族的尊严；人的气节，民族的气节，是管桦小说的灵魂。管桦笔下的青年、老人、妇女、儿童，都具有宁死不屈、宁折不弯的刚强性格，都具有不可侵犯的人的尊严。

同样，管桦短篇小说中的人物，大多也让人感奋不已。《旷野中》泼辣、果敢的吕二嫂，《故乡里》公而忘私的尹二婶，《小瓦匠》温厚俊美而凛然无畏的"小瓦匠"，《三日拘留》敢怒敢骂的凤林嫂，《山谷中》一心扑在建设水坝上的烈士遗孤王德禄，《音乐家》《李牧》中的知识分子形象，《特务》《李书记》《暴风雨之夜》中的干部形象，等等。没有什么惊天动地的大事，全都是从平凡小事或生活与斗争的一个侧面来体现人物的思想和形象。比如《爱人与铜铃》，作者写了一个村镇繁忙的十字路口，交通指挥员在沉着冷静地疏通车流，一位钢厂的小伙子想赶回农村说服对象参加社会主义建设，却没想到交通指挥员就是他要找的姑娘。作者构思轻松巧妙，既写出新女性的追求与心态，又写出建设年月朝气蓬勃、紧张热烈的场面和气氛，既生活化又艺术化，给人以真实、美妙的阅读享受。写短篇小说如此，写长篇小说依然如此，正如管桦在《管桦中短篇小说集》后记中说的："我的职业是把我在生活中认识的各种各样的人物带到读者面前，介绍给读者，让读者在紧张的工作或是学习之后，坐在灯下，听我讲述他们平凡而又带点传奇色彩的生活和战斗，讲述他们的爱情，他们的悲苦和欢乐，他们的幸运和不幸。"

三

通过行动，把不同的人物肖像、人物性格、生活场景和不同的人物关系表现出来，这是《将军河》留给我的第三个印象。

管桦擅长通过人物的行为，表现他们的性格特征、精神生活和内心世界。他总是把人物的动作、言谈、反应和心理变化写得十分精细、具体、合理、真实、自然。比如二阎王这个人物，出场没多费笔墨，就引起了我们的厌恶。当古佩雄和他的伙伴们故意把拔起的麦子往脚板上一摔，十分准确地将麦根上的泥土摔打在斜楞着眼睛、歪戴着草帽、穿一身绸裤褂、提着蛇皮鞭子见着谁都想抽几下的二阎王的头上、脸上和身上，谁能不发笑呢？作者以轻快的笔调写出了地主阶级和农民阶级、剥削者和被剥削者的对立和矛盾。通过这段描写，作者把古佩雄的聪明、机智、泼辣，以及以他为首的这伙青年农民的特征生动地展示了出来。

如果说拔麦斗争是对二阎王的嘲弄和讽刺，那么抗租斗争则是面对面的尖锐搏斗。二阎王要把夏俊梅种的五亩麦地增加一石二斗租子，想用这个办法，让古佩雄和夏俊梅害怕、听他摆布……二阎王怎么也没有想到，他的蛮横和无理，把古佩雄和夏俊梅深深激怒了。古佩雄两眼怒火闪闪，牙齿咬得发响，义正词严地说："你要把人逼上绝路，你这条毒蛇！"他一步步逼近二阎王："你竟敢用这种毒辣的手段！你要知道，夏家虽然只剩下孤儿弱女，可是我们的大刀还没有生锈！"如此淋漓尽致的描写，读了叫人多么畅快！古佩雄居高临下，那几句有力的言辞有如一颗颗子弹，直射在二阎王身上，他用发抖的声音问道："你，你，你要造反吗？"古佩雄以他的凛然正气，把这个地头蛇完全镇住了。

　　矛盾冲突，是小说的主题思想和人物性格的血肉，但是矛盾冲突绝不是作者凭空幻想、任意杜撰出来的。矛盾冲突来源于生活，只有对生活中的矛盾冲突充分了解，才能生动地表现在小说之中。情节的发展，人物的成长，性格的形成，全都是在各种矛盾的发生、发展、激化、解决过程中完成的，而且这种矛盾冲突是多种多样的。就以古佩雄与二阎王的斗争来说，当古佩雄他们知道共产党、八路军已经到了揭扬堡，心中受到了很大的鼓舞，这一点从古佩雄和二阎王的斗争上可以明显感觉到。虽然在斗争中他还是那么幽默、机智，可是他变得更沉着、更锐利、更勇敢了。二阎王听到龙虎村集合的钟声，提着盒子枪气冲冲跑进关帝庙，一看打钟的是古佩雄，气得他跺着脚儿喊道："不准打钟！不准打钟！"古佩雄仍一个劲地打下去，二阎王用手枪点着他的鼻子："生就亡国奴脑袋也长不久。"这句话把古佩雄惹恼了，但他克制着愤怒，平静地问道："这么说，海大爷已经当了汉奸，是不是？"这一句话击中了要害，揭了二阎王的痛处，一下子就把他击败了。古佩雄并没有就此罢休，反手从二阎王手里夺过盒子枪，在手里一上一下一扔一落，以无比蔑视和嘲笑的口气说道："好好给我们保存着，别弄坏了……等八路军一到，管你要枪的时候，一颗子弹都不能少！""八路军"三个字，吓得二阎王脸色发白，双腿发软，像霹雳打在头上。——作者只通过打钟这个场面，就把古佩雄和二阎王的心理变化完整生动地表现了出来。

"文学艺术应该使人纯洁、善良、勇敢、正直、高尚起来，并给人以美的感染。"管桦这句话，在塑造古佩雄时实现了。他通过这三场斗争，把古佩雄在不同时间、不同地点、不同矛盾冲突中的思想、情绪、心理、表现——展示在读者面前。古佩雄这个形象，是作者战斗、生活经历的产物，他怀着极大的热情来描绘这个年轻的、火热的、朝气蓬勃的形象，在他晒黑的脸上，在他高大的身躯里，充分蕴藏着将军河地区人民无私、正直、朴实、善良的品质。但他又是一个平平常常的人，一个普通战士，作者没有让他装腔作势，刻意炫耀，而是让他在人民群众的孕育中成长，在战斗中成才。

收缴帅马营保卫团总部的全部武器，是全书的高潮，写得轰轰烈烈，精彩巧妙！古佩雄作为这场斗争的现场指挥，把自己的行动和党交给他的任务出色地结合在一起。他对王拐子有嘲笑、有轻视、有斥责，又晓以利害，读起来多么畅快！王拐子的毒狠、凶残和狡猾没来得及用上，由气恼到沉默，由沉默到惊慌，由惊慌到溜之大吉，写得入木三分！无论是塑造古佩雄，还是描写帅马营的激烈斗争，作者始终把握一点：把古佩雄放在人民群众之中，没有人民群众做后盾，他不可能战胜王拐子。在没有党的领导时，在没有发动起人民群众时，古佩雄进行的斗争虽也有声有色，但总不能反映出他的深度和高度；在接受了党的领导和教育以后，在组织起浩浩荡荡的革命大军以后，他在斗争中表现出来的智慧、勇敢和刚毅，是在过去与二阎王的斗争中没有达到过的。作者把古佩雄精神上的美和党、人民、时代赋予他的伟大力量，放在了险恶的环境之中，放在了强大的敌人面前，构思精巧，颇费匠心。

《将军河》于 1977 年 12 月出版，十年后，管桦的第二部作品《深渊》出版。现在，他正在批改第三部作品《龙争虎斗》，意图表现中国人民的爱国主义精神和民兵、妇女在抗战中的巨大作用。佩雄、大鹏、夏俊梅、牛贵、张二嫂、周世忠以及国民党将军等人物，贯穿全书，他们的命运，常常出乎读者的意料。在《深渊》里，管桦写了将军河地区国共两党领导人的会面，写了围城之战、黄花港之战，以及八路军和日军在雪原上展开的浴血战斗。在这些篇章中，作者既写了古佩雄的英勇和痛苦，写了张二嫂的悲惨命运，又写了女大学生沈媛媛的纯洁爱情和执着追求。管桦说："我虽然也批判封建传统道德中一些不应继承的内容，但我在批判这一切时，决不重复别人已写过的东西。英雄人物是在他们创造世界的时候，在他们拯救自己的祖国的时候，从他们过剩的苦闷中解放自己。一切快乐也都包含着痛苦。胜利和快乐都是在战胜痛苦之后获得的。"

《龙争虎斗》这本书，将向读者介绍世界战场，如日本天皇御前会议、太平洋战争等，同时也会描写抗战期间国内正面战场。主人公古佩雄的胆识、才能和风貌，将在第三部里得到充分展示，完成人物的成长过程。古佩雄的成熟，表现在独特个性的形成，这是人物精神上、思想上、行动上的结果和丰收。同时，第三部还形象地告诉人们，日本侵略军把他们所占领的每一个城市和每一个村庄都划为治安确保区，可是他并没有能确保读者从小说里可以清楚地看出，中国共产党是怎样把侵略者的据点，变成人民战争汪洋大海中的孤岛，并再一次证明侵略者终究无法逃出灭亡的命运。

四

当管桦还是一个十多岁少年的时候，就参加了八路军。他是在革命队伍中成长、在战斗中锻炼出来的。他在晋察冀华北联合大学文学班毕业后，当过记者，担任过文艺演出队副队长、文工团副团长，写了大量歌词、剧本、战地通讯和小说；他立过一大功和三小功，在冀察热辽军区和九阶段全军通领嘉奖过，荣获过朱德奖章。1949 年后，他从事专业创作，写了近百首歌词和诗，几十个短篇小说（出版短篇小说集《三只火把》《山谷中》《葛梅》等），中篇小说《辛俊地》《小英雄雨来》，以及长篇小说《将军河》《深渊》《龙争虎斗》。他硕果累累，成为文坛上引人注目的作者。

管桦酷爱文学创作，但更爱生活，爱人民。为了深入生活，了解人民，写出更多更好的作品，他自觉自愿到艰苦的地方磨炼自己，不追名，不求利。1957 年，管桦和家人从北京搬到河北唐山女过庄村落户，孩子们在这里生，在这里长；他在这里写作、劳动、工作，与农村基层干部和人民群众同甘苦、共欢乐。十年农村生活，为他的写作做了充分准备。管桦是一位有成就的革命作家，又是一位传统的中华民族知识分子，他对自己的父母无比深爱，无限怀念，他常说："我怀念父亲，并不只是他把我和弟弟任朴交给了他所信赖的共产党，不只是因为党史工作者称颂他为爱国民族英雄，我怀念他，是因为我的所有长处都是他给的，甚至我从事的文学事业也要归功于他。"

管桦的父亲鲍子菁，是 1938 年 7 月冀东 20 万农民抗日大暴动中的一个起义领袖，是在还乡河两岸享有盛名的一员战将，而且喜好文学和绘画，写一手好字。鲍子菁对革命无比忠诚，奉献了他的一切。他把两个儿子——18 岁的管桦和 14 岁的任朴送到八路军部队；他把历尽艰辛组织起来的 400 多人组成的抗日武装力量交给共产党指挥；他受命专门做抗日统一战线工作，利用过去与上层接触的老关系，冒险深入敌人的据点宣传抗日，争取伪军反正；他从敌军据点给八路军搞供给、搞武器，深入敌穴搞情报。1944 年 9 月，他在日伪大扫荡中被千余名日伪军堵截在石各庄，在战斗中身负重伤的他从容烧毁随身文件，砸碎钢笔、手表，把手枪对准自己，壮烈牺牲。中华人民共和国成立后，他被安放在冀东革命烈士陵园苍松翠柏之间。

管桦的母亲是一位典型的革命母亲。丈夫牺牲后，她领着两个女儿，抱着刚刚一周岁的小女儿，同群众一起在风雨中前行。丈夫把两个儿子送进革命队伍，她把两个女儿也送进了革命队伍。中华人民共和国成立后，这个为革命献出丈夫和儿女的妇女，始终住在农村。1957 年，管桦响应号召，与妻子带着孩子回到故乡，和母亲一起生活了九年。"文化大革命"把管桦召回北京，接受审查、批判，从这时开始，管桦的母亲就不得安宁，无休止的外调，轮翻到女过庄村搜集寻找能把管桦兄弟打翻在地的黑材料。在痛苦和烦扰中，她又听到别人对丈夫进行恶毒诽谤和中伤。上一辈人和下一辈人的相同遭遇，使她心情沉重，精神哀伤。当她听说造反派把烈士陵园中的石碑都推倒时，精神上受到巨大摧残，于1972年辞世。讲起这一切，管桦常常显露出难以表达的痛苦和内疚。他说："1988年7月唐山纪念冀东抗日暴动50周年的大会，郑重宣布鲍子菁为无党派爱国志士，我才心安，可以告慰九泉之下的母亲了。"

　　管桦在创作上是勤奋的，几十年如一日，坚持走自己的路。管桦又是紧张的，具有内涵丰富的性格，加上他在艺术上勇于探索和不断创新，使三部曲趋向成熟。然而，走过这条崎岖不平的路，需要多么大的勇气和毅力，需要付出多么大的代价和牺牲啊。

管桦的不寻常代表作《辛俊地》

　　《管桦文集》五卷本出版了。在他的"中短篇小说卷"里，收进了 1957 年 11 月写的中篇小说《辛俊地》。看着"辛俊地"三个字，我无比激动——《辛俊地》终于又出现了。1958 年《辛俊地》问世后，经历风风雨雨，走过坎坷道路，唤起我起伏难平的回忆。

靳以

　　1957 年冬我来上海，在一个阴湿寒冷的上午，到《收获》杂志社拜访副主编靳以先生。当时靳以 40 多岁，胖胖的，戴一副眼镜，温恂有礼，很有风度。那是 60 年前的一次会面，交谈的许多内容我已记不清了，但靳以对《辛俊地》的评价让我一直不能忘记，这是因为靳以的看法，不仅是新鲜的、大胆的，而且是历史的、辩证的。他说："管桦这人，有才华！他塑造的辛俊地是我的文学画廊里至今没有出现过的人物。辛俊地是一个抗日游击队员，他的勇敢，让敌人痛恨，让战友称赞；但他漠视革命队伍的组织性、纪律性的行为，又让人憎恨和气愤。个人英雄主义支配着他，也瓦解着他，最后把他置于死地。管桦是以辛俊地的死——不是死在日寇的手里，而是死在他情人的父亲、一个勾结日寇的反动地主的手里——宣告个人英雄主义的破产。管桦别具一格的构思，

靳以（1909—1959）

出神入化的一笔，一下子就把小说的主题深化了。"但管桦的构思
很大胆，靳以也有几分忧虑："这样的艺术构思，能否为人们理解？
我很担心。"当知道中国青年出版社准备出版单行本时，他露出不
安的神色："你们是青年出版社，不怕引起争论？"我说："不怕，
正因为我们是青年出版社，所以我们要让青年人了解个人英雄主
义对革命事业、对自己的危害性。"靳以笑了，点点头。

　　不出靳以所料，半年后，他担心的事发生了。1958 年 6 月，
《文艺报》首先展开对《辛俊地》的讨论，名为讨论，实是批判。
《文艺报》认为作者"完全丧失了党的正确立场""完全投入到早

上图 1991 年 10 月 16 日管桦（右）、王维玲（中）、韩美林（左）
在马鞍山举办的中国国际吟诗节上

下图 1991 年中国国际吟诗节，左起：李婉、管桦、王维玲、廖莎、
叶芳

已腐臭的自然主义的泥坑中去了""宣扬修正主义""美化投降主义""走进了创作的歧途"……除了没有给《辛俊地》戴大毒草的帽子，什么话都说了，而且说得很重，火药味儿很浓。当时我看到的，既有公开发表的文章，也有先在内部资料上印发，而后公开发表的文章。

李婉

我生怕管桦看到这些文章时没有思想准备，激动生气，再说些过激的话，给自己招来麻烦。当时管桦响应号召，全家迁到河北省丰润县（现唐山市丰润区，下同）农村落户，刚巧这时他们夫妇回京办事，我便怀着不安的心情，到石板房胡同一个古老的大杂院——他们在京的住处，去看望他们。恰巧管桦出门了，他的夫人李婉在。这是我第一次和李婉见面，当时她只有 20 多岁，怀中抱着儿子。沉静地听我把情况说完，她没有一丝不安、一丝慌乱，闪动着一双黑亮的眼睛对我说："周立波是管桦创作上的引路人，他看过《辛俊地》后拍案叫好，认为作品真实反映了当时的生活，人物写得很深刻，很有教育意义，不是一般化、公式化的小说。他这个判断错了吗？管桦的好友、著名的剧作家海默，对《辛俊地》完全持肯定态度。他知道《收获》要发表，专门到编辑部把清样要了来，看了三遍，海默怎么就没有发现这样的问题？巴金主编的《收获》杂志也发表这个中篇，他们也没有看出问题吗？我看不要紧，没大毛病。"李婉的一席话，反倒安慰了我，让我悬着的心落下了。

管桦

不久，我和管桦见了面，又一次把争论的内容告诉他。管桦笑笑，露出了成竹在胸、不以为然的神色，他不紧不慢地对我说："他们没有看懂，我是从一个生活的侧面，反映抗日战争的复杂性，以及党是如何艰苦地领导了这场伟大的农民抗日战争。在敌后坚持抗战的抗日游击队，主要是以当地的农民为主体，他们是游击队的主力军。党不仅要领导他们的抗日，打日本鬼子，还要让他们在战争中锻炼成长，成为一名真正的战士，这不比打仗、消灭日本鬼子轻松。同时，《辛俊地》活动的地区又有它的特殊性，是游击区、三角地带，是日寇、汉奸、国民党、共产党这几种政治力量和军事力量交叉汇合的地区，环境险恶，情况复杂。辛俊地就是生活在这样的环境中的游击队员，他是个贫苦农民，优点突出，但缺点、毛病也突出。他就是带着这种性格上的矛盾冲突，加入抗日洪流中来的。他疾恶如仇，不怕牺牲，本应是一个英雄人物，但是在没有经受严格训练之前，产生了膨胀的个人英雄主义思想，不顾全局、不讲策略、不守纪律、不听指挥等性格弱点，越来越突出。结果怎么样呢？干出了一系列蠢事、错事，不仅给抗日队伍带来很大损失，最后连自己也给葬送了，成了一个悲剧人物。所以我在小说的结尾写了这么一段话：'辛俊地的同志们，以及村里的人们，都在为他惋惜。他生前这几年，做了许多好事，也做了许多坏事，可是他自己在还没有了解这一切的时候，就死了。他使人气愤，也使人怀念。'我在这里就是想告诉读者，共产党领导农民进行的这场反侵略战争，是多么的艰难，多么的复杂啊！

不仅要战胜敌人，还要战胜自己队伍中的缺点、弱点和不良习性。"

实在是不简单，管桦早在 20 世纪 50 年代，就打破了塑造革命英雄人物必须完美无缺的束缚，走了自己的路。他通过自己的革命经历和战争体验，给人们提供了另一个思维空间，塑造了另一种艺术典型，这是管桦在创作实践中的突破和贡献。由于他最早突破禁区，使辛俊地这一艺术形象进入了中国文学的画廊。

1958 年，中青社把《辛俊地》列入"播种文艺丛书"正式出版，第一版只印了 3 万册，此后由于社会上有争论，一直没再版过。"文革"一开始，《辛俊地》被打成大毒草，一直被禁锢。1979 年，《辛俊地》被收进管桦中短篇小说集内，由茅盾题写书名，重印出版。再后来，《辛俊地》作为管桦文学创作的代表作，被选入《中国新文学大系》（1949 年至 1982 年中篇小说卷），成为中国当代文学史的一员。

谈《第二次握手》的爱情描写

在林彪、"四人帮"横行时期，凡有爱情描写的小说，一概会被加上"低级""下流"等大帽子，似乎青年男女、恋人夫妻，全都不食人间烟火，除了阶级关系之外就不再有任何别的关系。《第二次握手》（以下简称《握手》）正文前引了恩格斯的一段话："人与人之间的、特别是两性之间的感情关系，是自从有人类以来就存在的。"这是对林彪、"四人帮"谬论的尖锐驳斥。

《握手》集中描写了丁洁琼、苏冠兰、叶玉菡之间的爱情故事，但绝不是为了爱情写爱情，更不是什么"爱情至上"。有人指责《握手》写了"三角恋爱"，好像写"三角恋爱"就一定低级、下流，这是一种误解。只要真正面对现实，从生活出发，对文艺与生活的关系略有一点常识，就不会这样大惊小怪。问题的实质不在于写没写"三角恋爱"，而是在于作者写什么、怎么写、用什么样的感情来写，以及最后提供给读者的是什么。

回顾近三年来，不少为广大群众赞赏、给予很高评价的话剧、小说，不是有不少写了青年男女的爱情故事，反映了现实生活中人们普遍关心的社会问题吗？正因为这样，才引起了人们思想上的震动、感情上的共鸣，并引导人们去深入思考和正确对待身边的人和事。《握手》在描写丁、苏、叶的爱情关系上，完全是严肃的、

《第二次握手》封面 1979 版

认真的。他们虽互相爱慕，却没有争风吃醋、沉沦失望、消极颓唐，更没有卖弄风情、伤风败俗。作者通过三人在爱情上曲折、痛苦、不幸的经历，反映了三人不同的性格，以及他们对待爱情、事业、生活的态度。虽然他们各有弱点和不足，但是对科学的热爱、对理想的追求、对祖国的忠诚、对爱情的真挚，以及为祖国、为科学、为事业勇于牺牲一切的精神是共通的。这才是《握手》的爱情描写的实质。

一

长篇小说最重要的是把人物写得形象，把故事写得具体、写出起伏。《握手》首先在艺术构思上就不一般，丁、苏之间的爱情故事，构成了小说的重要情节，既曲折动人又跌宕多姿，紧紧扣住了读者的心弦。丁洁琼江中遇险，苏冠兰舍命搭救，两个素不相识的年轻人在医生热情的护理下双双脱险。苏冠兰的勇敢、正直，丁洁琼的坦率、真诚，给彼此留下了难以磨灭的印象，暗暗播下了爱情的种子。苏冠兰在医院不辞而别，在火车上又巧遇重逢；与大金牙的搏斗，和凌云竹夫妇的相识，丁、苏之间的爱情种子进一步得到滋润。古金陵火车站上的话别，二人道出了彼此倾心相爱的肺腑之言，来自心灵深处的情感，往往最能引导人们对爱情作严肃的探讨和热烈的追求。《握手》在心理描写上抓住了这一点，丁洁琼以她深情的眼睛和火热的语言，向苏冠兰表达了"爱情"，神态是那么真挚和多情，语言是那么恳切而动人，句句都扣打着恋人的心弦。苏冠兰终于怀着激动而真诚、甜蜜而幸福的感情迎接了这一切，两个年轻人的心跳在一起，兴奋的泪珠掉在一起，青春的热血流在一起，激动的手握在一起。匆匆的握别，给他们留下的是激动的泪珠、甜蜜的怀念和永远不分离的心愿。这一切在《握手》里写得十分逼真细腻、形象具体，有着强烈的艺术感染力。

有人责难丁洁琼和苏冠兰"一见钟情"，其实，对于"一见钟情"也要做具体分析。丁、苏之间的思想、性格相近，理想、志趣投契，本是理想伴侣；况且丁洁琼具有较多的民主思想，追求个性解放。两个人猝然邂逅于危难，为他们相互了解提供了环境和条件，因此她才主动向苏冠兰表白自己的爱。我以为这样的描写，既反映了当时的社会环境，又符合丁洁琼的性格，他们的"一见钟情"

与轻浮、草率不可同日而语。情节的发展，虽受作者创作意图的影响，但更重要的是由历史的、社会的环境所决定。

车站握别后，他们三十余年没有见面，只有互相爱恋，互相怀念，互相勉励，互相关心。《握手》别具一格的艺术构思，给人们留下了多么大的、美的空间，以及让人念念不忘的悬念！文学是人学，应该紧紧环绕着人，写人的感情、人的遭遇、人的生活、人的命运。丁洁琼出国前夕，赵久真博士察觉她对苏冠兰的痴情，怀着不安的心情提醒她：加州理工学院是世界著名的高等学府，在那里求学之后，很可能会成为学者，而苏冠兰的前途尚难预卜……小说在这里，有一段精彩的描写：

> "您是问，我还会不会爱他，是吗？"姑娘将辫子往脑后一甩，仰起头来坚定地答道，"即使他将来是个清道夫，我爱他的心也决不会有一点半点变化！我要把他接到我身边，我们一定要生活在一起！万一他离开了这个人世，我就终身独居！赵老师，您可以成为我这番誓言的见证人，让今后的历史说明这一切吧！"

果不出赵久真博士所料，丁洁琼出国深造后成了科学家，名誉、地位、汽车、洋房接踵而来，然而这些并没有吸引住她。吸引她的，是祖国的前途和命运，是她日思夜想、倾心相爱的"冠兰弟弟"。在浩瀚的大洋上，频传着两个年轻人忠贞不渝的信件。那一封封长信，是他们互相了解和深化爱情的重要途径，是唯一能沟通情思的渠道。高尚的爱情，能使人们的精神生活更充实，更纯洁，更高尚，更有意义。丁洁琼写给苏冠兰的第一封信，就给人以强烈的感染：

> "我当然期望我们未来的生活和命运会始终紧紧维系在一起，然而，爱情的结果并不一定是生活的结合，它也可以是心灵的结合，是精神的一致，是感情的升华。即使我们将来不能共同生活，它也将永远镌刻在我的心灵上……"

丁洁琼是这样说的，也是这样做的。她对陷身于饥寒贫困的苏冠兰，在精神上给予安慰和鼓励，在物质上给予支持和援助，在事业上给予诚挚的关心和最大限度的帮助。这一切她都做得那么真诚、周到、细致、及时。为了冠兰，她拒绝了奥姆霍斯的痴情追求。她爱冠兰，爱得真挚，在另一封信里有这样一段自白：

> 我日日夜夜，时时刻刻都在思念你！我之所以在学业上刻意勤奋，是希望有朝一日我们恢复联系，或重新见面时，我的学业水平不至于比你差得太远。……我们一定能冲破人生大海中重重激流、险滩，重新相会！一旦那个幸福时刻降临，我会怎样呢？也许我会哭，会笑，会兴奋得有点失常，而且，我一定会拽住你，不许你离开我一步！……如果万一是由于你不在人世了——写到这里我浑身战栗了一下，我就独身过一辈子。有时我简直成了个有神论者，因为这样我可以企望

在另一个世界里寻到你……

这样写是不是过分了呢？不，一点也不。我想起马克思和燕妮订婚后的头一年，马克思完全沉溺在一个新的世界——爱情的世界。他写的怀念燕妮的诗，足足能辑三大本，可见马克思对燕妮如痴如狂的爱。这种热恋之情，在他们婚后的日子里毫无衰减，他们分开时，马克思写给燕妮的信，有叙述离别后的孤独，有描述他的狂热思念，有表述感情上的痛苦，有直述他真挚的爱……这一切都入情入理，使人感到真切自然。

丁、苏之间来往的书信，常常是最激动人心的。这些信无疑是他们之间的情书，但丝毫没有低级趣味。信件内容既显示了他们不同的性格，又表现了他们的共性，这是《握手》在艺术构思上的出色之处。我以为，恋人之间的爱不同于别的爱，他们之间的谈话、交往和书信，包含着志趣、性格、爱好等方面的因素，完全是属于他们之间的倾慕和吸引，心理和情绪的表露既是自然、强烈的，又是细微、敏感的；既能激动自己，又能波及对方。《握手》就是遵照这个原则进行描写的，没有掩饰，没有矫揉造作，符合生活的真实面貌。

同时，《握手》并没有把丁洁琼写成爱情的奴隶。她没有因为爱情抛弃理想，更没有把光阴全都用来谈情说爱，而是把爱情之花根植在心底，当作一种前进的力量，一种奋发向上的信念，一种对幸福生活的追求。《握手》对丁洁琼的塑造，紧紧把握住了她对爱情忠贞和对科学事业忠贞的一致性。她以自己的勤奋和智慧，在科学领域里攀登高峰，终于在 28 岁时成为女科学家，而她对科学事业的忠贞，又是对祖国忠贞的体现。她坚持进步，宁肯坐牢也不愿留居国外；甘愿抛弃良好的工作环境和优厚待遇，回到祖国。作者通过丁洁琼把爱情与祖国、理想紧密融合在一起，用活生生的人物形象来感染读者，真正起到了文学作品潜移默化的作用。

二

在看似平淡的情节中见曲折，才显得生动，而生动的情节，离不开感人的艺术形象。不同艺术形象的性格特征和他们之间的矛盾冲突，常常是推动情节发展的动力。所以我们常说：没有曲折，便没有生动；没有区别和不同，便没有特色。任何生活现象，都是与时代、社会联系在一起的，爱情生活也不例外。《握手》正是沿着这样的思路写作的，作者通过对苏凤麒、苏冠兰、叶玉菡以及穿插其中的朱尔同和鲁宁的描写，揭示了人与人之间的社会性和复杂性。以苏凤麒的逼婚来说，虽说苏冠兰拒绝了，但他却定下了 20 年为期的婚约，并没有断然切断和叶玉菡的关系，由此引起他们之间的复杂关系。正如朱尔同指责的那样，"当初，你亲口定下 20 年为期的婚约，肯定了你与玉菡的关系；而今又背地里同另一个女孩子闹恋爱，能谈得过去吗？"作者提出的问题，正是读者要问的：这么写，苏冠兰的形象是不是有了污点，是不是对爱情不严肃，是不是对丁洁琼的感情动摇了？不是，绝对不是。没有暂时的退让，就没有出路，为了自己（也是为了丁洁琼）的前途，他不甘心也不情愿，但也只好暂时做一些妥协。在当时那个社会，不倚仗有权势、有影响的父亲，苏冠兰的社会地位、生活境遇都会一落千丈。苏冠兰虽对腐朽的传统婚姻制度恨得咬牙切齿，但终究因为势单力孤，没有取得成功。

他给丁洁琼的信里写道："我们必须首先争取生活的权利。而生活必须建立在事业基础上。在学业，在科学事业上专心致志，精益求精，力争有所成就，这才是我们的爱情能有美满结果的唯一基础。"这是对苏冠兰矛盾痛苦的心理的真实剖析和写照。断绝父子关系对苏冠兰来说，失去的不仅仅是一个父亲，还有在大学求学的权利，以及他所热爱并决心为之献身的科学事业，更不要说个人的幸福和前途了。以 20 年为期，表示他不甘心屈从于苏凤麒的摆布，只能以暂时的妥协求生存，在生存中反抗，寻求新的出路。作者既写出了旧社会根深蒂固的劣根性，又勾画出了苏冠兰当时的单纯幼稚，这就使人物有了血肉和性格。

苏冠兰的秘密终于被苏凤麒发现，出国留学成了泡影，但他并没有灰心。为了实现科学救国的理想，他继续探索、奋斗。旧中国狼烟四起，黑暗沉沉，苏冠兰颠沛流离，吃尽了苦头，现实使他懂得：人民连活下去都困难，还谈得上什么科学、教育、文化？没有一个美好的社会，干哪一行都难以获得成就。科学救国的理想幻灭了，他苦恼，彷徨，辗转流落。就在这个时候，丁洁琼在美国的研究所为他找到了一个职位，要他立刻到美国去。意外的喜讯使他高兴得发狂，不仅可以和日思夜想的琼姐相见，而且美国有设备完善的实验室……可是，他在饱尝了人世沧桑、经历了挫折苦难之后，看法发生改变。他想道："中国并不是一团漆黑，还有不少人为中国，为中国人民前仆后继流血牺牲，在他们身上寄托着中国和人类的希望……今后考虑一切问题时，要先把个人摆在一旁，尽可能多地为共产党领导下的革命事业出力。"对现实的觉醒和新的认识，使一个对祖国、对同胞有良知的知识分子的感情发生了突变。他决心放弃这个难得的机会，在给丁洁琼的信里写道："我无限地感激你，但我并不能去，祖国和同胞都在水深火热之中，我不能离开他们到太平洋彼岸去。"这是苏冠兰生命中的重要转折点，作者写得真实可信，既符合生活发展的逻辑，又符合苏冠兰的性格特征，从而展现了爱情的社会意义。

岁月在流逝，社会在变迁，苏冠兰对丁洁琼的爱情始终如一，对丁洁琼的思念和向往没有丝毫减弱。但是，现实生活又是那样曲折、复杂、难以预料。在苏冠兰与敌人进行生死搏斗的关键时刻，一直默默地、忠诚地爱着苏冠兰的叶玉菡，以她的鲜血和生命、痴情和痛苦，赢得了苏冠兰的第二次生命。尽管苏冠兰爱的不是叶玉菡，但一个忠实践约，痴痴等待 20 年的女子；一个青梅竹马，把感情深埋心底的同事站在面前时，他再也不能无动于衷。更何况这件事发生在一种特殊的环境之中，发生在他等待多年，想尽办法却始终不知琼姐生死下落的时刻。严峻的现实，使得苏冠兰这样一个十分理智的人不得不为过去轻率的诺言失悔内疚、为长期冷落玉菡惴惴不安。小说发展至此，人们不知不觉站到了叶玉菡一边，同情她，赞美她。苏冠兰在花前月下主动追求，向玉菡表示爱慕，虽来得有些突然和勉强，但已是情节和人物命运发展的必然，作家只能这样处理。

写人物不仅要有区别、有差异，还要做到有血有肉、有情有味。

卷入爱情旋涡中的叶玉菡，虽然貌不惊人、娇小柔弱，但她有着侠心义骨。在敌我斗争的关键时刻，她挺身而出，敢作敢为，始终把个人安危置之度外。在渤海大学，她冒着飞来的子弹，用娇小的身体作阶梯，让身材高大的鲁宁登上高墙，逃出虎口；在东雅医学院，她纵火烧毁了病毒室，从魔窟救出了即将投入试验的小星星；在苏冠兰与特务卜罗米殊死斗争之际，她将"王水"泼在敌人身上，舍身扑在苏冠兰胸前，挡住了敌人射来的子弹……几十年来，每逢生死关头，她总是毫不犹豫挺身而出，不惜以自己的死换取别人的生；她为真理和正义不惜牺牲自己的精神，同她兢兢业业、一丝不苟、几十年如一日献身科学事业的精神是一致的。《握手》对叶玉菡的描写不落俗套，在平凡的形象之中显出了侠人气概，在柔弱的身躯之中含有铮铮义骨。她性格里有坚韧和耐力，不然就不能整年整月地埋身实验室中追踪探索；没有这样的韧性和耐性，就无法忍受 20 年精神上的沉重负担，默默信守契约。有人说："以叶玉菡的品德和事业上的成就，物色一位理想对象，让苏、丁结合，两全其美，既打破了苏凤麒的阻挠，又消除了一场爱情上的悲剧，多好！"其实，这样既不符合叶玉菡的经历，也不符合她性格发展的逻辑。《握手》反映了特定的历史环境中丁、苏、叶三人的相互关系和性格特征，作者无权违背自己的艺术良知，编造违反人物性格和命运发展的情节。

写到这里，我不由得联想到这样一个问题：生活中的突发事件是那样难以预料，苏、叶的结合就是这样，它提出了一个现实问题，即爱情与事业的关系问题：是爱情服从于事业，还是事业屈就于爱情？将二者处理得尽善尽美，是不容易的，洁琼与冠兰、玉菡和冠兰的爱情都建筑在共同的理想和事业之上。洁琼与冠兰感情深厚，命运相连；而玉菡与冠兰的结合，虽没有那么真挚、热烈的感情基础，但是婚后的生活是和谐的。玉菡由于长期受教会学校的熏陶，受封建礼教和宗教教义的双重影响，加上自幼丧父，由义父苏凤麒抚养长大，所以充满了感恩和畏怯的双重心理，久而久之形成一种近于畸形的献身精神……和冠兰结婚后，她处处表现出贤惠、温存，全心全意照料家庭，体贴丈夫，教育子女，个人所求甚微，这就使苏冠兰能够专心一意从事科研，得到发展。苏、丁却不尽然，他们对爱情的炽烈追求和对建立家庭的甜蜜狂想，无疑是令人敬慕的，如果结合，婚后的感情一定会更加充沛、更加缠绵；久而久之，想象力变得单纯化了，只能反映他们之间的思想和感情体验的一部分，而不是生活的全部，家庭与事业、爱情与理想能否和睦协调、相辅相成，是很难说的。在事业上，夫妻间没有牺牲就没有成就。以一方的牺牲，换取另一方的成就，就苏、丁的性格来说是很难做到的，从这个意义上来说，苏、丁如果真的结合了，也许不一定如人们想象的那样美满和甜蜜。这是不是作者没有写出的，让读者去思考、去体会的内容呢？！

当然，对叶玉菡来说，感恩不等于爱情；对苏冠兰来说，怜悯也不能代替爱情。男女结合，应是以深厚的爱情为基础；志同道合才能产生深厚的感情，才能建立起真实的爱情，才能组成幸福的家庭，苏、叶之间的关系谈不上是爱情。马克思的夫人燕妮认为，没有感情的结合"不过是庸俗的契约，生锈的锁链，互相的折磨"。苏冠兰并不那么爱叶玉菡，也没有志同道合之感，虽结了婚，但不是美满的；叶玉菡没有完全赢得丈夫的心，同样也不那么幸福。在爱情上，她饱尝了对依恋的企望和失恋的悲哀，但一直努力抑制感情。当她发现苏冠兰另有所爱，她的痛苦虽到了难以自抑的程度，但终于以理智战胜了感情。她懂得恋爱是相互的，一厢情愿是没有意义的。她忍受苦衷，没有妒忌，将感情深藏起来，不再表露。她把时间、精力转移到科学事业上，以此摆脱一切，忘却一切。她伤心，但没有想过要加害丁洁琼和妨碍他们来往。小说两次写到叶玉菡看到丁洁琼写的信，一次在渤海大学，她急流勇退，决心摆脱这种尴尬的局面，大大方方将信交给了苏冠兰；另一次是丁洁琼写的诀别信，她读后不安、焦急，挽留规劝琼姐，表示与其同行的决心。这与她救鲁宁、救小星星、救苏冠兰的思想与行动完全一致，反映了她善良的心地、广阔的胸怀。

一部长篇小说问世后，读者产生议论是不足为怪的。有些读者对苏、叶的结合感到不满，甚至责备叶玉菡，这是不公正的。读《握手》时，我常常感觉作者在处理苏、叶的结合时，一直注意不把叶当作多余的第三者加以冷落、责备。细心的读者会发现，作者在描写苏、叶的家庭生活时，总是着力渲染苏、叶思想一致、感情共鸣，意图说明他们的结合是有基础、有道德的。可问题在于，作品所产生的客观效果并不以作者的意志为转移，特别是在丁洁琼突然到来之后，发生的一系列的冲突，猛烈冲击着作者的感情和笔下的人物，尽管作者竭力弥补，但始终未能如愿。

这是为什么呢？是不是作者在提炼生活、组织情节、刻画人物上存在不足和漏洞呢？我想到一些读者对鲁宁夫妇的指责，也许不足之处就出在这里！读者的意见，并非没有一点道理，无论是对美蒋反动派的斗争，还是在医学研究中，叶玉菡做了一个知识分子所应做的一切，因而给鲁宁留下了极好的印象，这是一方面；另一方面，作为党的领导干部，鲁宁却显得不够理智，他紧紧追问苏冠兰为什么不和玉菡结婚，最后在他们夫妇的精心安排之下，苏、叶成为眷属。使人难以理解的还有鲁宁的妻子阿罗，当年正是她在医院目睹琼姐和冠兰相爱的情景，而今又是她促成苏、叶结合。强调政治上的共同点，强调在结合问题上政治大于感情，这是不是失之偏颇？这实际上是以政治信念代替爱情。出现这种情况，恐怕与作者对鲁宁夫妇的描写过于简单潦草是有关系的。

四

丁洁琼在爱情上承受了巨大的打击，应该说是不幸的，她如何自处？人们很自然地关心着这个人物的命运。

小说描绘丁、苏在科学会堂的第二次握手，那个场景震撼着每一个读者的心。时隔 31 年，丁、苏都已两鬓如霜，在万顷感情波涛的起伏之中会面了。丁洁琼从苏冠兰惶惑、愧痛、深情、激动的眼睛里，从他骤然变化的面色中，从他伸出的那双强烈颤抖的手上，从他突然昏倒在休息室的可怕情景里……发现岁月虽已流逝，但苏冠兰对她的怀念、爱恋并未褪色。她感觉到了这一点，就像在科学探索中忽然有了新的发现；她完全理解了苏冠兰的心情，以及不可更改的现实；她意识到，他们之间的爱情已经成了辛酸、痛苦的历史，在失去爱情的事实面前，她感到悲伤、彷徨、甚至愤怒。爱的波折可以给人带来苦恼，也可以使人清醒过来，摆脱感情上的束缚。正是这样，丁洁琼经过内心的激烈冲突，终于扭转了这一切。她十分珍惜与苏冠兰的爱情，但失恋的不幸没有使她厌世消沉、一蹶不振。她挺起腰板，强忍悲痛，站住了。她爱冠兰，同时也尊重冠兰，尊重现实。如果说，她决意离开北京是因为她内心的痛苦，还不如说，她是为了爱，为了不再经受那几十年几乎无法忍受的痛苦；同时，也为了冠兰，为了苏、叶能幸福地生活，专心地工作。她在给冠兰的最后一封信里倾诉了自己的全部感情。

冠兰弟弟：

请让我再一次、也是最后一次沿用这个称呼吧。在过去漫长的历史岁月里，这个在我笔下出现过几千次的称呼，曾经作为我的精神寄托和信念的泉源，激发了我无穷无尽的美妙幻想。这个镌刻在我心灵上的名字，曾支持我顽强地推拒了别人寄予我的无限情思，伴随我顽强地度过了那漫长痛苦的铁窗生涯，度过了他乡异国漫长难耐的孤独、凄冷……

我的回国有两个目的，第一是为祖国，第二是为了你。我始终期望着，有朝一日，把自己的学识、才能献给祖国；同时把自己忠贞不渝的感情，完美无缺地献给你。可是现在，我明白了，你已经失去了接受的资格，而我也将永远失去你。这个悲剧是我们相识时那个社会造成的，你和玉菡是没有责任的。既然如此，那就让我在祖国辽阔的土地上任意挑选一个角落，为祖国献出我的全部时光和精力。不要为我担心，我会很好地生活下去，我也衷心祝愿你和你的亲人们幸福……

忘记我吧，冠兰弟弟！也不要怨恨我。在那天的欢迎大会后，当我看到你昏倒时，内心的痛苦和震惊，是任何语言文字所不能表达的。我继续留在首都，对你的情绪和健康不利。为了让你能更好地工作和生活，我才决定永远离开你。不管怎么说，在过去的几十年，我总是衷心希望你好，只要对你好的事，我总是尽力去做；今天和往后，我仍然是本着这个意愿去决定一切的，希望你体察我的心愿……

旧时代在我和你以及玉菡的心灵上，都刻下了深重的创伤，这些创伤时时发生隐痛。这一切已经无法挽回，我们应当致力于创造一个新时代，让比我们年轻的一代，让今后的人们，在那个崭新的时代中，不再遭遇我们那样的痛苦和不幸……冠兰弟弟，你要保护玉菡，保重自己，让我们在不同的地方，为祖国贡献出我们毕生的精力，用祖国科教事业的辉煌成就，来补偿我们被夺去的青春吧！

这是一封在心灵受到重创后，宣告以理智战胜感情的信；是一封既使人感动又使人同情的信。读完这封信，不由得想起恩格斯在燕妮·马克思墓前说过的一句话："如果有一个女性，总是把别人的幸福当作自己的幸福，这就是她。"在处理和苏冠兰的关系上，这句话对于丁洁琼也是适用的。

手抄本《握手》在群众中流传时，作者曾将恩格斯的一段话作为卷头语："痛苦中最高尚、最强烈、最个人的痛苦——乃是爱情的痛苦。"读完《握手》，我又想起了这句话，似乎打开了一点思路。爱情在生活里占有一定位置，谁都经历过，但爱情带来的并不都是蜜汁，有时也有苦果。当个人遇到了挫折和痛苦，应该采取什么态度呢？《握手》要回答的正是这个问题，但它不是从概念出发，而是从生活出发告诉读者：个人的不幸与整个社会的进步比较起来，是微不足道的，不应因此失去前进的信心与勇气。作者在书中写过这样的话："过去的事情，绝不会无影无踪地倏然消逝，必然会留在历史上，在人们对过去的回忆中。这些回忆哪怕是辛酸的、痛苦的，但，它仍然会有影有形地影响着人们，或唤起人们对过去的恨，或教人们以更高的热情创造美好的未来。"尽管丁、苏、叶之间的爱情结局是悲凉的，各自都默默忍受着心灵的痛楚，但他们既没有互相仇视、水火不容，也没有沉沦失望、颓唐消极，而是将身心寄托在科学事业上，将痛苦转化为钻研科学、奋发向上、报效祖国的力量，转化成对人民、对新一代的强烈的爱，这是小说提供给我们的有益思想。

写到这里，我又不由得想道：在事业上、生活上乃至政治上有过挫折和痛苦的人，都不应该失望消极，而是要从失意和痛苦中解脱出来，振奋精神，努力向上，为祖国的"四化"建设贡献力量。也许这就是作者在手抄本上引用恩格斯那段话的本意。

（原载《芙蓉》1980 年第 2 期）

浪子的悲歌
——聂华苓和她的长篇小说《桑青与桃红》

  《桑青与桃红》是华裔美籍女作家聂华苓写的一部长篇小说。聂华苓，1925 年生，湖北人，是在海外有影响的女作家。她在中国台湾 15 年，曾在台湾大学及东海大学教现代文学和创作，同时编刊物，写小说；1964 年定居美国，现在爱荷华大学任教，并从事写作和翻译工作，作品被译为多种文字发表。聂华苓和她的丈夫（美国诗人保罗·安格尔）还是海外知名的文学活动家，他们办了一个"国际写作计划"，每年邀请世界各国的作家到美国，为他们提供写作环境。我国不少作家、翻译家应邀参加这一活动。聂华苓是这个组织的主持人，安格尔做顾问。

  聂华苓的主要作品有短篇小说集《台湾轶事》、长篇小说《失去的金铃子》和《桑青与桃红》等。《桑青与桃红》是她较为重要的作品，被小说家白先勇评价为："算是台湾芸芸作品中最具雄心的一部"。女作家於梨华认为："这部书的文字、技巧都很特别，相当有代表性。"在这部书里，作者通过桑青的遭遇和命运，使用戏剧的手法、诗的手法、寓言的手法，把发生在 1945—1970 年的事情分为几个片段，布局广阔，各有奇趣；几个片段虽各成一个独立故事，但又为一个共同的主题服务，组成了一幅精巧别致的

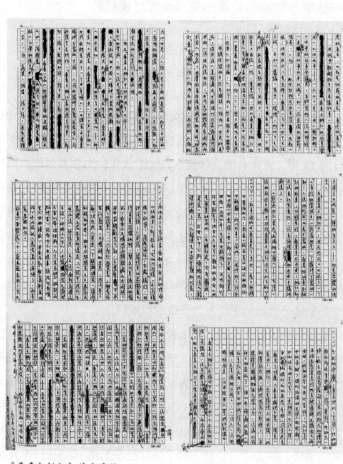

《桑青与桃红》前言手稿

长卷画。

小说的第一部，描写桑青 16 岁开始的颠沛流离的生活。她出于对家庭的不满和逃避日军，乘船西上，在长江峡谷的瞿塘峡激流中突然搁浅，只有待水涨过石头，船漂起来，方能脱险行船。就在她们走投无路的时候，日本宣告投降。第二部以 1949 年的北京为背景。那时正值我军兵临城下，北京处在和平解放的前夕。就在这个时候，桑青从南京飞到北京，投奔沈家，和表兄沈家纲结婚。北京和平解放了，桑青夫妇逃亡台湾，"一眨眼，风筝成了一个大火球，红通通的，在天上照着……"，暗示光辉灿烂的新中国已经诞生了。第三部写 1957—1959 年，桑青夫妇流亡台北后，迫于生活，沈家纲亏空公款，遭警方通缉，一家人躲藏在摇摇欲坠的阁楼之中。阁楼里尘埃满布，老鼠横行，凄凄惨惨。从坟墓中复活的吸食活人鲜血的僵尸，搞得人们终日惶恐不安，这是影射在第二部已死去的蒋政权这具"僵尸"，又在台湾复活了。由于小说揭露了蒋介石统治下的台湾的黑暗，1971 年在台湾《联合报》连载时被腰斩。桑青后来沦落到美国，改名叫桃红，但仍饱尝着人生的痛苦和折磨……

这部小说，作者运用了不少象征手法，把心理的变化和社会的现实联系起来，透过一连串的投射与转置，真实而深刻地提示了身在中国台湾和美国的中国人的生活和命运，反映了在海外漂泊的人群的内心世界和精神状态。小说并没有重大情节，然而就在这许多平凡的场面中，作者注入了独有的色彩和音响，赋予了小说不同的艺术特色。值得一提的是，聂华苓极善于运用简洁、形象的语言点染人物的性格，剖析人物的心理。比如，第一部的桃花女，第二部的沈老太太，第三部的桑娃，作者把他们不同的性格，真实、生动、深刻地写了出来。我们常常有这样的体会：读过一部小说之后，纵然忘记情节，但一些成功的描写却始终印在心里。《桑青与桃红》就给人这样的印象。比如第一部描写在木船上呼救的桃花女，"桃花女坐在船板上，抱着孩子喂奶。孩子吸着一个奶，手在另一个奶上拍拍打打，配着吸奶的啧啧声，好像给自己打拍子，又像是要把奶拍出来……一滴一滴，滴在孩子胖嘟嘟的臂膀上。桃花女就让奶那样子滴下去。笑着说：别的我不行。我们乡下人就会大喊大叫。嗨——哟——岸上的纤夫果然听见了。"还有对桑青的家姑沈老太太的描写，那个冷酷、自私、残忍的人已经全身瘫痪，奄奄一息，但她指东道西，垂死挣扎，不甘心退出生活舞台，直到最后还喃喃说："九龙碑倒坍了！"通过这个腐朽势力的代表人物的死，影射旧制度和蒋介石政权的灭亡惨景。第三部在那个风雨飘摇、异常恐怖的阁楼之中，写出了桑青、沈家纲、桑娃三人被"困"时的不同精神状态，不同性格特征，给人留下难忘的印象。

聂华苓为在国内出版这部书，专门进行了一次修订，并在前言里写道："我非常佩服国内作家那么关心人民，他们为人民而写作。我这个流放的作者到哪儿去找人民？我所能凭借的只有艺术的要求。现在《桑青与桃红》可以和国内读者见面了。我对自己开始怀疑了：从今以后，我应该为谁而写？我应该写出什么样的作品？……《桑青与桃红》只是一支浪子的悲歌。浪子的悲歌回到老家来唱了——那却是非常美丽，非常动人、非常有意义的一刻。"这段发人深思的话，反映了女作家聂华苓的内心世界和她的追求、向往，也反映了她对这部著作在国内出版的无比喜悦的心情。

《桑青与桃红》的出版，可以使国内读者了解现代小说的流派，以及它在艺术技巧上的一些特点，这对发展和繁荣我们的文学创作，是有益的。

（原载《中国青年报》1980 年 11 月 1 日）

《李自成》(第二卷、第三卷) 编后随笔 (六则)

波澜壮阔的历史画卷
——《李自成》第二卷的艺术特色

《李自成》是一部难得的小说。《李自成》第二卷出版以后，茅盾说过这样一段话："中国封建文人也曾写过丰富多彩的封建社会的上层和下层的生活；然而，用历史唯物主义和辩证唯物主义来解剖这个封建社会，并再现其复杂变幻的矛盾本相，'五四'以后，也没有人尝试过，作者姚雪垠是填补空白的第一人。他的抱负是值得赞美的。"

第二卷出版后，在不长的时间里发行了 180 多万册，吸引了国内外众多读者。比如上册的"商洛壮歌"，这个单元有 15 章，波澜起伏的情节扣人心弦，难以预测，充分表现了李自成的统帅之才，读者读了放不下手。刘宗敏在射虎口的行动和对付马三婆的那几手也写活了，颇有个性。整个单元构思完整、严谨。慧梅在战场上有声有色，为保护高夫人身中毒箭，几乎丧命，为第三卷这一英雄人物的悲剧结局做了铺垫。

"宋献策开封救金星"写得细致入微，姚老很注意通过艺术细节来表现人物，并通过人物的活动和情节的发展来表现主题；"杨嗣昌出京督师"获得读者一致好评，杨嗣昌精明练达，不可一世，可是张献忠的无头帖子一出，他就像泄了气的皮球，两相比较，张献忠比他高一手；"李自成突围到鄂西"，姚老写刘宗敏时无拘无束，"跳汉水"的段落简直像神话，而李自成的"投献忠"和与叛徒王光兴的对话，以及后来在将士面前的讲话，都写出了李自成的远大理想和宽广胸怀。比较起来，姚老写刘宗敏更放手一些，写李自成要拘谨一点，但到了第三卷写李自成就自如了。

姚老常常把李自成摆在突然出现的逆境中，展示他的品质和境界。张献忠要害他，王光兴诱降他，而他在困难中的一段讲话，把他的思想、品格和必胜的信心都烘托了出来，因而入河南后迅速发展壮大，就不让人感到意外。

"紫禁城内外"写宫廷内部，对周后、田妃以及宦官、女仆等形象的处理都十分深刻。写隆福寺小和尚自焚、宫女们刺血写经、20 两银子买两根嫩黄瓜等，反映了明王朝社会和宫中的腐朽。写崇祯与大臣们的矛盾斗争，特别是主战、主和两派的斗争是很深刻的。

写李信起义，李信与红娘子、汤夫人的关系，合情合理，符合历史唯物主义的观点和不同阶层的人与人之间的关系；写破洛阳、杀福王，审吕维祺，痛快淋漓，大快人心，而笔法又极细腻。环境描写很有特色，写山是山，写水是水。不同的山有不同的特点，不同的战场有不同的气氛，打仗与练兵的气氛更不一样，写什么环境就是什么环境。

这部作品，有许多问题值得研究、探讨。如结构，既大开大阖，又细针密线，繁而不乱，严谨完整；写人物，很注意典型环境中的典型性格，一个章节、一个单元，人物很多，但都围绕一个重点人物展开。《李自成》有大的焦点，各卷、各单元、各章又有具体的焦点；作品有大量的、丰富的历史资料，但又高度概括集中。

姚老在处理各种人物关系时，深入到了各阶级、各阶层当中。他写出了统治阶级内部的矛盾，又写出了他们与人民的矛盾；运用了历史唯物主义观点，从未脱离历史。比如写李自成的帝王思想，并不"反孔"，相信"推背图"等局限，这在"四人帮"篡窃文权时是不被允许的，然而其符合历史的实际。第二卷出版以后，许多读者来信认为这样处理是对的。

《李自成》第二卷是很成功的作品，现在第三卷也出版了，广大读者希望姚老快点把全书写出来。第三卷出版以后，中共湖北省委非常关心后面的写作，专门给姚老提供了一个十分幽静的写作环境。目前，姚老正在埋头写作。我们和姚老商定，第四、五卷同时出版，以使广大读者尽早地了解到全书的面貌。

（原载《青少年之友》1982 年 2 月 12 日）

文似看山不喜平
——《李自成》第三卷上册

为广大读者所期望的《李自成》第三卷出版了，无疑，这对国内外关心《李自成》写作的读者来说，是一个十分喜人的消息。

《李自成》共五卷。第三卷是承上启下的一部。第一卷写李自成处在极端不利的情况下，如何不折不挠，保住大旗，站稳脚跟。第二卷，李自成继续经受考验，但在破洛阳、杀福王之后，就不同了，闯王人马壮大，威望渐高，自身的缺点、弱点开始暴露。比如他正式将称号定为"奉天倡义文武大元帅"，宣传他的起义是"奉天倡义"，自己"乃文乃武，乃圣乃神"。这些做法，反映了他急于当一名新朝皇帝的帝王思想。第三卷，真实、具体、细腻地写出了李自成在声势大振后的变化。这卷以中原为舞台，闯王大军与明军展开大规模的运动战、攻城战，双方都拿出了最大的力量，结果明军惨败，大部被歼。到此，明朝的局势已无法收拾，李自成完全掌握了战争的主动权。

第三卷分上、中、下三册，上册有七个单元，二十一章。

"高夫人东征小记"是一个精致的小单元。姚老说：文似看山不喜平。《李自成》这样的长篇小说，光有高山瀑布不行，还要有小桥流水。这个单元正表现了这样的艺术特点。李自成自洛阳奔袭开封不成，在城下中箭。高夫人在伏牛山中得到消息，放心不下，亲率红娘子、慧梅及多女骑兵和数百男骑兵，去豫中迎接闯王。这个单元就是写这支小部队的征途情况，包括行军生活和战斗。在征途中慧英拾婴寻母；慧珠发现饥民食子；慧剑初露头角，杀豹子救女兵；慧梅和张鼐的特殊感情……这些人物形象自此更加丰满，十分感人。

"燕山楚水"是重点单元，既有波澜壮阔的战争场面，又有雷震霆击的宫廷描写。杨嗣昌集中数省兵力，围剿农民军，张献忠被迫进入四川与罗汝才联合。他们声东击西，"以走制敌"，把握战机，处处主动。最后罗汝才向房县进军迷惑敌人，张献忠率轻骑智破襄阳，杀了襄王，夺得了杨嗣昌在襄阳存储的军资，迫使杨嗣昌自杀，彻底粉碎了杨嗣昌包歼张罗联军的战略计划。消息传到京城，引起崇祯巨大震动。在第二卷里，崇祯还常常表现得自以为是，十分自信，到这一卷，只有空虚、恐惧、抑郁、悲凉、焦躁和不安。引人注目的，还有第一次在小说中出现的费宫人和魏宫人。

"洪承畴出关"是个小单元。洪承畴屯兵山海关，原想等待战机、稳扎稳打，但崇祯死命逼他率兵出关援救锦州，洪承畴被迫出关。在这个单元里新出现的刘子政，形象鲜明，性格突出，举止不凡，他将在第四、五两卷的关键性章节中出现。

"三雄聚会"是又一个重要单元。张罗联军在四川冲破了官军的围剿，射死了神弩将张令，冲垮了著名女将秦良玉的三万白杆兵，迫她丢大旗、失印信，落荒逃命。胜利中，张罗出现矛盾。崇祯十四年，罗汝才脱离张献忠投闯王。同年秋天，张献忠被左良玉大败，几乎全军覆没，也投奔汝才和闯王。闯王和手下文武想乘机杀掉献忠，报白羊山之仇，经汝才斡旋，献忠奉自成为主。闯王赠五百骑兵，命他奔往安庆，重整旗鼓。

这个单元写出了三人的复杂关系，深化了人物各自不同的性格。结尾，汝才唯恐自成有变，要献忠提前拔营起程。就在此时，吴汝义奉闯王之命，赶来赠献忠三百两银子，为他送行，这意外的一笔，

《李自成》1976年版插图 洛阳百姓向闯王哭诉血海深仇
（作者：王绪阳 贲庆余）

《李自成》1977 年版插图 横刀立马的闯王李自成
（作者：王绪阳 贲庆余）

给李自成增加了很大分量。"辽海崩溃"写洪承畴率兵马援救锦州，遭到惨败，退入松山城中困守。洪承畴并不是草包，只是受千里之外的崇祯遥控，自知不行也要孤注一掷，结果全军崩溃。清太宗皇太极第一次在小说中出现，无论是进关前、战争中，还是在宸妃病危时赶回盛京途中的描写，都给人留下了难忘的印象。

"项城战役"写崇祯在杨嗣昌死后，匆匆忙忙任命杨文岳为保定总督，又将前兵部尚书傅宗龙从狱中释放，任命为陕西三边总督，命他们到河南会合，对付李自成，爆发了项城战役。明军被闯曹大军围困在火烧店，杨文岳突围逃去，留下傅宗龙四面被围，杀马而食。被围十日，傅宗龙突围，被乔装成贺人龙人马的刘体纯部所俘。原想借傅叫开项城，傅发觉上当，不肯屈服，被刘体纯所杀。

"横扫宛叶"是上册最后一个单元。宛是南阳，叶是叶县，叶县是兵家必争之地。闯王的结拜兄弟、农民军的叛将刘国能驻守叶县，老百姓怕闯王屠城，迫刘国能献城投降。刘率十岁之子来见自成，甘愿受斩，为明朝尽忠，拒不投降义军。临刑前，自成把刘子抱在膝上，表示一定将刘的妻、子护送回乡，之后斩讫。刘子哭奔出帐，乘人不备，拔剑自刎死在父旁。自成赶来，连连顿足，叹息几声。这些描写形象地反映了刘家父子的忠君思想。

攻下叶县，李自成探知左良玉养女屯驻南阳，立即派一支骑兵，飞驰前去。将左小姐诱出南阳，巧虏而归。左小姐拜闯王夫妇为义父义母，留居闯王军中，其作用将见于第四卷。

南阳一仗，打得凶，杀得狠，明将猛如虎在恶战中被杀，南阳终被闯王所夺，上册到此结束。

（原载《青少年之友》1981 年 8 月 23 日）

形神兼备 精巧入微
——《李自成》第三卷中册

《李自成》内容无比丰富，头绪也多，稍有处理不当，就会给人零乱的感觉。姚老不愧是写历史题材的大家，他采用"断云横峰"的结构办法，把几章组成一个单元，单元有大有小，全由内容而定。上册的"三雄聚会"有六章，而"洪承畴出关"只有一章。小的单元等于"过门""过场戏"，从内容的实际需要出发，需要多少章就写多少章。组成单元之后，先后有序，各有侧重，繁而不乱。就这样，在这部宏大的作品里，冷场热场前后搭配，波澜起伏；文戏武戏交互出现，变化多端。常常看了前一个单元，难以预测后一个单元，就是在同一个单元里，也不能一眼望到底，这构成了《李自成》独有的艺术特色。

第三卷中册有四个单元，十七章。

"再攻开封"写第一次开封战役失利后，李自成体验到炮火的重要，开始组建炮兵。第二次开封战役开始后，炮声震天，硝烟盖地，一批批义军将士在喊杀声中倒下，宏大的战争场面有声有色、壮烈感人。李自成见攻城不利，改变战术，在城根挖地洞、放炸药，炸开缺口冲进城去。守军奋勇争夺地洞，战斗十分激烈，李自成又集中炮火轰击城墙，数千骑兵列队一旁，等待轰开缺口立即猛冲进去。开封的周王出重赏，官绅拼力支援，守军殊死抵抗。在义军猛烈炮火下，守军曾一度胆怯动摇，大有败阵趋势，总兵陈永福冒死骑上炮身，高呼"城存与存，城亡与亡"，命令士兵点火放炮，以此鼓舞士气。义军终因缺乏大规模炮战经验，加上闯曹之间的矛盾，未能破城攻入。通过描写两个老营截然不同的陈设和生活，进一步暴露了闯曹之间的矛盾，埋下了李自成杀罗汝才的伏笔。

"燕辽纪事"这个单元，先写清兵猛攻松山，洪承畴被迫逃出，在松山城外陡坡前马失前蹄，被埋伏在附近的清兵俘去。洪被俘后，决心为朝廷尽忠，先想自杀，后又绝食。但在庄妃出现的一瞬间，他动摇了，喝了人参汤，又剃了个大清头，拜在皇太极膝下称臣。这一系列描写精巧细腻，把这位总兵的心理变化和性格弱点揭示得淋漓尽致，入木三分！后面又写崇祯在得到松山失守的飞奏，自信洪承畴为朝廷尽忠无疑，在悲伤、愁闷、忧虑、灰心之际，亲自修改祭文，赐祭九坛……就在此时，得洪承畴降清确讯，惊惧和失望、悔恨和恼怒搅在一起，立即下旨停祭，烧掉祭文，拆毁祠堂……

"慧梅出嫁"和"袁时中叛变"是中册的高峰。慧梅和张鼐有很深的感情，闯王和高夫人也有觉察，商定不久要他们成亲，喜讯已传到慧梅、张鼐的耳中。这天，慧梅率健妇营女兵操练后，突然与张鼐相遇在路边，二人内心激动，又不露声色、心照不宣。张鼐把白马给慧梅乘坐，慧梅答应给张鼐香囊……真挚、纯洁、委婉、含蓄的感情，似涓涓细流进入了读者的心，也为慧梅出嫁这个大悲剧做了很好的铺垫。就在他们相会的第二天，豫东起义的青年头领袁时中带数万人马来投闯王。闯王十分重视，为笼络住袁时中，他接受了牛金星、宋献策的提议，将慧梅收为养女，许配给袁时中。高夫人知道后十分震惊，但木已成舟，只好劝说慧梅出嫁。慧梅更为震惊，痛哭不已，发誓不离开高夫人和闯营。后经大家劝解，想着应以闯王大业为重，她违心从命。红娘子从健妇营挑选三百女兵作为随身陪嫁，闯营将领和众家姐妹送来大批礼物，张鼐在万分痛苦之中，也派人将自己的白马送来添箱。就这样，慧梅骑着毛色洁白、装饰着白雕鞍、白锦鞯、白马镫、白辔头的马，哭别闯营，随袁而去。

慧梅在闯营中长大，在战斗中拼杀，为闯王大业流血流汗，为保护高夫人身中毒箭、险些丧生。闯王为了与袁时中结为秦晋之好，硬是割断了她与张鼐的姻缘，拆散了这对"天生佳偶"！这一切反映了声威照人、至高无上的李自成，同部下、亲信将士们的关系正在变化。慧梅出嫁，使闯王身边的将士担心、寒心；使后来者迎合、奉承，有机可乘。

尽管李自成把慧梅许给了袁时中，但袁时中和他的军师、将士们始终怀疑闯王有吞并之心，对闯王军中的种种约束不满。慧梅与袁时中争吵数次，总希望化为无事，她不惜以年轻妻子的温柔和体贴、容貌和力量感动袁时中，使他效忠闯王。这一切都无济于事，在李自成第三次围攻开封的前夕，袁时中终于拔营东去，背叛闯王。中册到此结束。

（原载《青少年之友》1981 年 9 月 20 日）

心头起伏马蹄风
——《李自成》第三卷下册

姚老写《李自成》，既重视传统，又锐意创新，真正做到了独辟蹊径，自成格调。比如对战争的描写，古旧小说写战争，不是写"斗将"，就是写主帅"斗智"。《李自成》把战争写成群体斗争，既写了将帅作用，又写了士兵作用，还大量写了生活，既和古旧小说不同，又植根于民族土壤之中，这就是《李自成》的民族风格和民族气派。第三卷在继承民族传统、体现民族特色上，尤为突出。

第三卷下册，只有"朱仙镇""洪水滔滔""慧梅之死"三个单元，是整卷的精华和高峰。

"朱仙镇"有六章，是第三卷中很有特色的单元。明王朝为解开封之危，由保定总督杨文岳，陕西三边总督丁启睿、总兵左良玉、虎大威，拼凑成一支二十万大军，来到距开封四十五里的朱仙镇，和义军决战。与此同时，闯曹大军尽倾开封人马，全力迎敌。这场大战，李自成吸取以往的经验，仔细筹划，有勇有谋，使左良玉军死之殆尽，全歼官军十七万，大伤了明朝的元气，壮大了义军的声威。这个单元写得有声有色，又别具一格。

"洪水滔滔"是第三卷重点单元，有十三章。李自成吸取了头两次攻打开封的经验，第三次开封战役是以先绝其外援，又赶在麦收之前包围开封，绝其粮食来源，采取长期围困、迫其投降的办法。为写出第三次开封战役的特点，姚老通过贫苦秀才张存仁八口之家的遭遇，反映了开封战役的残酷和给人民带来的巨大灾难。作者写来如泣如诉，揪人心肺。

"慧梅之死"是继中册"慧梅出嫁""袁时中叛变"之后最精彩的一个单元，共三章。李自成从开封撤出后，决意消灭袁时中，命李过率两万骑兵进剿。慧梅闻讯后，大义与私情时时冲撞在心。她有心带着几百男女亲兵将士冲出围镇，但周围驻满了袁时中的人马，想冲出去实在困难；有时她想以死相拼，可自己死了不要紧，无辜的胎儿也要跟着死去，又不忍心；有时她寄希望于劝说丈夫回心转意，到闯王面前认罪，保全他一条性命，又怕他执迷不悟。为此她不惜表现出一个年轻妻子所能表现出的一切温柔和体贴，来打动丈夫的心。在封建伦理道德观念的支配下，慧梅无法摆脱"出嫁从夫"和"夫为妻纲"的思想束缚，精神上异常痛苦，姚老真实地、历史地、成功地写出了这一点。正当慧梅七上八下不知如何是好的时候，高夫人派一青年尼姑来见她，告诉她：夫人很想念她，要她不要急躁，小心保自己平安无恙，等待闯营派人接她。这就使慧梅下定了最后的决心。

袁时中率全军迎战李过，大败而回，奔到南门呼叫开门。慧梅探出身子，颤声答道："你不用进寨了，赶快逃走吧。这寨已经归了闯王，我不能让你进来。"袁时中苦苦哀求："你难道不念及我们夫妻之情？"慧梅说："官人，请举起你的马鞭子来！"袁时中赶快举起鞭子。鞭柄中箭，应声落地。慧梅说："你背叛闯王，又不听我的苦劝回头，我同你恩情已绝，为着腹中胎儿，我不愿亲手杀你，可是你不速走，就会像鞭子一样！"

袁时中大骂慧梅而逃，被李过人马追上杀死。

张鼐受高夫人之命，赶来接慧梅回去。一进圉镇，见慧剑带着四个女兵，牵着白马，捧着宝剑和笛子走来。张鼐大惊，失声相问，慧剑哭诉，慧梅已经自尽，死前要她们把白马、宝剑、笛子送给张鼐，还有一个没有做成的香囊……张鼐双眼迸出热泪，直向慧梅住处奔去。

在这里，姚老写的是慧梅，读者想的却是李自成。慧梅之死，意味着李自成的悲剧已经在孕育之中。下册到此结束，第三卷完。

"手底横斜蝇首字，心头起伏马蹄风。"这是姚老写《李自成》时有感而发的。读罢第三卷，我们的心，又何尝不是心潮起伏、马蹄声声呢！

（原载《青少年之友》1981 年 10 月 20 日）

从"田妃之死"谈起

　　"田妃之死"是《李自成》第三卷中一个十分精彩的段落。得宠的田妃重病不起,已至将死之日。崇祯几次来承乾宫看她,她躺在床上,把帐子紧紧闭住,不让崇祯看见她。田妃的妹妹问她:"这不太负了皇上一片心意吗?"田妃说:"皇上对我如此恩情,是因为我有一副好容貌,一旦让皇上看到我死之前,面黄肌瘦,花萎叶枯,以后便不会想我了。而今留给皇上的仍旧像出水芙蓉一般,情思永在!"这一段话说得酸楚凄凉,深刻透视了田妃这个有心计的女人的复杂心理。田妃死前对妹妹说:"我们家因我被选进宫,才富贵荣华。父亲做的许多事,使朝廷不满,皇上生气,因我的缘故,没处分他。我死了,情况就不同了。如今让皇上见见你,如皇上对你有意,把你选进宫来,我们家便可以长享富贵了。"果然,崇祯对田妃的妹妹很满意,亲手摘下一朵鲜花插在她的头上:"你日后也是我们家里的人。"躺在帐子里的田妃赶快提醒妹妹:"还不谢恩!"……姚老的笔触惟妙惟肖、细致入微,虽是写田妃之死,实际写的是崇祯。苦撑江山的崇祯,自以为明察秋毫,实际上不仅身边的文武大臣哄他、骗他,连他无比信任、十分宠爱的田妃,也在愚弄他、蒙骗他。

　　崇祯是李自成的对手,这个对手是比较复杂的,直到第三卷,他也不像一个"亡国之君"。历代亡国之君总是荒唐淫乱、胡作妄为、不理朝政、昏庸懦弱、大权旁落;崇祯不然,他亲掌朝政、宵衣旰食、挣扎苦斗、力图振作。然而历史的发展不以个人的意

上图 《李自成》封面 1963 年版
下图 《李自成》封面 1999 年版

志为转移，崇祯所代表的封建大地主阶级和庞大的明朝官僚机构已经腐朽透顶，历史形势的发展决定着他的死亡。这正是《李自成》的成功所在！

洛阳失陷后，朝野都在关心开封战争。崇祯也明白，李自成非一般"流贼"可比，其围攻开封也不仅仅是为"子女玉帛"。崇祯把希望寄托在援开封之师上，得知援军屯兵朱仙镇，未能同开封守军会师，他十分焦急，对杨文岳和丁启睿严旨督责，并命河南巡抚高名衡派兵"出剿"，捣朱仙镇闯曹联军之背。与此同时，崇祯下决心接受满洲要求，密旨兵部尚书陈新甲与满洲议和，以求得北边暂时无事，没想到刚下密旨，援汴的二十万大军于朱仙镇全军覆没，气得他将一只成窑茶杯摔得粉碎，急得他在乾清宫"绕屋彷徨"，抓起一把冰水，狠擦太阳穴。他下旨将丁启睿逮进京来，将侯恂从狱中释放，命他督师救汴。就在崇祯颓然长叹的时候，太监跑来告诉他田妃死了，崇祯放声大哭，跳起来向承乾宫跑去。恰在这时，陈新甲暗派马绍愉去沈阳议和的机密泄露，满朝大哗。崇祯以为是陈新甲出卖了他，怕落一个对"东虏"妥协的坏名声，于是严旨切责，但陈新甲绝不引罪，反自诩其功。崇祯死要面子，生怕露馅，斩杀了陈新甲。这一切在姚老的笔下，波浪起伏，有声有色，读后让人深思难忘。

崇祯刚愎、专断、多疑，又凶暴、残酷。他发号施令，不准朝臣有半点讨价还价，动辄便以严刑峻法对待朝臣；但是他又很软弱，面临无法解决的问题时，只好孤独一人在宫中哭泣。他这个"绝对君主"，庄严中有冷漠，抑郁中有愤恨，欢喜中有悲凉。

姚老在第二卷的基础上，又进一步深化、发展了崇祯的典型性格。

（原载《福建青年》1982 年第 9 期）

"对比"中才能多姿多彩
——谈王长顺的形象塑造

《李自成》仅前三卷，有名有姓的人物就有三百多个，个个有声有色，声容并茂，闪耀着动人的光彩。姚雪垠是运用什么样的艺术手法，使笔下的人物面目迥异、绚丽多彩的呢？

抓住小说中的重要环节，运用对比的手法，展示人物的性格特征、心理特点，使人物"彼此区别得更加鲜明"（恩格斯语），这是姚老在塑造人物时使用的一个艺术手法，比如写李自成和王长顺的关系变化，就十分成功。

王长顺是"老八队"留下来的极少将士之一，但自始至终都是一名马夫。什么身份、地位，什么世俗习气和等级观念，他既没沾染，也不计较。在起义军受挫、遭难时，他不屈不挠，坚定而又充满了信心；在起义军声势大振、迅速壮大时，他又能保持清醒头脑。他朴实敦厚、风趣幽默、善于思考、刚正无私，这一切构成了他的性格特征，使他在义军中赢得了大小将士的敬重。可是，对于王长顺的性格特征，姚老并不是孤立地、静止地描写，而是运用对比手法，特别是通过李自成的烘托来揭示。

在商洛山时，王长顺听到石门谷杆子叛变，急三火四地跑去见闯王，被李强挡住了路。王长顺火冒三丈，放开喉咙大吵一顿，推开李强往闯王的卧室冲去。闯王正在睡午觉，听见吵闹，连鞋子都穿不及，就出来把王长顺请了进去，还把李强骂了一顿。危难紧急之际，王长顺的行动，反映了一个老兵对闯王事业的忠心不二；而闯王的举动，又感人地反映了农民军领袖与战士之间同生死共患难、血肉相连的战斗情谊。直到李自成的人马发展到几十万，他在中原已牢牢站稳脚跟时，有人劝李自成称王，建国号。王长顺喝醉了酒，从高夫人的院子里走出来，碰上李自成，他问："人们说你要在洛阳建国称王了，真的吗？"李自成说："你听谁说的？"他说："哎，我呀，我比别人更盼望你早一天建国改元，称王称帝。今天听到这消息，我心中高兴得真想哭一场，可是你这闯王的称号我已经听惯啦。起初我叫你闯将，后来叫你闯王……以后不叫我再叫你闯王，我心里可有点儿，有点儿……"李自成明白王长顺的意思，连忙说："王大哥，即令有朝一日我真的称王称帝，你仍然可以称我闯王。……别说你叫我闯王，就是叫我名字，我也不会怪你。"王长顺眼眶中滚动着热泪，说道："闯王，你这几句话说到我的心窝里啦。……可我也想啦，一旦你建国改元，称王称帝，我再不会站在你面前称你一声闯王，随便吃哒……即令你还没有忘记我这个老马夫，可是我的官职卑小，进不了宫门，再也见不到你同夫人啦。就说有幸你会想起我，把我召进宫去，我还得离你很远三跪九叩，俯身在地，连抬起眼睛看看你都不敢。咳！有什么办法呢？自古来皇家礼仪森严，一道宫墙把亲生父子的骨肉恩情都隔断了。何况我这个老马夫？"这是一次感人至深、推心置腹的谈话。王长顺说得情深，讲得中肯，听了凄凉，发人深思。这反映了他对李自成情同手足的深厚感情，以及随着闯王地位变化，他的复杂心情和忧虑之感！

　　在这里，李自成说的也是心里话，但是能像他说的那样，永远保持"老八队"将士和士兵之间那种亲密无间的关系吗？这是不以闯王的个人意志为转移的，随着闯王的事业走向成功，封建社会的等级观念愈来愈明显，愈来愈严格。特别是在闯王建国称王以后，想继续保持这种关系，是不可能的。这是封建社会人与人关系变化的一个规律，李自成只能受它的制约，而无法摆脱它。

　　果然，到了第三次开封战役时，王长顺来到大元帅行辕求见李自成，只因为李自成在开军事会议，王长顺被两个哨兵挡在了外面。尽管闯王老营中都知道王长顺是跟随闯王起义的老队员，立过数不清的汗马功劳，但中军吴汝义有令，不管是谁，一律不许放入辕门。王长顺再三申诉：黄河水势大涨，担心堤岸有险，情况万分紧急，关系几十万义军的吉凶危安和开封城内百万父老百姓的生命财产……但就是不准他进去。王长顺只好降格，要求见吴汝义和李双喜，这才通过了第一道岗哨，但又被第二道岗哨挡住，要他立在门外，听候吴汝义和双喜小将的传达。事到如今，王长顺明白：连吴汝义和李双喜也不那么容易见了。他等了大半天才见到双喜，门里门外，近在咫尺，可就是见不到闯王。王长顺百感交集，动了感情，冲进门去对闯王说："部署军事虽然重要，但这事也千万马虎不得。万一今夜出了事情，黄河决了口，后悔

就来不及啦！"闯王全没有把他反映的情况放在心上，不耐烦地
说了一句"知道了"，只派五百人去堤上巡逻。黄河大堤终于决口，
滚滚洪水灌满了义军驻地，人马大伤，拥有百万人口的开封也淹
没在洪泽之中。

对比之下，姚老不仅写出了王长顺的心理活动，也反映了李
自成地位、身份变化以后，他的消极面在滋生、发展。不管他是
否意识到这点，事实上也已被世俗习气和封建等级观念逐步禁锢
了；而以义军为家，以当义军为荣，对闯王事业无比忠诚的王长顺，
却受到了冷遇，陷入了深深的痛苦之中。姚老通过对李自成和王
长顺三次接触的描写，以历史唯物主义和辩证唯物主义的观点作
指导，采用对比的艺术手法，有力地反映了李自成与战士之间关
系的深刻变化。同时，也塑造出了一个战士本色始终不衰的生动
形象。

（原载《浙江青年》1982 年第 5 期）

姚雪垠逸文轶事（三则）

姚雪垠留下的一万张读书卡片

2017 年姚海天（姚雪垠之子）告诉我，姚老在写《李自成》时留下的一万张读书卡片，受到沈阳出版社的关注，他们打算出版一套书，书名叫《姚雪垠读史创作卡片全集（十卷本）》。我听了有说不出的高兴。姚老逝世后，我一直十分关心这套卡片的命运，生怕它们被忽略，被埋没。无论是姚老百年诞辰，还是《李自成》第一卷出版 50 周年纪念活动，我都在会上谈到这套读书卡片，"同样是姚老留给我们的一份重量级文化遗产，可不能冷落了它，遗忘了它。"现在它们终于被慧眼识珠、有远见、有魄力的出版人看上了，叫我如何不高兴呢？！

姚老在 1973 年给臧克家老友的信中有这样一段话："我虽然反对天才论，但有些人的天赋聪明也是事实。像胡绳那样的人，就记忆力特别好，令人佩服。我是中人之才，年轻时记性就不很好，年纪一老，看书随看随忘，年轻住北京时就知道做卡片工作的重要性，但怎样做并不清楚。何况那时贫病交迫，也没有条件做此努力。这几年，我相当用心做卡片工作，用笔画清楚的蝇头小楷抄卡片，旁注意见，积少成多，分题存放。这是我为写《李自成》下的基本功。1964 年秋天'整风'，接着'文化大革命'，弹指八

姚雪垠整理他的图书卡片

年过去，有许多原来熟悉的文献资料，如今差不多忘光了，倘若没有保存这些卡片怎么好呢！我现在'野心'日减，对于能不能将《李自成》完成，也抱着做多少算多少的想法，不过一天不翘辫子，就一天情绪饱满地写下去，同时读书，做卡片。"

姚老知道，写《李自成》这样的作品要有丰富的历史知识储备，还要有运用古代文学语言的娴熟能力，这些都源于长期的积累，脑子空空是想不出来的，也写不出来的。写《李自成》，姚老既要为李自成当军师，指挥筹划有声有色的战役；又要为崇祯皇帝和他的大臣当秘书，代写诏书、奏章、书信、诗词、祭文等。所有这些，全都是姚雪垠从古代书籍中一点一滴逐步得来的，既丰富了情节，又丰富了人物。这是其他艺术手段不能代替的。

姚雪垠为了搜集一手历史资料，数不清读了多少书。为使作品言必有据，言必有理，他花了几十年的工夫博采广集。他有一个卡片柜，在一排排的小抽屉里，分门别类地存放着读书卡片，上面都是姚老在阅读明清正史、野史、文献、诗文，以及地方志和相关历史书籍时摘录下来的资料。姚老对同一个历史事实、同一个历史人物的几种不同记载，不管是褒是贬，均录以备考，宁可备而不用、备多用寡，也不可不备。就这样，将相关的卡片归入一组，然后加一个题目标签；若干小组合为一个大组，再加上一个总标签。一旦进入创作构思，便把相关的卡片拿出来分析对照、推敲研究，产生新构思、新想法。姚老说："为了艺术创作的需要，既要深入历史，又要跳出历史；深入是为了跳出，跳出是为了更上一层楼。"这样的卡片，有一万多张，全都是一笔一画抄录的，有的还是用蝇头小楷抄录的，工整秀丽，不仅有抄录的历史资料，在许多卡片上还有眉批、按语、说明，记录下他读书和抄录资料的感悟、心得、认知、异议或纠错。还有不少卡片完全是姚老自己写的文章，涉及历史、文学、创作、政治、思想等方面，其中有名曰"绿窗絮语"的，则是他对某些问题的真知灼见。比如《真正成功的作品》："凡是真正成功的作品，都是能够在较长的历史中鼓舞人民的向上精神，能够给读者以深刻的启示、丰富的知识、积极的教育，而在艺术技巧上有创造性的辉煌成就。这样的作品，比最有影响的甚至最权威的评论更有活力、更有生命。当各种评论随着历史的奔流消失以后，它仍然在读者的眼前闪着光彩。这样的作品，不因誉存，不以毁亡。"

谈起读书和创作的关系，姚老直率地说："关键是博览群书，认真严肃地读书，长期坚持不懈地读书积累，没有别的窍门。只有在读书研究积累上下苦功夫，下大功夫，甚至笨功夫，才能进入古代封建社会的博物馆。"这就是为什么姚老能在《李自成》中写出"封建社会的横断面和纵剖面，写出封建社会的概貌，绘出一幅封建社会的生活画卷"。姚老讲的都是大实话。

正因为他有丰富的历史生活知识、社会知识和其他学识，加上丰富的写作经验，才有了《李自成》这部宏伟的作品。《李自成》把封建社会各阶级、各阶层，甚至他们的风俗习惯都写出来了，所以生动，读起来不是干巴巴的。比如"相国寺"那节，相国寺的匾额、门前的石狮、大小院中的殿宇回廊、寺院中读书的、算卦的、相面的、玩杂耍的、打拳卖艺的、代写书信和庚帖的、卖吃卖唱做小生意的，还有众多市民、官员、绅士、商人、僧侣……都写得有声有色，如身临其境。再比如红娘子结婚的前前后后；李信在禹王台题诗，起义前的精神状态和思想矛盾；汤夫人对于明王朝的复杂思想等。茅盾看过这些章节后，曾对两位评论家说，"你们不要忽略了这些小地方，姚老在细节上用了很大心思，你们写评论应该把它指出来，莫辜负他这番心血。"他还说，"历史上，关于崇祯和张献忠的资料较多，容易描写，而关于李自成的文献资料极少；李过、刘体纯的文字记载也很少，都是片言只语，事迹更少。姚雪垠却创造出一个个活生生的人，做到这一点很难。就因为姚老掌握了封建社会的历史知识、生活知识和帝王行事的标准和心态特点，才能具体地展开艺术描写。比如，为什么李自成驻跸阜成门外，不就近进北京城，还要绕道从德胜门进城。这与姚老掌握了封建社会的帝王习俗是有关系的。"姚老在采集明代史料和考证明代的政治、经济、军事、文化上，没有停止过。由于他掌握素材丰富广泛，所以他才能在小说中写出历史的特征、具体性。

几十年来，姚老一直没有停止过读书、思考，他留下的一万多张读书卡片就是见证，这不是一个小数目，他为什么这么苦累自己？姚老说，"不这样学习、研究、思考，思想就会僵化，笔头就会干枯，创作就没有提高；有了这样的准备和积累，掌握了丰富的史料，心中就有底，作品就生动，遇到任何不从史实出发的议论，都不会乱了阵脚。"比如《李自成》前三卷出版后，有一种看法认为把李自成写"高"了，姚老不以为然。他说："我刻画的李自成形象是有史料依据的，是反映 300 年前封建社会对李自成的评价，不是我今天的认识和发挥。况且《李自成》是五卷本，看了四卷五卷，再下结论也不迟。明清史臣们尽管骂李自成为'流贼'，但也不能不承认他'不好酒色，脱粟粗粝与其下共之'，称赞他'声色货利，毫不动念。经夜不眠，图画大事，求其必中'；说他善用人才，'工驾驭，他寇莫及也'；说他善用兵，'幻变虚实，莫可测度'；说他喜欢读书：'读《通鉴》，读《经书》，与部下议事时很少说话，很注意倾听别人发言，最后择其善者而从之'。明大臣马世奇当面对崇祯说：'治献易，治闯难。盖献人之所畏，闯人之所附'，李长祥是个顽固与农民军作对的士大夫，他评价李自成时，也不得不说："百姓当他贼过，人畜巢卵靡有孑遗。即官兵过，亦不下贼。惟闯贼过，则家室完好，亩禾如故，百姓敬德之，竟多归附'。李自成的敌对阵营，已经给李自成的为人和形象作风做出了评价，难道我就应该往这位古代历史人物的脸上抹黑吗？"

许多作家学者到姚老家做客，常常在参观过他的读书卡片后，感到十分惊讶，佩服至极。曾任中国作家协会党组书记的翟泰丰，看过后十分感慨地说："一个作家，为写一部书下这么大功夫，在中外文学史上，恐怕是没有的，值得我们作家学习。"史学大家白寿彝也曾建议："专业史学工作者，都应该参观一下姚老的卡片，做学问，就要学习姚老这种勤奋不怠、一丝不苟的精神。"

姚老的读书卡片得以出版，让我想到，出版文化是社会文化的一个重要组成部分。出版社的成就和贡献，主要体现在文化积累上，任何一位有成就的作家及其创作成果，都与出版社的文化紧密相连。今天能真正进入出版社文化积累这个行列的图书并不多，而真正能够创造出有文化积累价值的作品的作家，也是不多的。姚老留下的卡片，是一个学者、一个作家用一生的心血积累下来的宝贵史料。该书十大卷的出版，也是一项非凡的工程。说明在《李自成》五卷本、《姚雪垠书系》二十二卷本出版之外，姚老还有许多有价值的东西等待我们去开发整理。我现在还不能对这部大书的出版做出恰当评价，但在我看过部分卡片之后，预感这很可能是姚雪垠留给读书人最重要、最宝贵的遗产，是学习、研究、借鉴、传承中国古代文化的瑰宝。

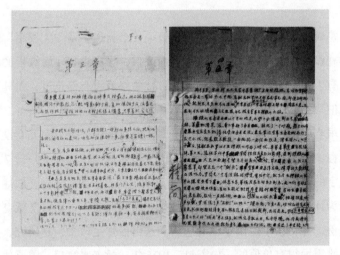

《李自成》第一卷第三章、第四章作者手稿

姚雪垠留下的《李自成》五卷本"内容概要"

　　《李自成》第一卷出版后，无论是一般报刊还是文学报刊，都没有发表评论文章，连个出版消息也没有。但出版消息仍不胫而走，从1963年7月到1964年4月，不到一年印了4次，10万本销售一空。大多数业内人士和广大读者对姚雪垠是支持和鼓励的，对《李自成》是称赞的、叫好的，虽然也有不和谐的声音，但没有掀起大浪。

　　到了"文化大革命"就不同了，说什么的都有。"把《李自成》的开头写得这么好，看他以后怎么写？！""这肯定是一部反动小说。"在毛泽东发出保护姚雪垠的指示后，姚雪垠少受了许多罪，甚至可以说，如果不是毛泽东，他的命能否保得住都很难说；最最重要的是，《李自成》二卷手稿和有关资料、图书得以完整保存，这是姚老最感谢毛泽东之处。尽管说《李自成》是"大毒草"的人并没有因为毛泽东保了姚雪垠而改口，想狠批狠斗姚雪垠的还大有人在，对他进行丑化攻击的言行始终就没有停止过，尤其是说他写五卷本是"好大喜功""自不量力""狂妄自大"，等等。姚雪垠当时的身体状况和所处环境，让他对能否坚持写完五卷没有把握，所以第二卷初稿完成后，他一边休息，一边写了一份 7 万多字的"内容概要"，其中，对尚未动笔的三、四、五卷，叙述得最为详尽。1974 年 5 月下旬，他把"内容概要"寄给好友臧克家一份，并在信中道出了他的想法。这封信弥足珍贵，是研究、了解姚雪垠很有价值的一份资料。1975 年，姚老来京后，曾要他的助手抄一份给我，现在我把信中部分内容摘录如下：

> 《李自成》第一卷出版后，不少人不明白我为什么计划那么大，担心我越写长越松劲，故意拖长而失败。许多人的担心完全出于好意，其中包括我的一些老朋友，别人并不知道我下的功夫，不知道我打这一仗的准备情况，怀着这样的担心是正常现象。"评法批儒"斗争开展以后，朋友们和读者对《李自成》以后应该怎么写更为关心。另外很多人，不论是熟识的、不熟识的，常常担心我写不完《李自成》全书会溘然长逝，有些话听起来叫我感动。我自己做两套准备，一是我能长寿，能够将全书写完写成，一是写不完《李自成》，需要留下来全书蓝图。第二卷初稿完成后，我因脑筋疲劳过度，以前的头昏头痛复发，虽不似往年严重，但也不得不暂

停第三卷写作，采取半休息的办法。我就利用这半休息的时间，将这份"内容概要"写成。我很重视这份"内容概要"。第一，有了它，我今后写第三、第四、第五卷就有了个初步提纲，方便得多，真正心中有数。第二，有了它，可以向一些关怀我的朋友们征求意见，同时报告我的全部写作方案，让朋友们对我的工作有较多了解。第三，我没有时间写历史论文，但从"概要"中可以看到我对许多历史问题的研究结果，以及对待史料的认真严肃的态度。假如《李自成》将来能写成，而且能达到预期水平，经得起时代和群众的考验，这份"内容概要"，就是别人深入了解《李自成》的重要资料。当然这想法今天说来，还只是建立在一个假定的前提之下。假如《李自成》写失败了，这想法就只能证明我老年的狂妄和愚蠢。第四，假如《李自成》写完大半，而我死了；又假若已经完成的部分能经得起时代的考验，那么有了这份"概要"，也免得爱好这部书的人们对未写出的部分存在猜测或误解，这心情你可能觉得有点儿苍凉悲壮。你是我亲密的老友，我们互相知心，愈老而友情愈深，所以我将以上内心的话对你谈出。这份"概要"目前尚非多送人的时候，所以只寄出来几本，我送朋友的，也不勉强朋友们提意见。它不是小说稿子，而是小说内容概要，偏于写我对一些历史事件的认识和处理。朋友们不一定是研究历史的，纵然是研究历史的，也不一定是研究明末历史的，纵然研究过明末历史，也不一定对李自成为首的农民战争等问题有过深入研究。朋友们不仅都忙，也各有专业和专精啊！

这封信，既让我们看到姚雪垠当时的所思所想，又真实地反映了他与克家老友的真情和对彼此的信任；反映了姚老追求事业的决心，以及对可能出现的挫折、困难和意外的充分思想准备；反映了姚老坚忍、坚强、坚定的性格和他的胸怀大志、有远见、有韬略。

姚雪垠为什么把"概要"寄给臧克家？因为他俩从 20 世纪30 年代就相交、相识、相知。我是 1975 年 12 月 20 日姚雪垠来京创作《李自成》第二卷时与他相识的。姚老到京那天，我作为中青社代表到车站迎接他。记得那天到北京站接姚老的，还有臧克家、王亚平两位老人。当姚老乘坐的火车徐徐开进站台时，我们都向姚老乘坐的那节车厢奔去。姚老出现在列车门口，看见迎接他的人群中有克家老人时，他一边激动地高声呼叫"克家，克家"，一边疾步走下车厢，直奔克家；克家这边也高呼"雪垠！雪垠！"，迎了上去。两位老人紧紧地拥抱在一起，那亲热的情景让我至今历历在目。1990 年在姚老 80 寿辰暨从事文学创作 60 年时，克家老人题赠的贺词也很不寻常，完全是肺腑之言："毅力、才力、学力、实力创作六十年，质高量也大；好友、老友、益友、净友相交半世纪，知面更知心。雪垠八十寿辰，短语寄深情。"

海天告诉我，姚老逝世半年后，他的十卷本《李自成》(《李自成》的书系本，内容和五卷本相同，只是分卷不同。22 卷本《姚雪垠书系》也于一年后面世)出版，海天夫妇捧着这套刚出版的《李自成》亲自送到臧府。正在卧室休息的克家老人一听说海天夫妇来了，连忙颤巍巍地走到客厅，一看到海天夫妇和他们带来的《李自成》全书，眼泪就下来了，哽咽地说："雪垠，雪垠！自雪垠走后，我夜里常常梦到他，梦到当年我们在襄樊、老河口，在前线、在邓县他家中朝夕相处的情境。唉，没想到，他走在我前面了。几十年来他写给我的那么多信，我都保存着，有一大口袋。"声音中充满了对以笔为枪、在抗日烽火中结下深厚情谊的老友的深深思念之情。姚、臧的亲密关系，正如姚老说的——他们是真心相见、无话不说的诤友啊。

近日海天还告我说：他为编父亲的全集，这两年走了不少地方，收集父亲抗战时期的逸文。他来到湖北老河口，参观抗战时期五战区长官司令部的旧址，大门两边的墙壁上是巨型浮雕，右侧浮雕是战区中国军队冲锋陷阵、英勇杀敌的画面；左侧表现了战区老百姓和文艺工作者投身救亡、支援前线的情景，其中自左至右有老舍、张光年、姚雪垠、胡绳、臧克家等人的头像。旧居内的抗战展览以及出版的画册、文史资料中，也有姚雪垠、臧克家、碧野、田间当年在战区工作的身影，这说明鄂北战区人民至今还铭记这些为抗战胜利做出过贡献的老一辈文化人。

姚雪垠力荐袁世海的《艺海无涯》

1982 年，《李自成》第二卷荣获首届茅盾文学奖，颁奖会在北京华侨饭店举行，邀请姚雪垠和我（《李自成》第二卷责任编辑）出席。当时姚老刚参加完政协会议，我和他约定，到他家接他。开会那天一早，姚老端坐在客厅等我，穿一身挺拔西装，显得格外精神。见到我，姚老高兴地指着放在茶几上的《文化史料汇编》说："我正等你，向你推荐一部稿子，袁世海写的，他的舞台生涯是戏台小人生，这部稿子可是人生大舞台啊！拿起来就放不下，是一部难得的稿子。你们出版，错不了。"说着把桌上的《文化史料汇编》交给我，其中就有袁世海写的回忆录《我的艺术生涯》。

对于袁世海我并不陌生，20 世纪 50 年代，他在《赤壁之战》中扮演曹操，在《野猪林》中扮演鲁智深；60 年代，他在《红灯记》中扮演鸠山；70 年代，在吴祖光改编的京剧《郝摇旗》中扮演主角郝摇旗，这些角色经过他淋漓尽致的演绎，给人们留下了深刻的印象。我对姚老说："我拿回去就看，袁世海写的，一定有看头。"说着我俩一起下楼去开会，一路上姚老滔滔不绝，讲的都是袁世海，以及这部稿子里许多有趣的故事。这时我才清楚，原来这次开政协会姚老和袁世海同在文学艺术组，又同住在两室一厅的房间里。在安排卧室时，袁世海请姚老住大间，姚老不肯，坚持住偏小的那一间。姚老说："你天天坚持练功，活动腰腿，大点的房间活动空间大，对你方便。我写东西不需要这些，何况我只是上半夜睡觉，下半夜就起来写作了。"

二老一见如故，相住一处，大有相见恨晚的感觉。袁世海对姚老说："周总理生前曾提出，要我们将一生的生活、艺术写成回忆录，既鞭策自己，又激励后人。我便开始口述，由我女儿袁菁记录整理。几年下来，写出了《我的艺术生涯》这部稿子，被《文化史料汇编》连载。您是大家，希望您翻一翻，指点指点。"姚老

袁世海（右二）、袁菁（左一）与王维玲（左三）、彭迎（左二）、李硕儒（右一）
合影 1991 年 6 月 28 日

一口应允，没想到这部稿子让他看了个通宵，第二天早晨，两人
在厅里一见面，姚老就不断叫好："世海，你写得好，生活、艺术
都好，有特色，很生动，很丰富，道出了'戏台小人生，人生大
舞台'的真谛。你的女儿文笔也好，很有才华。你叫她来，我要
和她谈谈，她能够写好，而且会越写越好！"袁世海把女儿袁菁
叫来，姚老整整和她谈了两个多小时。谈传记文学的特点时，姚
老建议她在写作中不要忽略细节，特别是能体现人物精神、面貌、
性格特点的生活细节，一定要用心去写，写得越细、越充分越好，
甚至一个习惯动作、一个眼神都不要放过去。姚老要袁菁下功夫

袁世海　1991 年

去写，争取尽快写完，并且许诺负责找一家出版社出版这部传记
文学。

　　看过全部书稿后，我愉悦的心情无法言表。这何止是袁世海
个人的成长史、发展史、创业史，说它是京剧发展史、老北京的
民俗史也一点不过分。袁世海出身于老北京一个贫苦家庭，父亲
给有钱人家当马车夫，一生劳累，去世时袁世海还不到两岁。袁
世海排行老三，上面还有哥哥和姐姐，一大家人靠母亲一人维持
生活，艰辛贫困。穷人的儿子有志气，袁世海自小就喜欢京剧，
六岁时藏在大人身后，混进天桥的小剧场看戏；七岁开始在街头
巷尾拉摊子演戏、唱戏，后来立契画押进了富连成科班学习。他

不怕苦累，苦练基本功，坐科七年已小有名气，步入社会后，开始了京剧艺术生涯。

　　这部书稿的可贵之处是既写了袁世海的舞台生涯，也写了梨园界师友对他提携、扶持、指导，与他同台演出，让他迅速成长的感人故事。这里有萧长华、郝寿臣、俞叔岩、高庆奎、梅兰芳、程砚秋、盖叫天、周信芳、马连良、尚小云、李少春、马福瑞、裘盛戎、李世芳、张君秋……正是和这些前辈、师友，和同辈师兄弟同台演出，使袁世海迅速成名，走上成功之路。他把他们的音容笑貌、为人守则、性格形象等展示出来，留给人们的是一幅精彩的梨园画卷。此外，作者还把天桥这个老北京底层的市民文化场所原汁原味地"复活"了。我小时去过天桥，那里的拉洋片、说相声、唱大鼓、摔跤、变戏法等，我看过；那里的风味小吃、面茶、灌肠、豆汁等，我吃过。这些现在都在书稿里"复活"了，看得我心热、眼热，有着难以表述的愉悦。

　　《艺海无涯》于1985年出版，第二部于1993年出版（改名为《袁世海》），并收入中青社的"中国现代名人传记丛书"。1995年，《袁世海》荣获首届中国传记文学优秀作品奖。

　　感谢姚雪垠慧眼识珠，不是他的推荐，我们怎能看到《艺海无涯》，我又怎能和袁世海老人相识相交30年！

（原载《名人传记》2018年第9期）

有感三则 [1]

　　《李自成》出版 50 周年，是不寻常的 50 年，也是令人振奋的 50 年。

一

　　先谈《李自成》第一卷的出版。1962 年 9 月至 1963 年 10 月，我下放到河北唐县做基层工作。1963 年 7 月，我正在西口袋村蹲点，收到编辑室寄给我的《李自成》第一卷样书。大 32 开本，内文纸很白，有 8 幅彩色插图，这在当时是高档的印刷品，很耀眼。

　　万事开头难，《李自成》第一卷顺利出版，是件很不寻常的事。现在回忆起来，姚老是很幸运的，命好。《李自成》第一卷初稿写出后，在关键时候都得到贵人、好人的支持和帮助。要知道，当时毛泽东还没有看到《李自成》第一卷，既没有讲话，也没有批示，而姚老当时又是摘帽右派，是一个政治上受歧视的人。《李自成》第一卷能不能出版是关键，有了第一卷才有以后几卷，到三年后的"文革"，《李自成》的命运也就难说了。

　　第一卷的出版有重重关口。首先，湖北省委、武汉市委、武汉作协的态度是关键。1963 年 6 月 12 日，武汉作协给中国青年

---

[1] 本文系作者 2013 年 12 月 9 日在中国现代文学馆召开的《李自成》出版 50 年座谈会上的讲话。

出版社的公函，是一份历史性的文件。文件中写了三条意见：1. 经与湖北省委、武汉市委有关领导同志研究，可以出版；2. 印数控制在 10 万册以内，也可以先印 5 万册；3. 关于该书的评论文章，要掌握分寸。在今天看来，第二条、第三条是不合适的，但在当时的政治气候下，已经是大开绿灯，很不容易了。主要是第一条"可以出版"，有这四个字就行，而且是与省、市委有关同志研究的结果。实际上《李自成》第一卷在 1963 年 7 月出版后，到 1964 年 4 月，不到 9 个月时间，中青社就印了 4 次，总印数 193000 册，大大突破了 10 万册。

这是湖北、武汉的情况。再说说当时处在困难中的中青社。1962 年 9 月到 1963 年 10 月，也就是在我下放唐县这一年，是中青社政治上十分严峻的一年。原因是中青社文学编辑室编辑出版的《红旗飘飘》丛刊 18 期，刊出了一篇习仲勋副总理审查通过、批准发表的反映西安地下斗争的革命回忆录《古城斗胡骑》，受到所谓"反党小说"《刘志丹》的株连。中央派出联合调查组，对中青社和文学编辑室清理整顿，与《红旗飘飘》丛刊有关的人员自上而下，从社长、总编辑到具体编辑人员都受到严格审查。最后查清，相关人员政治上、组织上与"反党集团"没有关系。虽然领导和有关人员没受到处分，但《红旗飘飘》丛刊被勒令停刊，要求今后出书严格把关。《李自成》第一卷的编辑工作，恰恰就是在这样的严峻时刻，由刚刚出事的文学编辑室负责进行的。编辑室主任阙道隆、责任编辑江晓天和社长、总编辑边春光研究后，在姚雪垠访问了吴晗、阿英、李文致三位明史专家后，留姚老在中青社住了 100 天，一直到 1962 年 12 月底，第一卷全部定稿，才让他返回武汉。

这 100 天很重要，在听了吴晗、阿英、李文致的意见，又和阙道隆、江晓天交流后，姚老觉得还有潜力可挖，于是继续修改，在结构、情节、人物、细节上精益求精、好中求好。发稿时，江晓天在责任编辑一栏签字，阙道隆在编辑室主任一栏签字，社长、总编辑边春光在批准发稿和终审一栏签字。在当时的环境下，三位同志表现出来的魄力、胆识、艺术眼光，让人敬佩。

无论是武汉作协还是中青社，只要找个理由拖一下，稍有犹豫，或者再送有关部门征求一下意见，就有可能坏事。没有第一卷的出版，就没有后来毛泽东同志的讲话、批示；没有第一卷的出版，就没有《李自成》后来的成就、影响和命运！所以，第一卷的出版是基础、是关键。在纪念《李自成》出版 50 周年时，是不应该忘记湖北省委、武汉市委、武汉作协的有关同志和中青社的边春光、阙道隆、江晓天的。

二

再谈《李自成》第二卷出版。"文革"后期，姚老从五七干校回到武汉，在当时"极左"思潮的严重干扰下，根本无法继续写作。迫于无奈，在江晓天的建议下，姚老决定冒险上书毛泽东，请求给予帮助。半个多月后，即 1975 年 11 月 2 日，毛泽东在胡乔木转呈的报告上用粗铅笔批示："印发政治局各同志。我同意他写李自成小说二卷、三卷至五卷。毛泽东，11 月 2 日。"从此，姚老的创作环境得到改善，中青社也得以复业，促成 1976 年 12 月《李自成》第二卷出版。姚老说："《李自成》的春天是从这时开始的。"第二卷一出版，受到读者极其热烈的欢迎，供不应求。读者在新华书店买不到书，便到中青社来买，在出版社的院子里排了好几圈的队。当时为督促工厂加快印制速度，我到工厂找有关同志交涉。在铅印车间，我看到四部轮转机，三部印《李自成》，只留下一部印杂志。在装订车间，从折页到装订成书全部是流水线作业，卡车在车间门口等着，成书后，打好包，立刻装车，直接运往新华书店销售。即使这样日夜赶印，仍供不应求，于是各省市租型分印，以满足读者的需求。那紧张热烈的情景，真鼓舞人。

《李自成》第二卷，读者反映之热烈，也是很感人的。中青社成立 60 多年来，一部《红岩》，一部《李自成》，读者来信最多，几天就一麻袋。来信中，有贺信、贺诗，有心得感想……概括来讲，就是看了《李自成》之后开眼界、长知识、受教益。1990 年10 月，在姚老 80 寿诞和从事文学创作 60 年祝贺会上，著名作家、诗人朱子奇在祝词中写了这样一段话，让我一直难忘："一位废寝忘食读完《李自成》一、二、三卷的有文才的老将军兴奋地对我说，你还记得贺老总对我们说过的一段话吗？贺帅说，你们作家有本事，写一部像《三国演义》那样内容好、技巧高，又有味道的书，让我读得忘记了吃饭、睡觉，那我就佩服他，感谢他。老将军说，现在我读到了这样一部书，这就是小说《李自成》！他盛赞作者的文采和勇气，还说这部书不仅在文学上、史学上精辟，就是在军事学上也有价值，这也证明毛主席有见识、看得准。"

　　国内的知名人士、专家学者如方毅、夏衍、曹禺、胡绳、朱光潜、林默涵等，对《李自成》的反映也是相当强烈的。特别让我感动的是茅盾，当时他已八十高龄，身体很弱，患白内障，左目视力 0.3，右目患老年黄斑盘病，一尺之外不见五指。他不仅看了《李自成》第一卷，还看了 80 万字的第二卷初稿。茅、姚二人关于《李自成》的通信有很多，其中茅盾对于第二卷十个单元的详细审读意见，见解精辟，思路开阔，不仅对姚雪垠修改第二卷有启示和帮助，就是对其他从事长篇小说创作的人，也有启发和帮助。所以姚老说："精辟入微，探出作者的匠心……可谓独具'法眼'。"姚老逝世后，姚老之子姚海天同志，在茅、姚从 1974 年到 1980 年 70 多封往复信件中选出 58 封，附有手迹，以《茅盾姚雪垠谈艺书简》作书名，交人民文学出版社出版。这本书详细记录了两位老人在《李自成》出版前后，对于创作和文艺理论的探讨和交流，是了解《李自成》的珍贵记录，也是一本值得收藏的书。

<h2 style="text-align:center">三</h2>

　　谈谈姚海天同志。姚老 1999 年逝世，距今已经 14 年了。这 14 年，姚海天同志在继承、发展、传播、宣传父亲和《李自成》上，做出了无可替代的巨大贡献。他原是学自然科学的，是中青社自然科学编辑室主任、编审。退休后，他原有自己的研究项目和写作计划，但姚老对《李自成》的热爱、执着奋斗的精神、少有的坚强毅力，以及姚老的病逝，对姚海天刺激很大、影响很深。父亲的形象和一生奋斗的精神改变了海天的生活、工作。他对我

上图　1976 年姚雪垠夫妇游明十三陵，王维玲陪同
下图　1998 年 10 月 10 日王维玲到姚府给姚老送上生日蛋糕与鲜花

说过一件感人至深的事，在姚老第一天住院的夜里，他值班看护，夜里一两点钟，他被同房病人的护工叫醒："快看看，老人怎么躺在地上？！"海天被眼前的情景惊呆了，只见姚老上身穿病号服，下身只穿裤衩，平躺在水泥地上。他急忙问道："爸爸，怎么啦？"姚老头脑异常清醒，不太连贯地说："我要起来写《李自成》，写不完对不起读者。"海天立时流下热泪。姚老当时已被确诊是脑梗死，不能握笔，自主构思作品很困难，也不能站立行走。到了这个地步，他还想着《李自成》，因半夜起床写作而摔倒在地。这是什么样的精神境界？！什么样的事业心？！《李自成》已经与他的血肉和心灵完全融合在一起。

海天在父亲的激励、鞭策下，决心继承和完成父亲的遗愿。就这样，他一遍又一遍地读《李自成》，读姚老留下的手稿，研究姚老留下的论文、书信、演讲记录等资料。根据父亲生前对他讲过的想法，他做出计划，一步一步地去完成……突然转到文学方面来，对海天来说是很难的，但他不仅迈出这一步，还做出了成绩。我计算了一下，这14年，由他牵头、策划、组织，或主编、审读、加工的关于姚雪垠和《李自成》的书，包括《雪垠世界》《姚雪垠书系》（22卷本）、《茅盾姚雪垠谈艺书简》《姚雪垠文集》（20卷本）、《崇祯皇帝》（3卷本）、《百年雪垠》《姚雪垠回忆录》《姚雪垠诗抄》《姚雪垠在东西湖锁忆》《百年雪垠书画集》《文学"马拉松"——〈李自成〉出版五十年研究文选》《李自成》（新版）等十余部，此外还有关于《李自成》的学术研讨活动，在家乡邓州、南阳，在武汉、北京举办姚老百年诞辰纪念会、座谈会，以及参与建立姚雪垠文学馆。

　　这里我要对新版《李自成》多说两句话,这是目前最完整的一版,增补了海天的新发现,补充了过去遗漏的"梦江南"这一重要单元,还增补了有关吴三桂、陈圆圆、刘文炳等人的内容,总计增加 8 万字。姚海天花了大精力,下了大功夫,很辛苦。他也是古稀之年的老人了,但他以个人小的牺牲,对父亲和《李自成》做出了重大贡献。这里,我还要特别谈一谈,1999 年姚老去世后,海天在患重病的母亲和全家人的支持下,遵照父亲遗愿向中国现代文学馆捐出了父亲的上万册藏书和《李自成》第四、五卷手稿。他还把刚出版的第四、五卷的 50 万元稿费捐献出来。中国作家协会很快设立了"姚雪垠长篇历史小说奖",现在已评奖两届,反响很好,成为一项重要的全国性文学奖。海天近来还有一件大事,就是促成《李自成》电视剧的改编和摄制。我想,还有不少愿望和计划,一定都会实现的!

一代新人，一代新风
——漫评"国际青年年"短篇小说报告文学征文获奖作品

1985 年为"国际青年年"。

以"我们这一代青年人"为题的短篇小说、报告文学的征文是我国青年参加"国际青年年"的活动之一。现在征文已经揭晓，获奖的 26 篇作品已由中国青年出版社以《我们这一代青年人》为书名出版，这是中国青年献给"国际青年年"的一份珍贵的礼品。

获奖的 26 篇作品中，短篇小说 16 篇，报告文学 10 篇，出自 28 位青年之手，他们来自十省二市，平均年龄 30.5 岁。我怀着浓厚的兴趣读了全部获奖作品，除了激动，还感到无比欣喜。这些作品对当今的"四化"建设倾注了极大的热情，给文学创作注入了生机和活力，既没有回避现实生活中的矛盾、冲突、困难、问题，又真实、勇敢、深刻、感人地描写了青年人的理想、精神、情操和追求。这些作者都是"四化"建设的参加者，这些作品都是有感而发之作，意境新颖，才思敏捷，大胆写意，细腻写实，写出了新一代日趋变化的个性，以及他们不同于上一代人的面貌。

文学的新军主要是青年，新一代的作家要在他们当中诞生。尽管这些作品尚有开掘不深或粗糙肤浅之处，但仍充分显示了作者们的才华和潜力。中国文学后继有人！中国文学后生可畏！中国文学的发展与繁荣，很大程度上要靠他们去实现，只要我们善于创造条件，让他们有更多的实践机会，新的血液就会源源不断涌现，文学的大繁荣、大发展的局面就不难形成。

《那里的落日一定很美》（汪聪）是获奖短篇小说中的首篇。这篇小说的意义，并不在于写出几个大学生面对分配时的迟疑，而是在于写出了新一代大学生的自豪和自信，写出了他们扎实开拓、热情进取的精神风貌。大学毕业分配是个敏感的问题，搅动着每一个毕业生的心。大西北荒凉艰苦，单调枯燥，却也充满了神秘和古老、雄浑和壮美。出于对理想的追求，对事业的热爱，大学生张英远离城市、家庭和恋人来到大西北，并在很短的时间里取得科研成就。他虽具有一往无前的实干精神，但又有着不拘小节的个性特征，也许正因为他毫不掩饰自己的短处，才吸引着他的恋人罗遥。作者塑造的张英、罗遥这两个大学生形象，将男性的刚健豪放、女性的温柔聪慧糅合在一起，在我们的眼前勾画出了这样一幅画面——戈壁沙漠虽比大都市艰苦得多，但根植在这壮丽景色之中的人都很美。

《荒原》（浩岭）也以开发大西北为主题，不同的是它线条粗犷，既写出了神奇瑰丽的自然风光、雄厚丰富的地下资源，又写出了荒原中的死寂和贫瘠。作品描写了由三男一女组成的勘探小组，在荒原中跋涉了四天四夜，在互相关怀互相鼓励的气氛中，在舍己助人、舍生取义的行动感染下，他们发现了自身的重大价值，并以此作为精神支撑，战胜狂风沙石、饥饿干渴，最终走出荒原，登上绿洲。同时，这篇小说写出了豪迈无畏的阳刚之气，作者笔下的人物没有患得患失、斤斤计较，没有卑琐的个人主义，没有怯懦和犹豫。面对牺牲和死寂，他们主动出击、开拓不息，唤起了人们的慷慨悲壮之情。

《爱，在江边饭店里》(余洪涛)、《海妹子》(陈岩)、《哦，大熊猫》(陈晓)，写出了不同职业、不同文化素养的青年男女对生活、爱情、理想和事业的看法。待业女青年老五经历坎坷，生活困苦，但她闯出来了。她在江边开小饭铺，劳动致富，但没有就此止步，她仍有自己的理想和追求，有自己的一套处世哲学……她以张贴广告招房客的办法选择意中人，虽然有点荒唐可笑，但也反映了自立自主的精神和追求。除了老五，小说还塑造了三个青年，他们有着不同的个性，对社会都有贡献，虽然缺乏生活处世的经验，做过荒唐事，但他们的心都是火热的、美好的。如果说老五是从待业走向自立，胡涛则完全不同。他是国家培养出来的青年科研人员，但他并没有因为手捧铁饭碗，就放松对自己的要求。他为保护生态环境和野生动物，坚持野外工作。爬冰山、翻雪岭，其艰辛远非人们能够想象。他坚韧不拔的毅力和吃苦献身的精神，让人钦佩不已。

《海妹子》是一篇很有韵味和情趣的小说，通过描写海妹子和大学生一起下海铲淡菜，既表现出海妹子聪明活泼、勇敢调皮的野劲，又带有神奇冒险的味道和浪漫色彩。无论是老五，还是海妹子，开始她们对知识和知识分子都带有偏见、矛盾的心理，既羡慕又妒忌，想接近又有戒心。但两人通过接触，发现了对方的长处，消除了偏见和误会，产生了互相吸引、取长补短的强烈愿望。这是新时期文学对当代女青年心理变化和新追求的揭示，寓意深远。

《南风地》(陈阵)、《李记铁铺的变迁》(彭见明)、《石头河》(雁宁)、《驴车夫和汽车夫》(艾真)这四篇小说，同样很有味道，都反映了党的农村政策贯彻后，农村集市交易(包括山区)空前繁荣活跃，经营内容与经营方式发生着深刻变化。聪明伶俐、勤劳好学、正气凛然的编席女；深沉实在，有胆有识有远见的印花匠；有才干、有魄力、天生一副经济头脑的冉思妹；朴实强悍，不畏艰难走出封闭山区的大巴山年轻人；有眼力、有志向、风趣诙谐，率先买汽车拉客载货的青年农民……这些人物反映了新形势下农村青年思想的飞跃、精神的升华。

叶辛是为青年读者熟悉的青年作家，擅长写长篇小说，但这次他一反过去，在短篇小说上显示锋芒。《塌方》情节紧凑，重在人物刻画，通过隧道突然塌方的事件，写出了三个同龄人的不同表现，意在说明在任何严重情况和残酷现实面前，人的精神都不能崩塌。《那明亮的灯哟……》(魏强)中的吴姐和小梅，是坚毅刚强、处处以大局为重的青年妇女，在听到亲人、战友遇难牺牲时，她们放下悲伤和痛苦，冒着寒风、雪雾、冰霜，在夜茫茫的险峻山路上行驶。深沉的意境，悲壮的气氛，烘托出了两个令人肃然起敬的青年妇女形象。

《凝》(方炜)的故事并不新鲜，但作者笔下的维护哨通信兵的形象却不一般。作者把军人的性格、心理、追求和时代精神、历史禀赋融为一体。主人公不是在战场上牺牲的，而是在风雪严寒的高原上,为保持通信线路畅通而默默牺牲在岗位上的。这种死,需要更大的勇气和决心。小说气势雄浑壮美,作者最后完成的充满"雕塑美"的形象,显示了一个军人美的力量、美的灵魂。

《伊暾》(张仁胜)和《南国"巴人"曲》(宋京生)又是另一种风格。前者是写两代人对待生活的不同心理及其变化,在地处偏僻、荒凉冷清的一个为错车而设的伊暾小站上,作者塑造了一老一少两个人物,老一辈严峻坚韧,几十年如一日;青年人不甘寂寞,有好学进取的性格。历史的车轮总是向前转动,新生活的召唤,青年人的探求,历史和现实的尖锐对立,使老一辈终于发现:30年没变,而今要大变;"第一步是他在这里迈出的,而今最后一步也是他的"。

《南国"巴人"曲》则写了一个家境困苦、生活艰难的待业女青年,如何走上了为家庭谋生的道路。她努力上进,充满了青春热血,终于在社会上站起来了。小说写得细腻、轻巧,奏出一曲"南国"小城青年拼搏上进的抒情曲。

《通向远方的小路》(意西泽仁)写的是藏族新一代青年对不幸者的同情、爱护,反映了今日青年高尚的情操和纯净的心灵。《驽马》(张弛)通过马狼之间的生死搏斗,告诉人们面对恶势力时,只要舍生忘死,敢于拼搏,顽强战斗,就能化险为夷。小说充满了豪迈气概和浪漫色彩,写得紧凑,惊险不凡。

与小说相比,报告文学的题材更为广泛,时代精神更为强烈。《林莽,浩瀚的林莽》(李江树)记述的摄影家徐力群,如果不是又一次离开城市到冰霜浩瀚的大兴安岭落户,不和猎人们一起吃，一起住，一起打猎，一起欢乐，他如何能拍下那么多珍贵的照片，又如何能成为中外驰名的摄影家？

美的情操达到一定高度时，人的追求就不再限于实现自身价值。《给不幸者以幸福的人》（于国颖）写海军某区院程国良外科医师，他完成了147例断指再接手术，如果不是把全部思想、感情、精力和时间给了病人，给了医学事业，如何能取得这么高的荣誉？

正因为鲁桓有着不寻常的顽强毅力，安于冷寂，乐于超然，对身边的小动物专注到了忘我的程度，他才创造了艺术。而艺术又创造了一个令人惊叹的《鲁桓世界》（路东之）。

与鲁桓一样，《徐艳丰》（田涌、吴公剑）中的农民艺术家花了一年多时间，细心观察，用心琢磨，用了十几万根纤细的高粱秆扎起光洁精美、壮丽辉煌的宫殿"佛香阁"，一举成名。这件作品被视为民间艺术珍品，陈列在中国民间美术博物馆内。

如果说，荣获第三届维也纳国际歌剧演唱比赛第一名的张建一、打破世界纪录的跳高名将朱建华、中国女排的神奇怪球手侯玉珠，以及深圳竹园宾馆餐厅部副部长陈慧莲，都具有身为一名中国公民的崇高感、荣誉感和对祖国、对社会主义事业高度的责任感的话，那么在风风雨雨、坑坑坎坎中跋涉，历尽艰辛和磨难的孙维舟和由八位不见经传的大学生组成的内蒙古自治区政策研究室战略组，则是奋力探求、英勇进取的气魄宏大的青年人。他们不断开拓新路，在逆境中不气馁不服输，在顺境中不骄傲不松懈，人生抱负甚高。也许正因为这样，他们能一扫30多年来经济体制上的各种弊病和陈腐观念，成为生活中的强者，青年人中的能人。

感谢报告文学的作者们，他们通过不同的生活画面，栩栩如生地描绘了当今中国青年的精神风貌。不管从事的是何种职业，他们都是新时期中追求的一代、奋进的一代、开拓的一代，是对祖国、对人民、对社会主义事业有贡献的年轻有为的新一代！

（原载《青年文学》1985 年第 7 期）

一部有文献意义的大型丛书[1]

《当代风流》第一卷以豪华、庄重、大方、厚实的面貌问世，我作为出版者看到这样的出版物，是无比振奋的。这是广东省企业界一件重要的精神产品，是献给建国40周年的一份非常有意义、有价值的礼物。

同志们都知道，出版一部同时具有社会价值、历史价值、经济价值、文化价值的书是很不容易的，要付出巨大的心血和精力。《当代风流》就是这样一部有意义有价值的书，它生动地反映了广东省十年改革开放所造就的一大批优秀企业家。这些企业家在国内外享有盛名，引人注目。"优秀"不是自封的，也不是用钱堆起来的，而是靠他们先进的经营思想，靠他们的聪明才智，靠他们的勇于实践，靠他们的贡献和成就，赢得了国家、社会、同行的公认。榜样的作用是无穷的，特别是在治理整顿、深化改革的今天，优秀企业、优秀企业家起的带头作用、示范作用、榜样作用有着特别重要的意义。

由谢非、郑国雄、朱森林、匡吉、刘维明、张高丽、李灏担任顾问的《当代风流》是要载入史册的。这是因为收入本书的87

---

1 本文系作者于1989年11月9日在广州召开的《当代风流》首发式上的讲话。

位企业家，是经过广东省委、省政府的领导同志和有关部门仔细
审议后定下来的，基本上是近年来在国家和省一级得到过光荣称
号或奖励的先进企业家。他们中有全国劳动模范，有一、二届全
国优秀企业家，有国家"五一"奖章获得者，有经济体制改革优
秀人才奖获得者，有全国优秀企业家，还有第一届全国优秀青年
企业家，以及广东优秀乡镇企业家……他们都经受了政治的、思
想的、经济的严峻考验，又是在企业家中好中选好、优中选优确
认下来的，都值得大书特书。

我在读原稿时深受教益，对企业家们充满敬佩之心。这是因
为他们在党的十三大精神指引下，在广东省委、省政府的领导下，
在改革开放的大潮中，和工人阶级一起把"四个坚持"和改革开
放结合起来，把"两个文明"建设结合起来，自力更生，艰苦奋
斗，使自己的企业从无到有，从小到大，从国内市场走向国际市
场。他们生机勃勃，充满活力，为改革开放和社会主义现代化建设，
为发展社会生产力和繁荣社会主义经济，为国家创造财富做出了
可贵的贡献。他们不愧是当代企业家中的精华，当代企业界的一
代风流人物。

从这部书里，我们还可以看到企业家们一心为国、一心为公、
一心为企业的高尚情操，那种在挫折面前不灰心、在困难面前不
低头、坚韧不拔的决心和毅力，那种积极向上、勇于开拓、勇于
进取的精神风貌十分感人。榜样的形象，对我们的精神文明建设
不可少；有益的经验，对企业的发展和建设同样不可少。我相信
《当代风流》中榜样和经验的传播，对"两个文明"建设将产生积

极的影响和有效的推动作用。这就是这部书的意义和价值所在。

《当代风流》第一卷在省委、省政府的领导同志和有关部门的关怀指导下，由广东省经济学家、企业家联谊会、广东省经济体制改革研究会，委托中国作家协会广东分会风流人物报社具体组织采访写作。正确的决策，使这部书得以成功。接受写作任务的几十位作家、记者和编辑，坚持为人民服务、为社会主义服务的方针，积极投身企业的火热创业生活，体会创业的艰难，了解企业家的甜酸苦辣，见证企业家成长的历程。他们的文章，不仅充满浓郁的南国色彩，有声有色地写出不同风貌的企业家的理想与成就，更重要的是反映了时代的主旋律，讴歌了改革开放。这样的文章让人振奋，起到了鼓舞人民、团结人民、振奋中华民族精神为社会主义现代化奋斗的作用。

今天，当我捧起这部书时，想到作家、记者们的贡献不仅仅是写成了这本书，重要的是在改革开放的时代，企业和企业家的奉献和壮举、作家们真诚深入火热现实生活的行动，会在他们今后的创作中发生作用，激发灵感，从而写出更多反映改革开放，反映企业和企业家风貌的文学作品，为广东省社会主义文学的繁荣发展做出新的贡献。

能出版这样一部书，我们出版社感到非常荣幸。正因此，让我代表中国青年出版社，向这本书的八位高级顾问，向广东省经济学家企业家联谊会，向广东省经济体制改革研究会，向丛书的编委会，向丛书的主编、副主编，向《风流人物报》的各位同人，向为这本书采访写作的作者们表示衷心感谢。这部 103 万字、分上下两册的大书，能在短短的几个月中完成排、印、装，而且印制精美，是非常令人高兴的。这里，让我代表中国青年出版社向粤中印刷公司的领导和工人同志们表示最诚挚的谢意！

随着广东省改革开放事业的发展，一定会涌现出更多的优秀企业家，现在我们有了第一卷采访写作、编辑出版的经验，我相信第二卷、第三卷会以更快的速度、更高的质量，献给我们的时代和读者！

坚强一代的青春协奏曲
——张海迪和她的《轮椅上的梦》

被共青团中央授予"优秀共青团员"称号的青年楷模张海迪，是党和人民哺育下成长起来的新一代的优秀代表，曾被誉为"80年代的新雷锋"。

严重的高位截瘫，使海迪自幼失去了站立的能力，长期疾病缠身。她没有呻吟，没有悲观失望，而是刻苦自学，完成了从小学到高中的基本课程，阅读了大量的政治、文学、医药和外语等方面的书籍，自学英语达到了大学程度。31 年的轮椅生活，海迪没有虚度，她写出了 7 本书，总计 100 多万字。海迪说："一个人活着，不应该为'我'而存在，应该为人民需要而存在。"疾病折磨着海迪的生命，可她想到的不是死亡的可怕，她说："可怕的是失去了进取的信心和力量。"她顽强地与疾病作斗争，坚信自己是一个胜利者，"将来有一天如果我全身瘫痪了，那我决不沮丧……而要像保尔那样继续学习、工作。"

1985 年，海迪开始写这部反映残疾人身残志不残的长篇小说——《轮椅上的梦》，整整花了 5 年时光，九易其稿。去年中国青年出版社的一位编辑专程到济南，和病中的海迪研究定稿工作。海迪对自己要求很严，一定要亲自动手，她整整用了 4 个月，对小说进行了最后的充实、修改和润色。此时，海迪已患鼻骨基底细胞癌，她以人们难以想象的勇气和非凡的毅力，克服了高位截瘫和癌症双重病痛的折磨，完成了定稿。

《轮椅上的梦》是以海迪自身生活经历为基础，又将生活加以丰富和充实，经过反复构思、修改写成的。

这是一部颇具魅力的长篇小说，作者以炽热的纯情、生动的笔触塑造了方丹——一个双腿瘫痪、身残志不残的女孩子，讲述了她怎样战胜疾病，在逆境中刻苦学习，最后成为一名乡村小医生的故事。小说再现了20世纪60年代的时代风貌，主人公方丹驾驭着生命之舟，在人生的大海里求知似渴、顽强搏击。逆境没有使她沉沦，泪水没有遮掩她的航标，融融友情给予她无限欣慰和激励。她虽饱受磨难，历尽坎坷，但始终不失为坚强的一代、胜利的一代的典型。即使在"文革"期间，方丹也没有失去对知识的渴望、对新生活的追求、对光明未来的向往。她自强不息，克服了常人难以想象的困难；她顽强学习，从知识的宝库中汲取营养，充实、丰富自己；他掌握为人民服务的知识和本领，为社会、为人民做奉献。就这样，方丹在人生的旅途上留下了一串串闪光的足迹，奏出了一曲奉献之歌。同时，作者还塑造了一群热爱生活、追求美好理想的青少年，如天真的谭静、恬静的维娜、善良的晓梦、多思的维嘉、深沉的黎江，以及活泼的小哑巴、淘气的三椰子、可怜的小嫂子和小提琴手杜翰明等，都跃然纸上，如在目前。

我觉得，这部长篇小说所以成功，一个重要原因在于作者塑造的方丹始终怀着一颗清纯热诚的童心，以纯真的眼光、纯情的心境看人生、看社会、看生活。无论是写父母情、姐妹情，还是写师生情、友情，都展现出人际关系中一种强烈的、震撼人心的真挚感情，正是这种美的心灵、美的真情，使小说格外动人。如晓梦赴沪前，与方丹告别并为她跳舞；晓梦病倒，方丹由谭静背上楼陪伴她，互相安慰勉励；方丹坐轮椅跟陶庄孩子们去踏青；方丹看望濒死的小嫂子等，都写得很动情，而贯穿于这些情节中的是自强、进取、奉献的主旋律。

《轮椅上的梦》语言流畅自如，富有诗意，情节细腻真实而又有起有伏。如果不是海迪，如果没有她特殊的生活经历和生活积累，如果没有她对生活的深刻感受，是写不出这部朴实亲切、内容丰富、充满真情的感人之作的。这部约 32 万字的长篇小说可不是一般的书，它是海迪用自己的生命和真情、心血和汗水献给祖国和人民、献给广大青少年读者的一份最真挚的礼物。

（原载《人民日报》海外版 1991 年 6 月 5 日）

曲高和众，难得之作
——谈长篇小说《地火侠魂》

今年是辛亥革命 80 周年，为了纪念我国近代史上这一伟大的革命运动，中国青年出版社出版了长篇历史小说《地火侠魂》。

这部小说记述了中国近代民主革命家陆皓东的事迹。陆皓东是孙中山少年时期的好友，两人过从极密，结为挚友。1895 年，兴中会在广州举行武装起义失败，陆皓东不幸被捕，受尽酷刑，拒不招供，十日后遭清政府处决，时年 28 岁。孙中山非常悲痛，称陆皓东是"为共和革命而牺牲者之第一人"。

陆皓东年轻时牺牲，留下的文字记载极少，很长时期不为人知。余松岩先生 1962 年在收集孙中山先生史料时，看到陆皓东在被捕受刑时写的"自白书"及事迹，深为感动，前后用了 20 多年时间采访，又用了两年多时间构思和写作，才有了这部长篇小说。书中反映的史料是很珍贵的，作家把历史人物、历史事件和文学创作融合在一起，真实、形象地描写了陆皓东的一生，与此同时，作者生动描写了孙中山的少年时代和青年时代，刻画了陈少白、郑士良、尤列、杨衢云、黄咏商、邓荫南等一批中国早期民主革命家形象，还叙述了香港兴中会和广州学农会的建立与发展，这是多年来当代文学中少有的题材。

　　作家在小说里，写出了陆皓东从一介书生、笃信耶稣的教徒到以武装暴动推翻清廷的青年义士的转变。他受孙中山之托，亲手设计绘制青天白日旗作为兴中会武装起义的军旗，象征为打下一个天空永远晴朗的大同世界而奋斗的精神。小说生动刻画出了陆皓东民主革命的思想，疾恶如仇、仗义豪侠的气概，还生动细腻地描写了同样具有反抗精神、侠义之气、沦落江湖又自尊自爱的青年女义士尤都好，以及她与陆皓东纯真缱绻的爱情。

　　这部小说内容丰富，人物众多，不仅表现了革命党人，还翔实地揭露了清末广州、香港上至官宦，下至妓寨、丐帮等的黑暗腐朽生活。通过这些人和事，作家写出了时代特色，写出了各阶层的民众生活，反映了作家具有丰富的生活根底和娴熟的艺术技巧。可以说，《地火侠魂》是一部有意义、有价值、有一定艺术魅力的曲高和众、雅俗共赏的难得之作。

　　　　　　　　　　　　（原载《中国青年报》1991 年 5 月 26 日）

城市改革的进行曲
——致彭名燕

名燕同志：

我在山东出差，接到社里通知，要我立即去深圳参加你的长篇新作《世纪贵族》研讨会。我想，这主要是因为我是这部小说的终审者，并由我签字批准印刷出版。回到北京已是 27 日，29 日一早飞深圳，30 日我代表作为主办单位之一的出版社，做了一个简短的发言。会后，总感觉有些话讲得过于简单，很对不起你的热情邀请，这样我便拿起笔来写这封信。

记得我是去年 12 月读这部书稿的，当时一气呵成读完，又激动又高兴。激动的是，我看到了一部反映城市改革的难得之作；高兴的是，你在深圳深入生活两年，没有白白浪费时间，取得了丰收硕果。

读完《世纪贵族》，我联想到这样一个问题：从全国看，1979 年到 1989 年是改革开放的第一个十年，也是从封闭到开放的十年，从过去几十年一贯制的体制到允许多种经济并存。改革是渐进式的，先农村后城市，先非国有后国有，先特区后内地，先试点后推广，你正是在这"四先四后"的大背景下，率先走了一大步。你聚焦深圳特区的国营大企业改革，塑造了一批真干、实干、敢干、能干的城市改革开拓者形象。你从苦创基业的凯华公司写起，到建成庞大的新亚集团电子公司；从单一国有经济到建立股份制经济，直到收买香港女皇电脑公司，向国际市场推进。经济学家当前正在研讨的"产权开放"等重大深化改革的内容，早在两年前，你就在自己的小说里艺术地、形象地、真实地对其作了反映。把内地与海外、农村与城市、特区与内地、个体经济与国有经济联系起来，拉近它们的距离，这也是你小说里的内容，这些内容只有在特区才能存在。你的超前意识，对城市改革、国营大企业改革的全方位描写，为当前深化改革提供了许多有价值的内容，给人启发，让人思考。所以我说这是一部反映城市改革的难得作品，这正是我批准出版时的考虑。这是其一。

第二，你在描绘城市改革、国营大企业改革的风云际会的大舞台上，让人们真实地、形象地看到特区商界的高层人士和他们的职工怎么生活、怎么拼搏，看到经济是怎么繁荣起来的。随着人们精神面貌的迅速变化，知识才干的充分发挥，新的企业、大的企业如雨后春笋般发展起来，在海内与海外、新与旧、中年与青年之间，都发生着激烈的、戏剧性的变化，进而产生新的思想观念、价值准则、生存方式、感情纠葛，以及新的冲突，形形色色的人物和事件，在你的笔下展示得淋漓尽致。我觉得《世纪贵族》的艺术魅力，就在于写出了改革大潮中无论是成功者还是失败者，无论是得意者还是失意者，都付出了代价。人人都有付出，人人又都有所得；谁都潇洒，谁都不潇洒；谁都表现得轻松，谁都不轻松。此外，这本书还相当深刻地写出了特区商海的生活环境、生活特色。

　　你在塑造人物的同时,常常插进一些直抒胸臆的议论,似旁白,又似评论,但都是在你写活人物之后流露出的感受,爱憎溢于笔端,收到一语中的、画龙点睛的效果。比如段怡芹对女儿评价胡鹏时说的两句话:"这个人会记人一辈子仇,可从来下不去手整人,一辈子耿耿于怀,一辈子痛苦。"这就把胡鹏的精神面貌和性格特征生动地勾画了出来。对于松涛,她说:"他聪明过人,能利用自己,利用朋友,甚至利用仇人来壮大自己……是在任何时代都会把握时代脉搏的人。"短短的几十个字,把于松涛面对是非、善恶、美丑时的精神与大度、无情、严峻的形象概括了出来。对《世纪贵族》这样的小说来说,明确的提示不仅不多余,反而加深了对人物的剖析和对生活的理解,同时也是你创作上的一种很有意义的尝试。

　　我非常欣赏你把人情、人性写得有起有伏、有声有色,特别是对段怡芹、冰莹、阿霞三位不同的女性写得眉眼毕现、呼吸可闻。女性在作品里占很重要的位置,能写好她们,既得益于你丰富的生活感受,也是你的艺术技巧得到创造性发挥的结果。生活中有情有爱,商海中也有情有爱,爱情不会自始至终温柔、缠绵、甜蜜,有时也惊心动魄、重似千斤。爱情能成就一个人,也能毁了一个人;能让一个人昂扬进取,也能使一个人颓废沉沦;能让一个人一往直前,无后顾之忧,也能让一个人满足现状,无所作为。总之,这是一个永恒的、写不完的话题,关键在于写出新意、写得深刻、不俗气不陈旧。《世纪贵族》做到了这一点,这也是作品能在问世后赢得广大读者重视的一个原因。

　　文学是形象的历史,是历史的诗作。《世纪贵族》是一部有丰富内容、有认识价值的长篇小说，说它是一曲动人心魄的时代进行曲并不过分。写到这里我想到，我们要感谢市场经济。是市场经济的发展，使得人们的精神、道德、文化、教养上的美丑、善恶、真伪赤裸裸地暴露出来，这就给作家提供了一个广阔舞台，给文学创作提供了丰富的天地。名燕，我不知你想到这些没有，但你的《世纪贵族》提供给我们的大量的、陌生的、有价值的内容，不都说明了这一点吗！这部小说出版后，读者反映"拿起来就放不下，不仅有看头，而且看过以后，还让人有想头"，我想这是读者对你率先投身改革大潮，写出精品佳作的最高表彰、最高评价！

第三，你已写了许多作品，《世纪贵族》不是你的第一部长篇，但它是你创作上的一个新的高峰，要格外珍惜。我希望你沿着这条有特色、有风格的路走下去，反映城市改革中更广阔、更丰富、更复杂、更新鲜的内容。新的时代，新的世界，需要新文学、新人物、新事物，我想，有了《世纪贵族》这么好的起点，你今后一定能够写出具有更大艺术魅力的新作。我期待着。

王维玲

1994 年 9 月 4 日

（原载 1994 年《小说》第 5 期）

喜读《群山——马文瑞与西北革命》[1]

  自中华人民共和国成立以来，传记文学在我国一直拥有大量读者，回想 50 年代初，国内传记文学为数极少，外国传记文学在我国赢得了大量读者，如《卓娅和舒拉的故事》《奥斯特洛夫斯基传》《普通一兵——马特洛索夫》《古丽雅的道路》《真正的人》等。不久，这些作品就被中国青年英雄传记文学代替，即《刘胡兰》《董存瑞》《黄继光》《邱少云》《向秀丽》《把一切献给党》《我的一家》《在烈火中永生》等，以及 60 年代初的《雷锋》《焦裕禄》《欧阳海》《麦贤德》等。这些传记作品流传甚广，鼓舞了千千万万青少年，对塑造新一代的人生观、道德观、价值观，培育他们为祖国、为人民、为现代化建设做出贡献，起了重要作用。

  "文化大革命"以后，特别是改革开放以来，中国传记文学领域一下子拓宽了，毛泽东、周恩来、邓小平等领袖人物的传记，还有将帅和老同志的传记大量涌现，这些作品反映了波澜壮阔的革命岁月和老一辈无产阶级革命家的丰功伟绩，在帮助人们认识党领导的革命斗争历史和对青少年进行革命传统教育过程中，起到了不可替代的作用。这些作品使传记文学既有重要的政治意义，

---

1 本文系作者于 1996 年 12 月 2 日在陕西榆林召开的《群山——马文瑞与西北革命》出版座谈会上的讲话。

又有广泛的社会影响;既有深刻的教育功能,又有特殊的文学地位。

现在的传记文学,方方面面不断扩大,对于过去从未触及的人物,包括有争议的人物,而今也有人写了。过去"知名人物"不敢写,"无名"人物不想写的现象和顾虑,已经不存在了。现在的传记文学,不仅有名人大家,也出现一批各条战线上的先进模范人物,读者不仅可以了解党和军队的光荣历史,了解中华民族的伟大人物、杰出人物的事迹,还可以了解当今时代有突出贡献和重大贡献的各行各界先进人物的事迹。榜样的作用是无穷的,不少青少年读者就是在读了这样的作品之后,受到激励、受到熏陶、受到启示,改变了自己的生活态度、人生道路。特别喜人的是,这些年来有相当一批作品的质量很不错,从写事为主转向写人为主,大至历史事件,小至生活细节,都与对人物的描写刻画相结合,写得形象具体、生动准确,传主在作品中变得有血有肉、有声有色、有情有味。《群山——马文瑞与西北革命》就是这样的作品。

传记文学重在写人,而且有纪实性的特点,内容既要生动准确,又要抓住主要情节和重要细节,把历史的真实性和描写的文学性和谐地融合在一起。高尔基说过这样一段话:"社会主义现实主义的艺术家们创作出的传记文学,那聪明的、善良的、强有力的人,那大写的人,比过去任何演义、传奇小说的主人翁要高得多、大得多。"这是对革命的传记文学的价值、特点、意义,比较准确、全面的概括和评价。

西北地区在新民主主义革命时期,发生了许多威武雄壮、可歌可泣的重大历史事件,涌现了许多扣人心弦、为世人永难忘怀

的英雄人物，这些事件和人物有力地推动中国革命事业前进，推
动历史发展，应该青史留名、光照后世。《群山》在某种程度上满
足了我们这个愿望。作者从马文瑞14岁入团参加革命写起，一直
写到40年代末，真实生动地展示了一个共产党员、一个老革命家
对革命事业的自觉贡献和不朽功勋。通过马老的革命经历，我们
看到西北革命根据地、陕北游击队、陕北红军的建立、发展、壮大，
看到刘志丹、谢子长和西北地区众多的党政军领导人的形象、事
迹和贡献，看到马文瑞与毛泽东、朱德、周恩来、刘少奇、任弼
时等领导人的接触。从史料价值来说，这些是非常珍贵的；从艺
术价值来说，具有独特的角度、独有的内容，有很强的艺术感染力。
《群山——马文瑞与西北革命》的意义正如它的书名一样，重峦叠
嶂，巍巍深远，是一部内容丰富、史料翔实、以史鉴今、以史育
人的传记文学作品。

《群山——马文瑞与西北革命》中，谢子长、刘志丹、任志
贞是最突出、最感人的。虽然都是从马老的角度展开，写的都是
一些片段，但有许多段落有声有色，颇为生动，给人们留下了深
刻印象。陕北特委成立时，马文瑞第一次和谢子长见面，二人从
此相识相交，亲如兄弟。作品里写谢子长要马文瑞帮忙写恋爱信，
马不给写。谢子长伏在炕桌上专心致志地给史秀云写信的场面，
是那么喜人有趣，轻松自然。当时敌人正到处通缉捉拿"共匪"
头目谢子长，可谢子长此刻却从容不迫地给心爱的人写信，巧妙
的构思，一下子就把谢子长的乐观精神和英雄气概表现出来了。
作者笔下，30岁的谢子长和20岁的马文瑞，一个是搞武装斗争

上图　王维玲在人民大会堂陕西厅举行的《群山——马文瑞与西北革命》
　　　出版座谈会上发言 1996 年 12 月 3 日
下图　王维玲在马文瑞家中留影

的军事领导人，一个是从事地方党群工作的领导干部；一个性情豪爽心直口快，一个沉静温和，不苟言笑，两个人是那么知心融洽、和谐一致。作品里有一个细节十分感人，谢子长与马文瑞分手时依依不舍，谢子长把他自制的、一直带在身上的椿木小烟锅送给马文瑞留念，这个小小细节一直埋伏到谢子长牺牲。马老每每看到小烟锅，就无比怀念亲密的战友、兄长谢子长，这感人的细节，将两个战友之间的深情深刻地表现了出来。

写刘志丹也很出色。他待人和蔼、谦和、坦率、亲切，让人很难相信他是陕北特委军委书记，是西北红军的统帅。他不仅有将领的胸怀和才智，也有坚定的党性和极强的原则性。这些特征会让你猛然醒悟——为什么贫苦的农民情愿拿出身家性命，也要跟着刘志丹闹革命？刘志丹是在亲临前线观察敌人阵地时被冷枪击中牺牲的，马老怀着悲痛为刘志丹写简传，从档案中发现对刘志丹的错误记载。这件事在马老心中埋藏了几十年，感到不平的同时，无比思念这位忠诚的战友，直到 1982 年中央对刘志丹和西北革命历史问题做出正确结论后，马老心中这块石头才放下。《群山》无比感人地反映了一个老革命家对战友的深厚情谊，以及坚持真理、实事求是的革命风范。

任志贞这个女红军形象写得最感人。这个 16 岁的农村女子，活泼开朗，追求革命，好学进取。她不像同龄女性裹了小脚，她有一双大脚，有着男子般的英武壮美。和年轻的区委书记马文瑞接触后，她暗暗地喜欢上了他。作品有不少细致的描写，都非常生动，如马文瑞下地割谷子，任志贞在后边捆扎，两个人一边劳

动，一边拉话，一个有心，一个无意；组织上派任志贞去办冬学，
当教员，她一面兴奋不已，一面又对马文瑞依依不舍，矛盾的心
情被展示得细致入微；任志贞终于向马文瑞表白了心意，两人书
信不断，互相勉励鞭策……什么是崇高而朴素、坚贞而纯洁的爱
情，在这里有了答案。后来任志贞参加了红军游击队，是西北革
命历史上第一位女红军战士。她与男战士一道并肩战斗，不幸被捕，
她受尽酷刑折磨，始终坚贞不屈，最后在敌人的铡刀下壮烈牺牲，
年仅 18 岁。中华人民共和国成立后，有人说："任志贞是刘胡兰
式的英雄。"马老纠正道："这话不对，应当说刘胡兰是任志贞式
的人物。"虽然过去了 60 年，马老仍一直怀念着任志贞。

《群山》还记述了陕北特委遭到破坏，六位委员被捕后受尽酷
刑，却始终坚贞不屈，怒斥敌人，牺牲时高呼口号。烈士们被枪
杀后，农民群众不顾生死涌向烈士就义的地方，和敌人展开了一
场争夺烈士遗体的搏斗，最后终于抢回三位烈士的遗体，装殓安葬。
作品感人地写出了我党干群之间的生死情谊。

《群山》不仅写了我党我军许多成功的、感人的经验，也写了
令人痛心的教训。这就是 1935 年王明搞的党内肃反运动，这场运
动几乎把西北革命领导层一网打尽。在这一生死关头，多亏了毛
主席、党中央和中央红军长征到达陕北，给就要被杀害、被活埋
的一大批西北党政军领导干部带来生机。如果不是毛主席发出"刀
下留人"的召唤，如果不是及时派出王首道、李涛等人先行赶到
瓦窑堡处理此事，刘志丹、马文瑞等 100 多人早就被活埋了。作
品写得深刻，写得沉重，让人深思，让人感叹。

　　马老的生活经历，以及他的鲜明性格、精神气概，可以让我们感受到特定的历史时期的时代精神，以及革命者身上闪现的灿烂火花。无论环境多么凶险，道路多么曲折，马老和他的战友们都走过来了。读完《群山》，我在无比激动之中首先想到，这是一部动人心弦的传记文学作品，里面描写的许多人和事，我们曾听说过，或从其他书刊中看到过，但这部作品给我们带来了难以泯灭的印象和新的感受。看得出作者是下了功夫的，他采访、收集了许多第一手材料，加上长期的积累、消化、构思，动笔写作时视野已经比较开阔，对于比较复杂的事件，作者写得鲜明、清晰、生动、准确，这是很不容易的。

　　《群山》还启示我们，生活和战斗，建设和发展，为我们提供了取之不尽用之不竭的素材。《群山》开了一个好头，希望作者继续写出高水准的传记文学作品，为中国传记文学事业的发展作更大的贡献。

走近《虹霓》

1992 年余松岩在给我的信中说："我现在正计划写一部反映农村改革的长篇小说，心情很冲动，但我也很理智，决心下更大功夫，写一部有深度的作品。成功的作品，绝非一日之功就可以完成的，我明白这个道理。"两年后，他终于拿起笔来开始写作，这就是长篇小说《虹霓》。但就在这时，他的《地火侠魂》荣获广东长篇小说大奖，有人邀他写电视剧，我担心这会影响《虹霓》的创作，便写信提醒他。没想到松岩表现得出奇冷静，来信说："我现在已经进入最佳状态，正集中精力写长篇，这个时候想东想西，自己给自己套上一副枷锁，就不自由了，还如何全身心地投入创作？我最担心的是不能进入创作状态，而现在进入了，这比什么都重要，比什么都让我高兴。"

1995 年冬，《虹霓》完成 8 万字时，松岩拿给我看。读完这部分，我高兴得拍手叫好，想起冯牧先生在评论《地火侠魂》时说的一句话："曲高和众要比曲高和寡更难。"我预感到，松岩现在写的又是一部曲高和众的喜人之作。

1998 年初我在珠海，松岩将刚刚完成的《虹霓》全稿拿给我看。小说非常好读，我几乎是一口气读完的。在市场经济建立和发展的进程中，在激烈竞争的较量中，《虹霓》的人物和故事与现实生活是那么贴近，具有很强的冲击力和征服力，让我在阅读中时有喘不过气来的感觉。我对松岩说：作品鲜明地打着 20 世纪 80 年代的烙印，很好地反映了这一时期的社会生活，具有很强的时代感。同时我还谈到：这本书从转型时期不同人物的生存环境写起，写他们在官场、商场、情场的复杂性格和复杂关系，写他们的情与爱，命运起伏和坎坷遭遇，每个人物都有着鲜明性格，又都走着不同的道路，打着不同的烙印；让我惊喜的是，作品没有把生活简单化，无论是胜者、败者、强者、弱者、得意者、失算者，每一个人都有所得也都有所失，在沉重与悲凉、胜利与失败、兴奋与激动的复杂微妙的关系中，包含了许多生活哲理，蕴藏着许多人生话题，这正是《虹霓》的内涵和魅力所在。我还谈到，由于很注意对风土人情、世态生活的描写，使作品增强了真实性和可读性，比如对从宁水到广州船上的描写，反映了 70 年代末到 80 年代初的生活；对广州白天的菜市场和晚上夜市的描写，很有声色、很逼真；还有划艇比赛、捉禾虫、网禾花雀、喝早茶等描写，都有浓郁的地方特色和民俗特点。

这次交谈后，松岩又改了 3 个月，于 1998 年 4 月定稿，从开始创作到定稿整整花了 3 年 9 个月。如果把他为写这部小说深入生活的时间加在一起，那就是整整 10 年，当真是十年磨一剑啊！

不久前，松岩来电话要我参加《虹霓》的座谈会："我很感谢文友们对我的支持和鼓励。你知道吗，在我写到 30 万字时，正是创作最关键的时候，我儿子突然病逝，这沉重的致命一击几乎使我精神彻底崩溃，有两个月的时间，我一个字也写不出来。后来我想已经写到这个程度了，能放下吗？不能啊！就是为了纪念死去的儿子，我也不能放下！我把悲痛全部寄托在这部小说上，全力以赴地投入创作。我把已经写出的从头开始做了一次删改，又把后面的四分之一写完……"放下电话，这一夜我失眠了。松岩的唯一爱子突然病逝，我知道，很长一段时间，我不敢给他打电话，不敢给他写信，就是后来见面时也不敢提起，只能用"保重身体"这句心照不宣的话表达我的心情。这是松岩第一次向我提起这件痛心的事，为写《虹霓》他经历了难熬的痛苦，他是蘸着自己的血泪在写作啊！

（原载《文艺报》1999 年 5 月 11 日）

难忘白羽

2005 年 8 月 25 日上午，张洪溪打来电话："看没看今天的报纸？"我说："没看。"洪溪说："刘老（指白羽）病得很重，您要做最坏的准备。"我的心一沉，预感不妙，忙追问一句："是不是已经不在了？！"电话里无声地停顿了一阵，传来洪溪沉重的声音："是的。"我急问："怎么回事？"他说："刚刚接到一个电话，《北京青年报》登出消息，刘老于昨天下午 2 点病逝。"我要他赶快把《北京青年报》找来看看，如情况属实，马上打电话给我。

这电话来得太突然了，20 多天前，我和白羽还在电话中交流，怎么说走就走了呢？我木呆呆地坐在沙发上，一动不动……

今年春节给白羽拜年时，我告诉他，我住的宿舍楼要拆了，春节后就要搬出，新住宅还没装修，我要先到昌平一处别墅暂住一段时间……白羽没等我把话说完就接过去："维玲，搬家可是很累人的，你身体不行，一定要找人帮忙，一定，你记住。"他又告诉我，过了春节他也要住院，我说："您保重吧！这一段时间，我与您联系不方便了，等我搬到城里，我们再联系。"我在昌平一住 4 个月，7 月 29 日我给白羽打电话，告诉他我已经搬进城里，并把电话、地址告诉他。他告诉我："现在听电话费劲了，耳朵有点聋了。我也要搬家，这里太热了。"我知道白羽从 20 世纪 60 年代初搬进

　　红霞公寓，至今已经40多年了，他住在最高一层，夏天闷热难忍，对年老体衰的白羽来说，实在够呛！我问："您什么时候搬？"他说："很快。"我说："搬了家，让秘书小汪把电话、地址告诉我，我来看您。"——这才几天的事啊，而今他就真的走了吗？！

　　电话铃声响了，是洪溪打来的，他告诉我，一切属实。

　　我慢慢地站起来，慢慢地走进书房，望着摆在书架上的十卷本《刘白羽文集》和他晚年写的长篇纪实文学《心灵的历程》、长篇小说《风风雨雨太平洋》，以及2003年出版的最后一本散文集《天籁集》。我百感交集，潸然泪下。

<h2 style="text-align:center">一</h2>

　　今年是抗日战争胜利60周年，恰恰是十年前，抗日战争胜利50周年的时候，白羽的《心灵的历程》出版并深受好评，被誉为当代文学的重要收获。白羽为写这部恢宏厚重的作品，整整花了五年时间。白羽说："我写《心灵的历程》的经历也是很不平凡的。我的血液、生命和灵魂随着我的笔倾注在纸面上，这中间有欢乐也有悲哀，有舒畅也有苦涩，现在思之，还忍不住心中的激动。"白羽这里用了"激动"两个字，但这两个字可不是一般意义上的"激动"。他在《心灵的历程》的后记中有段话说得好："这不是蘸着墨水而是蘸着泪水写的。我精神上常常难以支撑，但已经燃烧的生命之火，怎能半途熄灭？！到1996年，我从事创作就整整60年了。我写了各种各样的生活，各种各样的命运，但把自己的血与泪、生命与命运尽情倾泻的还是《心灵的历程》。"白羽

以他坚定的信仰、坚韧的毅力、巨大的心血和不寻常的智慧和技巧写出了《心灵的历程》。在写作过程中，他的体力支出是超负荷的，四年中他跌了三次跤，两次摔伤头部，弄得他一用脑子头就疼痛得难以忍受。以白羽当时的身体状况来看，是很难写下去的，但他咬紧牙关坚持写作，终于在1993年5月23日这个令人难忘的日子，写完了最后一个字。当白羽把这部书稿交给我时，他笑着说："本来我是想写另一部长篇小说，是你坚持让我先写这本书，现在看，你对了。如果我写一部长篇小说，再来写这大部头的书，怕精力不足了。"当时我们都觉得这可能是白羽的封笔之作了。

1994年，与他相依相伴半个世纪的爱侣汪琦突然病逝，给了白羽精神上致命一击，一度使他失去生活下去的信心。就在这悲伤和思念之中，他突然记起汪琦生前说过的一句话："你一生未曾写过以女性为主角的作品。"就是这句话，点燃了白羽的创作之火，他以每天500字的进度开始了小说《风风雨雨太平洋》的写作，这一写就是四年，终于在80岁的时候完成了。白羽亲身经历了朝鲜战争，并两次赴朝采访，这部书就是以朝鲜战争为主线，上溯至中国劳工在美国修铁路，下延到20世纪90年代于飞赴美国寻找祖先于虎的遗骸。在哈佛大学进修的王亚芳，在面对苏雪梅无辜被杀害时，中华民族的自尊心和正义感让她勇敢地站出来，在美国掀起了一场声势浩大的抗议活动。小说一直写到1998年于飞、王亚芳回国登上上海东方明珠电视塔，眺望风风雨雨太平洋。白羽带着无限的爱和善，以中美两国历史的种种曲折为背景，写民族的命运、人生的命运，写中华民族的高贵品德和爱国情怀。我

刘白羽在写作

读过后曾说：这不是一部平平常常的长篇小说，而是从白羽心中流出的血泪。血泪中有他的亲情、真情和激情，有他的思念和深爱，也有他的愤慨和憎恨。他真的"写出了一个大世界""剖析了一个大宇宙"。

白羽在九年中写了两部长篇，180万字，当时他已是83岁的老人，多种疾病缠身，有时一天只能写50个字。但他坚持了下来，终于把两部长篇写完了，这简直是人间奇迹！中国文学界的奇迹！这以后的几年，他应报刊的约稿和即兴创作，又写了40多篇作品，共20多万字。白羽啊！一直写到最后的一个驿站，直到驾鹤西去，才放下笔。白羽在一篇怀念老友靳以的文章中，引了靳以《红烛》中的一段话："红烛仍在燃烧着，它的光越来越大了，它独自忍着那煎熬的苦痛，使自身遇到灭亡的劫数，都把光亮照着人间。"这段话，不也是白羽自身的写照吗？两位老人都是燃烧自己，照红了人间，都是不熄的红烛啊！

白羽一直非常赞赏苏联作家阿·托尔斯泰在《苦难的历程》中写下的一段话："在水里浸过三次，在血里洗过三次，在碱水里煮过三次，我们就彻底干净了。"白羽说，托翁这里想说明什么？说明做一个纯洁的人、一人真正的人是不容易的。白羽就是要争做一个纯洁的人、真正的人。白羽通过言行和作品，在人们面前展示出一个始终如一、光明磊落、真实本色的老一辈共产党员形象和人民作家形象。8 月 31 日，人们在 301 医院送别室为白羽送别，望着白羽安然自若的遗容，我忽然想到《心灵的历程》结尾处的一段文字："在结束这一漫长的心灵历程时，我两目炯炯，面带笑容，因为我的心灵属于那红色的未来，红色的大海。"白羽最终的归宿，不就是这样吗？

二

白羽写完《风风雨雨太平洋》后，身体一直时好时差，给我最明显的感觉就是行走艰难。1996 年我们去平谷郊游，那时他拄着手杖，和我们一起游金海湖，参观博物馆，观赏大峡谷，玩兴很浓。晚上回到宾馆，他还接待平谷的文化人，有说有笑，不显疲乏。但到了 2001 年，他已经很难外出了，就是在家中行走也要拄着手杖，还要有人搀扶才行。一次我去看他，他流露出不能自由外出的烦闷情绪，有时极想出去走走看看，可因为腿脚不行，只能坐在车里观看北京市的新貌，言语中给我一种无奈之感。

当时《青年文摘》在和敬府宾馆内办公，我知道白羽对古建筑有兴趣，便和洪溪商量请白羽到和敬府来看看。洪溪把我的想法与和敬府宾馆的经理王长顺先生讲了。长顺是一位尊老敬老的贤达人士，结识不少文化界人士，对白羽敬慕已久。他热情表示：只要白羽肯来，这里的一切都由他来操持。7月19日下午，我先到白羽家，然后由小汪开车，一起来到和敬府宾馆，洪溪、长顺早早等在宾馆门口。白羽下车，坐上轮椅，小汪推着，长顺充当导游，一直陪伴在白羽身边。这一天，不但参观了和敬公主府，还参观了离和敬公主府不远的孙中山先生逝世纪念地。当晚，长顺在宾馆内准备了一桌适合老年人的丰盛晚宴。

这个下午和晚上，白羽玩得开心，玩得愉快，席间还说了不少笑话。当我和小汪送白羽回家时，已近10点。两天后，我收到白羽一封来信：

维玲同志：

那天欢聚，极为快乐，不过这也许是我参与的最后欢宴了。我最近心绪不佳，因下肢浮肿，进行了一系列检查，先怀疑是肾脏有问题，跑了几次医院无法取证。昨天做B超，得到结论，是血管不畅通了，无法治疗。我倒也无大忧伤，人老了，这里腐蚀一点，那里腐蚀一点，最后汇总告终，此自然之法则也。倒也得到一喜！医生让我每天喝上一盏白酒，起疏通血管作用，倒也是一乐。

今日凉爽，灯下眼力聚足，写此信。

刘白羽
2001 年 7 月 21 日

我看过此信，很不安，立时给白羽回了封信：

白羽同志：

看到了您的来信，让我又喜又忧。

随着年龄的增长，生理上出现这病那病，是很自然的，这是每一个人都不可避免的，重要的是心理要健康。让我高兴的是，您心理永远是坚强的、乐观的，能科学地、辩证地看待自己身上发生的一切变化，这是长寿老人的共同点。客观地说，在同龄的老人中，很少有能与您的精气神相比的。19 日晚，我们聚会时，您的言谈举止，神情气色，哪里像 85 岁高龄的老者？至于血管不畅，不必看得太重，不畅不等于不通，而且人的身体自调能力极强，到了老年一些病症发展是十分缓慢的。腿肿有各种原因，您活动少，适当做做理疗还是必要的。朋友之间的聚会，是不能少的，对您的身心健康有益，今后我们还会安排。

我极赞成您每天喝点白酒，我过去就和您说过，现在医生也提出了，喝一点白酒，不仅有益于活血，对心脏也有好处。

俗话说，粮食的精华都在酒中。现让小芳把我珍藏了五年的
五粮液送给您，喝完了，我还有好酒送您。

　　视力好转后，还是要写《心灵的历程》下部，我认识一
位95岁的老人，近五六年就因为集中精力写自己的回忆录，
吃、睡、精神都很好。他的体质要比您差。还是医生说的，
每天写500字，积少成多，成大业。另外，午睡后，写写字，
您的书法自成一家，不能放下，而且写书法，也是一种运动。
为什么午睡后写呢？一是精神好，二是有利气血运行。看过
您的信，拉拉杂杂写了这些，言犹未尽，过段时间，我们再谈。

王维玲

2001年7月22日

　　几天后，我在七月号《炎黄春秋》上看到刘白羽、徐光耀关
于反右瓜葛的通信。白羽的信真挚强烈、至真至诚，那种痛切内疚、
严厉自责的精神，让我感动不已。而光耀高远诚笃的回信就更让
我感动了。光耀在信中写道："您的信，我们全家都很感动，一下
子使我对您的思想品德有了新的认识，纠正了我以前存留的某些
偏激看法。您是一位有党性的高尚长者。"但光耀在信中也指出："您
对待自己仍然过分了，过错是有的，谈不到'罪孽'，也无须'谢
罪'。以往的种种不幸，都不是您我之间的恩怨造成，那是一个时代、
一种体制造就的错误。个人可以承担某些责任，但不能承担主要的，
更非全部的责任。"光耀在信中还动情地写道："以超过八十的高龄，
能睁眼面对以往的过失，勇敢彻底地否定它，……使我对您更加

敬重了。"

　　不久，我到白羽家。在他那间不太大的客厅里，我俩面对面地坐在沙发上，又谈起徐光耀的信。白羽说："看《昨夜西风凋碧树》时，难以抑制自己的感情，难以推卸自己的责任，那封信是我内心感情的真实流露。你知道吗？丁玲平反后第一次出国访问，我看了她在美国的讲话，让我对她产生了无比敬重之情。一个受了那么多磨难的人，竟还是那么坚定坚强，我感动极了。她回国后，我便登门拜访，进门后，我说的第一句话就是：'丁玲同志，我今天向您道歉来了！'丁玲、徐光耀都有圣洁的理想、坚固的理想。"我说："徐光耀说得很对。您只能承担应该承担的部分责任，扩大了就不实事求是了。"讲到这里，我又谈到《心灵的历程》下部的写作："您当时是中国作协的重要领导成员，在仍健在的领导成员中，恐怕您是最了解情况的人了。我记得您说过，您有记日记的习惯，保留下了几十年的日记。《心灵的历程》只写到 1949 年建国，为何不把新中国成立后一直到 1998 年您离休这段经历、心灵感受写出来呢？刚好使《心灵的历程》这件艺术品完整起来。"

　　白羽庄重严肃地望着我说道："你说的这些，我都想到了，可是不行！有些人知道我最了解情况，就是想让我出来讲话、写文章。我宁肯遭诽谤、受中伤，也不能这么做！我的日记是我的，但又不完全是属于我的，它是党的。将来我死后，交给党，由组织上保存，按照党的原则和需要去处理。"讲到这里白羽两眼灼灼闪光，脸色红扑扑的。我怕再谈下去，老人情绪更加激动，而且我坐得已经够久了，于是起身告辞。

刘白羽与王维玲

　　在回家路上，我反复琢磨白羽的话。一方面我对老人高尚、坚定的党性原则由衷地钦佩；另一方面我仍不死心：白羽别的可以不写，但新中国成立后这段历史太重要了，白羽不写，谁写？在文学界没有比他更合适的人选了。

三

　　2002 年春节，时任《中华儿女》杂志社社长杨筱怀给我拜年时，我和他谈了这件事。筱怀与我不同，他没有那么多顾虑，他认为这是一件极有意义、有价值的事："不仅仅是白羽的日记，还有白羽脑子里的记忆。老人现在思路清楚，记忆力好，日记可以帮助他记忆，而记忆的恢复又可以丰富日记，现在就应该开始写。至于写出来，拿不拿出来发表、出版，那是另一回事。先写出来，比什么都重要。"筱怀表示，《中华儿女》愿意为他提供一切写作的方便条件。他要我陪他一起去看看白羽，和老人好好谈谈。

这里我要说说，白羽是很喜欢和年轻人接触的，特别是有朝气、有活力、说实话、干实事、讲实效、有才华的年轻人。从我第一次带筱怀拜访白羽，不过三五年，他就给白羽留下了良好印象，以至于白羽把《心灵的历程》、珍藏本《唐诗风貌——刘白羽编选手抄》都送给了筱怀。凡筱怀约白羽给《中华儿女》写稿，白羽从来没有拒绝过。发表在《中华儿女》上的名篇《我谈曾志同志》情境真切、有声有色、感人至深。

2002 年 6 月 13 日，我与筱怀来到白羽家，又坐在那间书画满壁的小客厅里。这天白羽的精气神特别好，筱怀滔滔不绝地叙说写《心灵的历程》下部的必要性，他建议白羽边看日记，边回忆，边讲边录音，先由他的秘书小汪整理。要人，《中华儿女》选派；要物，《中华儿女》提供。筱怀说："先不考虑发表、出版，先把文稿整理出来，放在那里。什么时候您觉得可以拿出来发表、出版了，再拿出来。"也许是年轻人的热情和坦率感染了白羽，他居然高兴地应允了下来。

这次，白羽兴致勃勃地谈到当年罗斯福总统的特使——卡尔逊的孙女下月要访华，对外友协要他接待一下。白羽说，50 多年前卡尔逊访问延安时，毛主席要他到华北敌后游击区看看，指定白羽全程陪同，还亲笔给他们写了一张路条。抬头是："八路军各

级将领"。就是靠这张通行证，卡尔逊走遍华北敌后根据地，会见
了贺龙、萧克、聂荣臻、彭真、吕正操、黄敬、徐向前、邓小平
等人，此后，这位美国人成了毛泽东的好朋友，成了中国人民的
好朋友。白羽说："当时毛主席还把他的想法和安排写成信给卡尔
逊，这封信是毛主席亲手写的，由卡尔逊带回美国，至今保存在
美国国家博物馆内。这次他的孙女访华，要把这封信的复印件带
给我看。"讲到这里，白羽无比高兴，同时流露出对卡尔逊的怀念。
筱怀当场抓住不放，要白羽写出来，在《中华儿女》上发表。白
羽写作的兴致被激发起来："你们《中华儿女》发？"筱怀说："一
定发。"白羽说："可能写得较长。"筱怀说："您写多长，我们都
给发表。"这事就这么定下来了。

　　真是"天有不测风云"，2003 年 8 月，筱怀竟因车祸殉职。
我在悲痛之际想到白羽，这个噩耗万一传到老人的耳朵里，对健
康会造成不利的影响。于是我拿起电话，告诉他筱怀遭遇车祸，
伤得很重，正在抢救中。我想先给他下点毛毛雨，果然如我估计
的那样，他异常震惊、不安的神情，从电话传来的声音里就能感
觉到。白羽一再叮嘱："有什么情况，随时打电话告诉我。"没想
到两天后的早上，六点刚过，白羽的电话就打过来，问我筱怀的
情况。我的心一悸——老人挂念着这件事，可能这两天都没休息好，
不能再瞒他了。于是我如实告诉他："车祸发生 20 分钟后，筱怀
就去世了。上次我怕影响您的健康，没有把真实情况告诉您。"白
羽说："我已经有了一种预感，这两天你一直没来电话，我就估计
到了。"接着又说："我的身体不允许我参加他的告别仪式，你替

我献上一个花圈。"我说："我办，您就放心吧！"

筱怀殉职后，他的生前好友和《中华儿女》的同人建议出版一本纪念文集。主持这本文集编辑工作的马林找我商量，想请白羽写篇纪念文章，我生怕提起筱怀使老人伤心，便要马林给白羽写封信。我认为白羽写最好，不写也不要再催，没想到白羽一口应允，很快就把文章寄给马林。这篇题为《魂兮归来》的文章虽不长，但句句见真情，充满一个老人对晚辈的钟爱惋惜之情。文中有一段文字，我摘录如下：

　　筱怀，是一个把全部生命都扑在工作上的人。他只有工作，没有自己，就是累病休息在家，也一刻不停地筹谋着、策划着，为《中华儿女》想出几个题目，准备走访几条线索。使我最痛心的是他风华正茂，事业兴隆，如日东升，他还有许多设想，很多安排。有一天，筱怀和维玲到我家里开怀畅谈，意兴风发，现在细细回想起来，他谈的还是工作，谈《中华儿女》事业的更大发展，更大辉煌。他听我谈起美国人卡尔逊，听到我手上有一批材料，立刻动员我写一篇文章给《中华儿女》发表；当维玲谈到我的回忆录《心灵的历程》时，筱怀凭他灵敏的感觉、职业的机能，立刻约我写《心灵的历程》下部，因为《心灵的历程》只写到第一面五星红旗在天安门升起，他立刻动员我写新中国成立以后的经历。我说新中国成立后的事情太多，经历复杂，这样大的一部书，谁给你出？他立刻说："我给你出！你什么都可以写，什么都应该写，这将是建国史的伟大画卷。"临别，他还紧紧握着我的手，执着、恳切地说：
"你一定写——我给你出，我给你出。"从这一次见面，我
更加欣赏筱怀，更加喜爱筱怀，他总是以一种深厚的诚意为
他的事业获取可用之材。他的鼓动力量，激起我的写作热情。
我被筱怀感动了。我真的动手写起来。

2004 年 5 月，小汪打电话告诉我，回忆卡尔逊的文章已经写
完，三万字，我立刻通知《中华儿女》杂志社的社领导。那天去
白羽家的，有社长石国雄、副总编辑陈安钰、办公室主任张晓莉，
还有一名摄影记者同行。行前，国雄打电话问我：白羽有什么爱好？
我笑着说：一爱买书，二爱买花，三爱研究食谱。国雄也笑了："那
我们就把《中华儿女》出版的新书选些送给他。"白羽见到《中华
儿女》的社领导，格外高兴。国雄、安钰送上一大摞新书，晓莉
献上鲜花，摄影记者不停地拍照。白羽说："这是筱怀约的稿，不
写完就觉得欠他一笔债，心里总觉得愧疚，谁知一开头，竟断断
续续地写了一年，写了三万字。一年，对历史只是一瞬，可对筱
怀却是永远了。"说着白羽把整整齐齐的一摞文稿和有关卡尔逊的
照片交给国雄。国雄手捧文稿，安钰翻着照片，两人见这位 87 岁
的老人对《中华儿女》如此关爱和支持，都显得格外激动。很快，
《中华儿女》在这年七月号和九月号把文章全部刊出。白羽收到刊
物后，立即打电话给我，对《中华儿女》的工作效率和文章的版
面设计表示十分满意。

当我回忆这段往事时，深感白羽对《中华儿女》的厚爱和深情，

心中很不平静，也很怀念他。时间不过两年多一点，这一少一老都走了，让人痛惜不已！我还想到，回忆卡尔逊的文章，可能是白羽写的最后一篇较长的纪实文学，这就更值得纪念了。

四

2004 年 10 月下旬的一天，白羽叫小汪来接我，说有要事商量。我知道白羽对自己的要求是很严格的，公与私的界限分得清清楚楚。以往他叫我，或我去他家时，他考虑我身体不好，曾提出让小汪接我送我，我都断然拒绝了。这次白羽不容商量派车来接我，肯定有重要的事。

我已经有半年多没见到他了，只知道他在这期间又住了一段医院，我也很想看看他。见面后，给我最明显的感觉是老人更衰弱了，已经不能自行走动，完全要靠工作人员搀扶，而且起步艰难，行走极慢。但他的气色、精神还是很好的，思维还是那么敏捷、清晰、周全，谈吐还是那么有分寸、有气度。原来他是找我研究拍电视连续剧的事，浙江一位制片人看上了《心灵的历程》，想投资拍 30 集电视连续剧，有关领导和部门都很重视。一开始白羽很高兴、很支持，但过后几经思考，觉得难度很大。首先是这部书时间跨度长，地域涉面广，党政军文各方面人物众多，事件也多，改编起来是很费劲的。据他了解，到目前为止还没有物色到合适的编剧。他说："没有合适的编剧，就很难写出一个好剧本，没有好的剧本，就很难演好拍好。搞不好浪费资金，还不如不搞。"此外，他还有一个顾虑：《心灵的历程》是以我的经历为主线，这是大

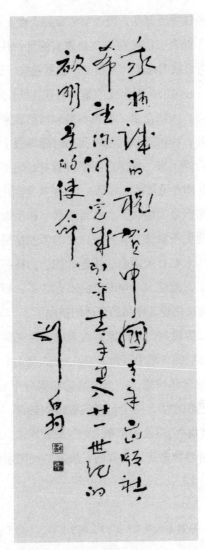

刘白羽对中青社的寄语

家都知道的。现在我还健在，把一个活着的人搬上银幕，演得好，演得差，我都不好表态。亲朋好友会评头论足，社会上也会说三道四，难啊！所以我考虑来，考虑去，还是先放一放为好。"

当我知道《心灵的历程》要改编为电视连续剧时，非常高兴，这本书内容丰富，人物众多，思想容量和情感容量都很大，拍出后将是一部巨片，而困难和问题，我当时想得很少。现在经白羽一说，我开始冷静下来，觉得白羽想得很对，想得深远。这时我想起白羽的好友柳青说过的一句话："凡是从实际出发的事情，即使做的时候不那么令人愉快，也不得不做；相反地，不从实际出发的后果，可能更不愉快！"我想白羽的考虑是很及时的，他让我向热心的制片人和有关同志转述他的想法，我一口应允。现在白羽已经远去了，他后一个顾虑已经不存在了，剩下的就是寻找一位熟悉白羽而又热爱其作品的合适的编剧了。

白羽一生，为民族、为国家、为人民、为文学贡献很大。我曾在一篇回忆白羽的文章中写道："他一个人身上集中了一个忠诚的共产党员的信念和理想，一个纯真的知识分子的正义和良知，一个作家的情感和才华，一个记者的敏锐和勤奋，一个散文家的纯醇之美的感情世界，以及一个军人的气质和风采。这些融为一体，把白羽个人的情感和命运，与党的、民族的、国家的命运紧紧地联结在一起。"

（原载《中华儿女》2005年9月刊，《北京日报》全文转载）

白羽百年，音容宛在

　　2005 年 8 月 24 日午饭前，刘白羽在室内活动时摔了一跤，头部出血，当即送往医院，仅 3 小时后，他便在沉静中安详地离去。白羽的逝世实在太突然、太意外了，我怎么也忘不了……转眼间 13 年过去了，他的音容身影仍不时缭绕在我的眼前。记忆中的一些往事，常常徘徊在心头，于是我又一次拿起笔，记录下这一切，以此纪念我心中的白羽。

与白羽相识相交

　　粉碎“四人帮”后，中国青年出版社全面恢复出版业务，之后出版了刘白羽的长篇传记文学《大海——记朱德同志》《心灵的历程》等，我和白羽的接触也因此多了起来。20 世纪 80 年代末，由他和林默涵倡导创建的中国传记文学学会，指定我担任秘书长、副会长，并在他的领导下成功举办了第一届、第二届中国传记文学优秀作品奖评选活动，我们之间的关系也就更加密切了。2001 年，白羽 85 岁了，不再担任会长，便写信给中国文联推荐我接替会长职务。他是学会的创始人，怎么变，这一点不能变，大家一致拥戴他担任名誉会长。至今，学会的领导班子已经换了两茬儿，但人们还是经常谈起他，始终不忘他对学会的贡献。

一生偏爱散文，钟情军事文学

　　白羽一生热爱文学，特别偏爱散文。他的 90 万字长篇传记文学《心灵的历程》出版后，他一直称之为长篇散文系列，不肯说是长篇传记文学。无疑，白羽是中国为数不多的散文大家，他给人们留下的《长江三日》是散文中少有的佳作，写出了三峡之美，写出了长江流动之险，写出了长江的灵魂，把急流勇进之美同他一生追求的优美和壮美融成一体。似《长江三日》这样的散文名篇，还有多篇，仅散文集他就出版了《红玛瑙集》《芳草集》《海天集》《秋阳集》《天籁集》五本。白羽的散文抒情有个性，叙事有哲理，气势蓬勃，内容丰富，文采斐然，特色鲜明。这可不是一日之功，不是偶然所得，而是终其一生长期积累，受各方面的熏陶，手不释卷笔不停耕，最终才能激情喷涌，落笔有情，形成绝唱。

　　白羽也写了不少小说，有长篇，也有中短篇小说集。在文学创作题材和形式上，白羽是多元化的，但他一直强调，我的文学是军事文学。"军事文学"四个字，在他的思想上占重要位置，他说过："南下作战，从松花江到长江，从零下 40 摄氏度的严寒风雪到零上 40 摄氏度的酷热炎天，经历了那场最后的决战，我写出了长篇小说《第二个太阳》。而在东北冰天雪地、战火纷飞的三年，血与肉、生与死的大搏斗，惊天动地苦苦鏖战的经历是我永生不会忘记的！特别是在战壕里，那些可亲可敬的班长、排长、连长，和我紧紧地握了一下手，说了句：'我上去了！'接着就听到他们在火线上壮烈牺牲的消息。这样的诀别，已经让我忘记了牺牲的悲痛，只记着那些摧枯拉朽、塑造辉煌的战友们。到了晚年，我再回忆起这些经历，强烈的爱和恨冲击着我的心，我深深感到战争是残酷的，又是瑰丽雄伟的，像淬炼钢铁一样造就了我们这一代军人的伟大人格和不朽形象！"就这样，他通过《心灵的历程》写出了军人的品质、修养、理想、人格，塑造了多彩的、丰厚的、立体的军人群像。

热爱文学，热爱艺术

白羽热爱文学，也热爱艺术，热爱字画和陶器。一次，他和我谈起"文革"中经历的一件无比痛心的事：中华人民共和国成立之初，隆福寺地摊上有无数珍宝，他常常满怀兴致地徜徉此地，每次都选购一两件心爱之物。久而久之，他购得的宋瓷摆满了一书柜，每次擦拭喜之又喜，爱不释手。让他痛心的是，"文革"抄家时那些粗野无知的来者，当着他的面把一件又一件宋瓷摔得粉碎！说到此处，他无比气愤地说："什么叫野蛮、浩劫、罪恶、无知，这才是！"唯一幸存下来的一件古瓷瓶，又在 1976 年大地震时从条案上跌落在地摔得粉碎。从此，白羽和古瓷器彻底告别。后来放在白羽书柜中的一些小摆设，大都是"文革"后出访时买的，或是朋友们送给他的小工艺品，无法与那些失去的宋瓷相比。即使是这样，白羽仍有一些古代、现当代名家的书画作品。他生前就留下遗嘱——这些书画连同他的书籍、文房四宝和柜中摆设，全部捐献给中国现代文学馆。此举绝非寻常之举，再一次显示了白羽无私纯净的人格魅力和胸怀气度。

白羽心中的管桦

2002 年 5 月中旬，我和《中华儿女》杂志社社长杨筱怀去看白羽，和他研究中国传记文学学会和《中华儿女》杂志社如何纪念毛泽东《在延安文艺座谈会上的讲话》（下文简称《讲话》）60 周年的事。一谈起《讲话》，白羽就来了兴致。

1942 年春，白羽是延安文艺界抗敌协会（简称"文抗"）的党支部书记，当时"文抗"会聚了一批来自四面八方的文艺界人士，人才荟萃，令人瞩目。一天，毛主席派人把白羽叫到他的窑洞，和他讨论文艺方面的问题，并要他回去后邀请文艺界的党员作家议一议，听听大家的意见。实际上，当时毛主席向白羽提出研究的几个问题，就是后来《讲话》引言中提出的问题。对毛主席交下的任务，白羽是很重视的，他根据毛主席的指示，扎扎实实地走群众路线，认认真真地调查研究，并且把调查报告整理得详详细细向毛主席汇报。毛主席十分仔细地听他汇报，自始至终没有插话，那专注的神情让他一生不忘。听了白羽这段话，我和筱怀都很激动，当即决定我们两家联合在 5 月 23 日召开纪念《讲话》60 周年座谈会。在研究参加座谈会名单时，白羽提出请管桦参加、讲话。

白羽与管桦的关系很好，这不仅因为白羽是中国传记文学学会会长，管桦是顾问，还因为二人在文艺思想和审美趣味上相通相近。白羽说过，管桦是一位有成就的作家，他创作的《小英雄雨来》教育了几代青少年；同时他又是一位受人喜爱的画家。在白羽的餐厅里，就挂了一幅全张的墨竹画。白羽说，管桦画的墨竹，

上图　1990 年刘白羽夫妇到重庆，在汪琦好友歌乐山牺牲烈士胡南
　　　雕像前

下图　1985 年在中国青年出版社成立 35 周年茶话会上（左起：邓刚、
　　　王维玲、刘白羽、宋学武）

既有个性，又有特色，人们称之为"管家竹"是当之无愧的。

当我代表白羽邀请管桦参加纪念《讲话》60周年座谈会时，他一口答应。管桦这人朴实、憨厚，凡答应的事，绝不马虎。开会那天，我发现他竟用毛笔在八开的大稿纸上密密麻麻地写了五页之多。当时天气已经很热了，从我邀请他参加到他发言，只有两天时间，他却写出了这么一大篇讲稿。管桦平和地、清晰地讲道："古语云，文之患在道少，人之患在祸多。教育为文者，不学道理是不行的。我们学习贯彻《讲话》精神的中心点，就是为人民服务和如何为人民服务。国家、民族、个人要生存，要前进，精神力量是很重要的。我给朋友们写字，常写这么一句话：'精神乃生命自身搏击之力量。'要是没有为人民服务的精神，就没有了生命自身搏击之力量。特别为文不行。你就算是党、政、军干部，一个小姑娘就可以把你打倒，几张钞票就把你压趴下。所以我认为学习《讲话》首先要学它为人民服务和如何为人民服务的精神。"管桦这些话说得多好，朴实浅显，一听就懂。

第二天，管桦打电话给我："昨天会开得好！你们组织的座谈会和我参加过的就是不同，不仅有文艺界人士，还有教授、学者、医生、记者、现役军人和宗教界人士，这就说明纪念《讲话》不光是文艺界的事。重温《讲话》，就是要与时俱进，团结社会各方面人士，共同开创一个文学繁荣的新局面，才能弘扬先进文化……"讲到这里，管桦很有兴致地说："今后有这样的活动我还参加……"

仅三个月后，管桦因突发哮喘，心力衰竭病逝。当我把这个噩耗告诉白羽时，白羽发自内心地惋惜，不住地说："太可惜了，太可惜了，他只有 81 岁呀！走得早了！"我告诉白羽，管桦是在河北唐山丰润县女过庄去世的，1940 年他就是在那儿参加革命的，这次是因为北京天气太热，全家回乡避暑，没想到就因为一口痰咳不出来，心力衰竭去世了。我说："管桦一生热爱家乡，这一次他真的是从故里驾鹤西去了！"白羽说："他魂归故里！"我告诉白羽，我决定亲自赴唐山，参加管桦的告别仪式。白羽说："你替我送上一个花圈，以表示一个老战友对他的哀思和怀念！"

晚年的心血之作《心灵的历程》

人们讲起中青社出版的文学读物，就会想起"三红一创"、《李自成》等，常常忘了 1994 年出版的一部恢宏厚重的书，这就是刘白羽的 90 万字长篇传记文学《心灵的历程》。这本书是白羽晚年的心血之作，我曾在中国作协召开的一个座谈会上，对《心灵的历程》做过这样的概括："我不敢说是绝后的，但我敢说是空前的。"这是因为《心灵的历程》有这样四个特点：

第一，人物之多，是长篇传记文学中少有的。从党的领袖人物到党政高级领导干部，从军队老帅到各级军事指挥将领；从文化名人到众多的知名作家，从家人亲人到国际友人，还有国民党的头面人物和战争罪犯。有名有姓、有血有肉、有个性特征的人物，就有 100 多个。毛泽东、周恩来的事迹非常集中，非常完整，是非常重要的珍贵回忆；其他人物多数是片段和剪影，却也活生生的让人难忘。

第二，作品描写的地域之广，也是长篇传记文学中少有的。《心灵的历程》几乎写了大半个中国，从北平开始，最后回到北平，中间写了上海、南京、武汉、延安、重庆、哈尔滨、长春、沈阳等十多个城市和地区。

第三，作品包含极大的生活容量和深厚的情感容量，从学徒到知名作家，从党的文化工作者到战地记者，再到文艺部门的领导干部。白羽把自己的人生经历，与党、国家、民族命运紧密相连，反映了一个时代的社会的、历史的丰富内容，反映了旧世界的毁灭和新世界的诞生；而且内容广阔，多层面，既有深度又有广度，可以说是一面历史的、时代的镜子，可以触动和唤起每一个有相近经历的人的联想和共鸣。

第四，似《心灵的历程》这样的书，不是什么人都能写出来的。白羽有丰富的经历，有特殊的条件，有自身的优势。在他一个人的身上，集中了忠诚的共产党员的理想，纯真知识分子的追求，作家的才华，记者的敏锐，散文家的纯醇之美和军人的良好素质，这些融为一体，才使这部作品有这样的内容，这样的面貌，这样的水平。白羽一直说，《心灵的历程》是长篇系列抒情散文，实际上也可以说是长篇散文传记。我想，白羽所以用"抒情散文"四个字，就是因为《心灵的历程》是纯醇之作，纯朴、纯真、纯净、纯厚，这是白羽追求的艺术之美。千古文章贵真情，言有尽情无穷，这是审美价值所在。从仅有的 500 字前言中，也可以感受到这一点，这是一篇概括性很强，既深厚又优美的散文佳作，包含了刘白羽的理想情操、精神气质、真挚情感、人格良知，他的激情、痛苦、血泪、欢乐、愉悦。没有坚强的意志和品格，是写不出《心灵的历程》的。白羽说："我写了五年，我的血液、生命和灵魂，随着我的笔倾注在纸面上……身体不好的时候，一天只能写 50 个字，但我坚持下来了，最终在 301 医院病房里写完了这部长篇。所以我说写作是一种人生的信念，是对人的意志的考验。"

"有巴老、关老的首肯，我心足矣"

白羽与巴金的关系是很不寻常的。在白羽的心中，巴老是"伯乐"，是良师，是他走上文学之路的引路人。在 60 多年的文学生涯中，他始终不忘和巴老的情谊。1936 年，20 岁的白羽应邀到上海，在好友靳以引见下结识了巴金，当时良友出版公司出版的《一九三六年短篇小说佳作选》，是由当时文坛一批著名作家推荐编选而成的，靳以选了白羽的《冰天》，叶圣陶选了白羽的《草原上》。刚刚步入文坛的刘白羽，看到这个集子后高兴地说："这对我是太大的鼓励了，我从来没有梦想过发表作品的第一年就受到如此高的奖励。"几天后，巴金、靳以等邀白羽到冠生园聚会，交谈中，巴金对白羽说文化生活出版社要出版一本他的短篇小说集，问他同意不同意，这又是白羽完全没有想到的。他高兴得难以抑制自己："我连一篇剪稿也没有带来啊！"巴金从提包中取出一个纸包："我已经给你编好了，只要你自己看一遍，看看有没有需要修改的地方。"白羽接过来打开一看，是他 1936 年发表的 6 个短篇小说，已经剪贴得整整齐齐，小说集以作品《草原上》为书名。这件事对当时的巴金来说，也许是一件很小的事，但对白羽来说，却是决定他走上文学创作之路的大事。所以半个多世纪以来，白羽始终把这件事牢牢记在心中，对巴金充满感激之情。

1939 年，巴金应上海文化出版社之约主编"文学小丛书"，刘白羽的短篇小说集《蓝河上》是其中的第一部。在这套小丛书出版的时候，白羽已经到革命圣地延安去了。他很多年来一直没看到过这本书，没想到 45 年后的 1984 年，巴老从上海给他寄来一本书，打开一看，正是他苦苦寻找的《蓝河上》。巴老在保存了 45 年的小说集的内封上用钢笔写下两行清秀隽永的字：

仅有的一册，赠白羽同志。

巴金·1984 年 6 月 29 日

白羽手捧这本几十年来未曾见过面的心爱之作，既喜不自胜，又激动不已。历经 45 载，经过十年浩劫，巴金依然把这本书保存下来，巴老对他的深情厚爱已经难以用文字表述了。

1995 年 11 月 2 日，中国作家协会、中华文学基金会、华艺出版社联合在人民大会堂举行"刘白羽创作生涯 60 年纪念暨《刘白羽文集》出版首发式"活动后，刘白羽想到上海看望巴金，向巴老赠书。这年的 11 月 25 日，在巴老 92 岁华诞的时候，80 岁的刘白羽专程从北京来到上海为巴老祝寿，向巴老赠送《刘白羽文集》和花篮。花篮上写着："我以五十九年友谊的深情，祝您诞辰快乐。"见到巴老时，他无比激动："我的第一本书是您给出的，现在交上一份不合格的答卷。"白羽就是这样，始终不忘巴老的扶植和情意。

白羽每次和我谈起《心灵的历程》的写作，都会谈到巴老。他说："每次与巴老见面，必谈俄国伟大的思想家、政治家、文学家赫尔岑写的120万字长篇回忆录《往事与随想》。巴老一再向我提出，希望我促成这部大书在中国出版。"巴老的建议，白羽牢记在心，并当成一件重要的任务去办。他每年给人民文学出版社总编辑陈早春写一封信，一连写了三年，终于促成这部书的出版。白羽立即买回了一部，通读全书后狂喜不已，用三个"太"字来概括读后的心情——太美了，太动人了，太深刻了。他还说："只有赫尔岑之人，才能写出赫尔岑之书，只有人品之极致，文品之极致，其奇文才能极致，才能成为美文。《心灵的历程》在很大程度上是受这部书的影响。"

《心灵的历程》出版后，白羽立即给巴老寄了一套。1996年巴老在杭州休养时，曾叫人念给他听。巴老听后无比高兴，和白羽通电话说："这本书只有你写得出来，也只有你能写，写得好啊，我感动得很！感动得很！"巴老特别提到书中有关萧珊（巴老夫人）的描写，"你写得好，你写得好啊！"说时很激动。

由白羽签名寄出的《心灵的历程》只有两部，一部寄给巴老，另一部寄给国画大师关山月。白羽与关山月的友谊也是很深的，白羽家的客厅就悬挂着关山月画的大幅墨梅，老干如铁，苍劲有力；新枝如剑，神采飞扬。20世纪90年代，我在301医院白羽的病房内第一次见到关山月，他精神矍铄，气宇轩昂，侃侃而谈，幽默风趣。当时，张洪溪、李玲修也在，关老还兴致勃勃地与我们三个人合影。

白羽与关老互相关爱，终生相念。白羽给关老寄上《心灵的历程》，对于这部近百万字的书，他不是想请关老看，而是表达对关老的敬重和忠贞，没想到关老竟全看了，还给白羽写了信：

白羽同志：

别后时在念中！怪我久疏问候，请多多见谅！我近来因视力衰退，读书看报很费力，你的大作《心灵的历程》是一本最好的近代革命史，我一鼓作气在读，到今天才算草草读完。虽然我没有你一生丰富的经历，但由于我们是同时代人，所以读起来很亲切，很受感动，很受鼓舞。从文集的序言和年表里得知你1916年出生，今年80大寿，现寄上《心灵的历程》读后感赋七律一首，楹联一副，不揣冒昧地寄上留念。

刘翁身世识秋冬，
石山寒梅雪里红。
走西奔东烽火线，
出南入北死生中。
革命征途光明史，
人生正道造化功。
大地回春谁主宰，
心灵经历鼓雄风。

　　白羽对我说，《心灵的历程》有巴老、关老两位大师的首肯，我心足矣！

2018 年 1 月于定慧东里

吴祖光推荐王莹的两部长篇小说

《宝姑》《两种美国人》是 20 世纪 30 年代中国左翼戏剧家联盟成员、著名演员王莹留下来的两部长篇小说手稿。她多才多艺，演过电影、戏剧，写过小说、散文，在演艺界人缘很好，颇有影响。

她主演过夏衍的著名话剧《赛金花》。江青争演《赛金花》一角，就是发生在王莹身上。当时王莹虚怀若谷，表示退让，但人们对渴望声名、能哭善吵的"蓝苹"（即江青）不买账，最后还是王莹中选，而且一炮打响，演出十分成功。这次争演主角的矛盾和冲突，江青耿耿于怀，在 30 年后的"文革"中对王莹下了毒手，把她诬为"30 年代幽灵""叛徒""美特"，关进死牢。因精神和身体长期受摧残，王莹于 1974 年 3 月 3 日含冤去世。

粉碎"四人帮"后，与王莹同时入狱的她的爱人谢和赓被释放，得知爱妻被害去世，他精神一度失常。为了纪念王莹，他用了几年时间，把王莹留下的两部手稿整理出来，交给老友吴祖光先生。祖光与王莹是很相熟的朋友，他满怀追思，决心把两部作品出版。祖光把自己的想法和当时姚雪垠的助手张葆莘说了，葆莘当时就在中青社内办公，他说："你给我，我给王维玲，由中青社出版吧！"祖光认识我，他说："好，就交给中青社吧！"

葆莘拿着一个白布包袱来到我的办公室，里面包着王莹的两

吴祖光（1917—2003）

部遗稿。把稿子交给我时，葆莘对我讲述了上述这一切，我预感这是两部不寻常的手稿，对葆莘说："感谢祖光对中青社的信任，让他放心，我现在就看稿子，争取早日出版。"

　　无论是王莹，还是她留下的手稿，都是十分珍贵的，既有历史意义又有出版价值，所以我对祖光和葆莘有说不出的感谢之情。这两部作品已经出版 30 年了，许多同志都忘了，让我借此机会多说上两句。

先说王莹

王莹，1913年，安徽省芜湖市人。15岁参加革命活动，当时她在长沙市湘雅护士学校上学，因给地下党递送情报，被国民党政府察觉，下令抓捕。湘雅的同学得知这一消息，迅速通知她离开长沙。逃抵南京后，她写了一封公开讨伐信，痛斥国民党在湖南镇压进步势力、屠杀群众的罪恶行为，指控国民党湖南省主席何键是个凶残的军阀。她还把这封信抄了一份，直接寄给双手沾满共产党员鲜血的何键。

1928年秋，"四·一二"大屠杀开始后，王莹在地下党组织的保护下从南京潜入上海，在浦东横缅一个乡镇小学教书，过了一段隐蔽生活。1930年3月8日国际妇女节这天，王莹加入了共产主义青年团，同年入党。这年王莹17岁，党组织为了培养她，送她进入复旦大学学习戏剧、文学。1930年8月上海成立中国左翼戏剧家联盟，她这才公开露面，和左翼戏剧家一起反对国民党反动派的文化围剿，参加由进步、爱国的文化界人士组织的游行示威和各种群众活动。她处处走在前面，与国民党军警和帝国主义租界的巡捕作斗争，其间四次被捕。她长期在夏衍同志领导下工作，国民党企图抓捕夏衍同志，妄图从她口中问出夏衍的下落。她受尽折磨，但守口如瓶，始终没有把夏衍的居处告诉敌人。

1932年起，在党的领导下，王莹相继参演了许多反封建、反帝和宣传抗日的话剧和电影。由她主演的话剧有《压迫》《塞上风云》《放下你的鞭子》《夜光杯》《卢沟桥》《自由神》《台儿庄血

1943 年王莹在美国耶鲁大学

战》《元配》等。其中最轰动的是她主演的《赛金花》，讽刺国民党对敌人实行"磕头外交"，其锋芒所向，直指蒋介石政府。这出戏在上海演出时，群众日夜排队购票，人山人海，盛况空前。为满足观众要求，剧团安排日夜两场，仍场场满座。空前的热烈场面引起国民党的嫉恨,派特务人员到剧场捣乱,向舞台上抛掷痰盂,呼喊叫骂，试图制止演出。但王莹等人不畏强暴，坚持演出，台下观众也不为恐吓所动。敌人未能得逞，王莹等人却在政治上获得了巨大影响。后来《赛金花》到南京连演一个月，也是日夜两场，场场满座。比邻演出的是梅兰芳剧团，王莹对梅兰芳的为人十分敬重，对梅兰芳艺术也十分敬佩和喜爱。她主动送上花篮，表示祝贺，梅兰芳立即回赠一个花篮，表示互贺。16 年后，王莹从美国回到祖国，在一次宴会上，梅兰芳记起 1939 年在南京的这段往事，十分高兴地祝贺王莹归来，鼓励她努力工作，祝她事业有成。

这一时期王莹还主演了四部影片，有表现争取妇女解放的《女性的呐喊》《自由神》；有以反封建为内容的《铁板红调录》；有宣传团结抗日的《同仇》。电影公演后，受到观众的热烈欢迎，对妇女解放运动和团结全国人民进行抗日救国，起了良好的宣传作用。

1935 年她参加演剧二队，奔赴前线宣传抗日。他们步行了 15 个省区，为前线士兵和农民演出。1939 年她担任"新中国剧社"副团长兼主要演员，赴东南亚一带为侨胞和国外人士演出，还把募集到的 1300 元新加坡币全部捐给祖国，用于抗战。

王莹在文化界、演艺界有很好的口碑。她结交了夏衍、田汉、赵朴初、阳翰笙、阿英、司徒慧敏、洪深、梅兰芳、徐悲鸿、老舍、巴金、赵清阁、冯亦代、吴祖光等一批诗友，大家提携她、扶持她、鼓励她、帮助她。她待人真诚、本色朴实，大家都喜欢她，乐意接近她。1939 年王莹率"新中国剧社"在南洋一带演出抗日街头剧《放下你的鞭子》，徐悲鸿亲自为她创作大幅宣传画，在王莹劫后留下的照片中，就有他二人的珍贵合影：1941 年香港被日寇占领，为避免暴露身份，王莹化装成尼姑，和夏衍、范长江、金山、司徒慧敏、金仲华、蔡楚生等一起逃离香港，安全回到重庆。到重庆后，周恩来和邓颖超接见了王莹，王莹向周恩来汇报剧团在南洋各地的演出情况。

1942年王莹和丈夫谢和赓离开重庆，经印度去美国。出国前，周恩来亲自接见他们，勉励他俩在国外努力学习工作，搞好与美国人民的关系，争取美国人民支持中国抗战。到美国后，她在耶鲁大学文学系学习，在邓肯舞蹈学校学习舞蹈，还抽出时间到各地旅行，发表演说介绍中国抗战，呼吁美国人民要求当局迅速开辟欧洲第二战场，打击德国纳粹势力和日本帝国主义。她应美国政府邀请，到白宫演出《放下你的鞭子》和演唱中国抗战歌曲，受到罗斯福总统夫妇、华莱士副总统和内阁官员的热烈欢迎。演出结束后，罗斯福夫人和她合影留念，并率她的子女和美国政府礼宾官员送她到白宫大门，罗斯福的三儿子给她提着皮箱。

1948年6月，旅居美国的爱国人士冯玉祥告诉王莹和谢和赓，他响应中国共产党的号召，准备回国参加新政治协商会议的筹备工作。冯玉祥对王莹和谢和赓这对小夫妻有很深的情、很深的爱，特别是对王莹把抗日的歌曲从上海滩唱到南洋又唱到白宫，十分佩服。冯玉祥即兴挥毫画了两张画，一张是仿齐白石写意画的一头牛，一张是水彩画牵牛花。他风趣地说："我给谢先生画的是牛，我给王小姐画的是牵牛花。祝愿王小姐牵着牛，百年偕老，祝愿谢先生做一头永远为民众而奔忙的牛。"

再说《宝姑》

王莹的童年很不幸，生母去世后，后母把她视为眼中钉。还在上小学时，她就被卖给一户人家当童养媳。她不堪虐待，逃婚到武汉，由舅母介绍进入一所教会学校，这时正值大革命风暴席卷中南，王莹和进步同学一起参加了北伐大革命的活动。《宝姑》这部自传体小说，就是写她对童年的回忆，贯穿着对古老祖国的眷恋和对旧社会和恶势力的憎恶，是一部反抗封建家庭、争取新女性自由解放的小说。当时她在美国，为写这部书日夜劳作，先用中文写，再由她的好友——致力于中美友好的作家浦爱德小姐译成英文。这部书稿因美国政府推行的"麦卡锡移民法案"，未能在美国出版。"文革"后，王莹家几次被抄，中文原稿已残缺不全，幸好浦爱德这时担任美中友好协会的名誉会长，她将《宝姑》的外文译稿寄给了谢和赓，谢一边整理旧稿，一边对照外文译稿，最终使《宝姑》得以在中国出版。

夏衍在这两部小说的序文中写道："从三十年代开始，王莹就爱好文学，她耽于阅读，好学深思，文思敏慧，行文细腻，叙事委婉，我相信她的这两部小说一定能得到知音者的赏识。"《宝姑》的清样排出后，《收获》杂志分两期转载，反响之好，都在人们的意料之中。文艺评论家王子野著文说："有些作品听人说如何如何的好，让你非读不可，但读过之后也不过尔尔，很感失望。有些作品事前不了解内容如何，带着探险的精神去试试。开始时担心能否读得完，可是大出意料之外，越读越有兴趣，要放也放不下，读完还有不满足之感。我读王莹同志的自传小说《宝姑》时就是怀着后一种心情。王莹同志是著名的话剧、电影演员，这是人所共知的，但她有如此出色的文学才华，在读《宝姑》之前，我是毫无所知。世界上有不少名作家如卢梭、高尔基、马克·吐温、海伦·凯勒等都留下了脍炙人口的自传小说。王莹同志的《宝姑》能否和那些作品比美，这有待于历史的考验，但无论如何总是一朵鲜花吧！"

让人高兴的是，王莹的许多老朋友一听说《宝姑》要出版，纷纷出主意提建议。首先是吴祖光和冯亦代，他们提议请茅盾题写书名，请夏衍为两书作序，请丁聪为《宝姑》设计封面、绘制插图。这些都一一实现，茅盾、夏衍和丁聪三位大家的献身，使《宝姑》在历史感、艺术性上更加突出，可以说是 20 世纪 80 年代初中青社出版的最具特色、最漂亮的文学作品。

三说《两种美国人》

王莹夫妇在美国工作生活了 13 年，还结交了一大批心地善良、待人热情、仗义勇敢、可亲可敬的美国朋友。但是自 1952 年 6 月美国国会通过了声名狼藉的"麦卡锡移民法案"后，所有居住在美国领土上的外国人便不能在这个国家安居了，他们每三个月就要把住处和行踪向移民局报告一次，移民局可以随时把人叫去问话，填写名目繁多的表格。这些行为，让居住在美国的侨民精神上受到威胁，生活上失去保障，特别是从中国来的有影响的侨民，处境更加严峻，如果不入籍成为美国公民，就以违反移民律为由坐牢罚款。移民局要求王莹夫妇入籍，遭到拒绝后就逮捕了他们。被捕时，夫妇二人从容不迫、神色平静地把书、笔记本、墨水、稿子、换洗衣物、生活用品等一一放进手提包，然后通知朋友、律师，

《宝姑》封面
（封面题字：茅盾　封面设计：丁聪）

向邻居告别。

在狱中他们受尽折磨、歧视、侮辱，明明不是罪犯，却被当作罪犯对待。他们被强迫换上囚衣囚裤，随身携带的物件统统被收进监房。夫妻俩分别住进男女牢房，和强奸犯、杀人犯、吸毒犯关在一起，接受的是犯人待遇。这一切没有让他们动摇，他们依然决心回到祖国。王莹夫妇被关进监狱一事，很快就在美国朋友中传开，引发人们对移民局残暴行为的强烈抗议，这是移民局万万没有想到的。最后，移民局只好将他们驱逐出境。王莹的一些朋友建议他们向司法部起诉，要移民局收回驱逐出境的决定，但他们没有这么做，而是离开美国……1955 年，夫妇二人回到了久盼的祖国。

　　王莹回国后，定居在香山脚下一个叫狼涧沟的农家小院内，夫妇二人在这里一住八年，和乡亲们结下了亲密无间的友谊，《宝姑》和《两种美国人》都是在这里写出来的。如果不是因为"文

左图　黄苗子为《两种美国人》封面题字
右图　赵朴初为《两种美国人》插页题字

化大革命"，她还要在这里住下去。她怎么也没有想到，自己会遭浩劫、受迫害，两部近百万字的长篇小说手稿遭到蹂躏、践踏。

1980 年，《两种美国人》出版，同年 12 月 6 日我以题为"不能忘却的爱和恨——王莹和她的《两种美国人》"为题写了一篇读后感，在"人民日报"八版头条发表。谢和赓看到后，当即给责任编辑邝夏渝写来一封信。信中说："今早读到王维玲同志在《人民日报》上的文章，非常高兴。他对《两种美国人》的评介很正确，对读者有极大帮助。他对作者的介绍也简明扼要！我感谢他并请代向他致意！"

关于《牛虻》在中青社登陆的前前后后

讲起中国青年出版社，就会想起"三红一创"、《李自成》，这几部小说已经成了 20 世纪中青社的名片。其实在此之前，中青社在青少年读者中就已经很有影响了，畅销书有《卓娅和舒拉的故事》《普通一兵——马特洛索夫》《奥斯特洛夫斯基两卷集》《海鸥》《牛虻》等外国文学作品。

这里我主要讲讲《牛虻》，因为《卓娅和舒拉的故事》和《钢铁是怎样炼成的》的主人翁，都提到牛虻对他们成长的影响，所以《牛虻》尚未出版时，"牛虻"这一人物形象就已在中国读者中产生广泛影响。中青社是全国最早一家，也是"文革"前唯一一家出版《牛虻》的出版社。

1952 年，译者李俍民先生译《牛虻》时，除了参照《牛虻》的爱尔兰原文版本外，还有苏联青年近卫军出版社和苏联国家儿童出版社经过删节出版的两个俄文版本。译者是在三个版本的基础上，边对照、边比较、边选择来完成译稿的。在将译稿寄给中青社时，他也将三个版本的《牛虻》寄给中青社，以供编辑审读时对照参考。当时的总编辑李庚非常重视《牛虻》，考虑到中国读者渴望阅读《牛虻》的殷切心情，他估计这本书出版后必然会引起阅读热潮和广泛影响。为了适合中国读者的阅读习惯，他做出了一个大胆的决定：在俄文编辑完成编辑工作后，指定原开明书店两位文字功夫比较好的编辑覃必陶、胡叔循对编后译稿进行加工润色，之后再发稿。他想让中国读者拿起《牛虻》时，看起来顺眼，读起来顺畅。1953 年 7 月，中青社出版了《牛虻》，一问世就受到读者的热捧，到 2000 年累计发行了 200 多万册，这在外国文学的翻译作品中是少有的。20 世纪 80 年代，李俍民先生向中青社反映：有的《牛虻》译本，其中有些段落是抄他的译本。总编室的韩华同志问我此事，我说："李俍民说抄的，就是抄的！无论从版本的选择，还是译文的表述上，都不可能出现与中青社版本的译文相同的文字。"

但中青社 1953 年 7 月出版的《牛虻》中译本，也存在缺憾。当时中青社在译校、编审过程中，自以为经过苏联青年近卫军出版社和苏联国家儿童出版社删节过的版本，可能更适合中国青年读者阅读。问题就出在这里——我们没有与爱尔兰原文版仔细对照，也没有研究苏联这两个版本删节的内容是否删得恰当。这在当时"以俄为师"一面倒的情况下，是可以理解的。李俍民先生也发现中文版完全根据俄文版本编校，有些被删去的文字，实际上并不像苏联青年近卫军出版社所认为的"宗教气氛过浓"，或者是"与主要情节无关的烦琐描写"，相反，它们都出色完成了在章节里所应承担的任务，是艺术上的瑰宝。李先生认为，第九章牛虻和琼玛关于暴力的一段对话，正反映了作者伏尼契对人民和革命的看法，基于出身、教养和时代的限制，作者对相关问题的看法本就不能和我们一样；第二章对蒙泰尼里和亚瑟欣赏阿尔卑斯山夕照的描写，绝非多余，不论是色彩的组合还是光线的明暗对比，都达到了诗和美的境界；同时作者以景物映衬的手法，使读者看到伪善的教士内心的痛苦，正与第二卷他在教堂中忏悔、第三卷他梦见亚瑟的母亲和亚瑟以及最后发疯的描写相呼应，同时也是对亚瑟的心理和性格的塑造；第三卷第八章对蒙泰尼里发疯的描写，实际上是对这个杀子教士从悲哀、麻木转向疯狂过程的深刻描写。

作为译者，发现自己的译本与原著对比存在重要的缺失和差异，会是不安的。"文革"后开始印的《牛虻》，仍然是老版本，编辑室发现这个问题，便向李先生提出恢复这些被删去的情节和段落，终于使《牛虻》在中国出版40年后还原了本色，以完整的面貌和读者见面。

叁

文坛忆往

美丽的青春
——读苏联优秀长篇小说《青春》

青春是一个多么美丽而可贵的时代啊！每个人都有自己的青春，每个人都要度过自己的青春时代，那怎么样才能让青春闪耀着光芒呢？在苏联小说《青春》里，主人公们的经历就生动地给我们解答了这个问题。

1921 年是苏联共产党和苏联人民最艰苦最困难的年代，有经济方面的困难，也有阶级敌人激烈反抗而造成的困难。《青春》以这一个时期为背景，描写了在苏联共产党的教导下，乌克兰的第一批共青团员们如何奋不顾身地与各种敌人进行决死斗争；描写了他们怎样坚苦卓绝地战胜饥寒、疾病和贫困，进行了伟大的恢复和建设社会主义的工作；同时，他们也在艰难复杂的斗争和劳动中成长壮大起来，成为党在各个战线上最有力、最可靠的助手。

对党忠诚，几乎是这本书中共青团员们的共性，华西里是其中表现最突出的一个。他与格拉莎化装为粮食贩子，混进匪区侦察匪徒们的行迹，并在匪徒察觉的一刹那打死了匪首独眼龙和威尔巴。匪徒们紧紧地追赶他们，华西里命令格拉莎从小路绕回去送情报，自己冒着生命危险阻拦匪徒们的追击——如果稍有一点私心，就不可能在这生死关口做出这样的决定。华西里在这次行动中被捕了，他忍受了人们难以忍受的苦楚，从死亡边缘逃跑，继续侦察和歼灭敌人，毫不胆怯。保卫党，党的利益高于一切——这个坚定信念支持着他的思想和行动。

对党无限忠诚，毫无自私自利之心，这种崇高品质还突出表现在共青团支部书记瓦吉姆身上。期待多年的学习机会终于来临时，他兴奋极了，一切行装都准备好了，可这时党决定派他去担任一个不大不小的火车站——克鲁特站的领导工作。面对个人与集体的尖锐矛盾，他的决定是"去"。后来，党又送他进了大学，使他得以全心全意地学习，可在这个时候，州委突然决定调他去做团州委书记，这一次他又坚决服从了决定，投身建设和斗争的行列之中。

做一个大公无私的人，有时并不太难，但有时却十分艰难，需要有远大眼光，有高度的革命自觉性。瓦吉姆在这方面的行为是十分感人的。在一个严寒的深夜，瓦吉姆在燃料仓库放哨，忽然发现了一个人偷木头，当他紧紧追赶上来，却发现偷木头的人是自己的弟弟柯斯佳。弟弟因为不忍心看着高龄体弱的母亲受冻，才乘哥哥值班时扛块木头给母亲取暖。瓦吉姆当时的心情十分复杂，他爱母亲，也担心母亲因受冻而病重，可是想到自己是共青团支部书记，怎么能这样搞特殊呢？他咬了咬牙，坚决叫弟弟"把木头放下"。

这本书里还有许多令人难忘的人物，如青年工长安德烈、模范教员娜塔莎、边防军战士阿隆等，他们都有着追求新生活的强烈愿望，与敌人作过不懈的斗争。在参加建设、学习科学技术方面也表现出极大的干劲和钻劲。这些共青团员的英雄行为和高尚品质，一次次使我们感动、流泪——瓦吉姆和阿隆生活极度困难，却用自己的口粮换取水塔上的零件，用业余时间连夜修理水塔，为国家节省了 4000 普特的粮食；机车库收发员达尼亚有出众的音乐天分，一心一意准备进音乐学院，但苏维埃政权要建立一支自己的商业队伍，她就愉快地担任了共青团示范商店的经理。他们都是党指向哪里，就毫不犹豫地奔向哪里。

（原载《中国青年报》1959 年 1 月 13 日）

光辉的形象，学习的榜样

—— 《野火春风斗古城》读后感

看完《野火春风斗古城》的时候，已经快两点了。夜，是这样的静啊！可我却压抑不住激动的心情，杨晓冬、杨老太太、金环、老梁……一群可敬可爱的人物，一连串可歌可泣的事迹，如此鲜明地展现在我眼前。小说通过地下工作人员打入敌人省城所展开的一系列斗争活动，表现了抗日斗争另一条战线上进行的一场紧张、复杂、尖锐的斗争，反映了这支地下尖兵的英勇斗争对于彻底歼灭日寇武装力量、瓦解敌人内部，起着多么重要的作用。

小说以武工队梁队长护送杨晓冬进入省城开始，通过头几页的描写，就把个性独特的梁队长展现在读者面前，如梁队长在途中与特务针锋相对的对话，寥寥数笔，读者仿佛能看到梁队长高大的身影，听到他的脚步声，嗅到他的呼吸，也看到了敌人的惊慌失措，唯命是从，外强中干。读到这里我痛快至极，完全被卷进了这场尖锐的斗争，并深深爱上了这部小说，再也舍不得放下了。

小说的主人公杨晓冬原是县委书记，但党决定要他以失业市民的身份打入敌占区，同省城三个敌伪头子（日本侵华特务多田总顾问，伪省长兼警备司令部司令吴赞东，伪治安军司令高大成）和他们所率领的敌特人员作战，在白色土地上播下红色的种子，让它在人民群众中开花，在伪军中开花；让它促使敌伪势力早日土崩瓦解。这不是一件容易的任务，可以说，作者成功展示了杨晓冬和地下工作人员们的性格，特别是杨晓冬，作者把他的个性和具体的历史环境密切联系起来，赋予其生动有力的形象——具有丰富地下斗争经验的、坚定果断的领导者。他以迅雷不及掩耳的行动，袭击了敌人的心脏——防守省城的治安军司令部，使全城敌伪人员心惊肉跳，使正在围剿根据地的日伪军不得不迅速撤回。作者不仅写出了杨晓冬的领导才干，还从另一方面挖掘了他性格里最本质的东西——强烈的爱和恨，对敌人的轻蔑，对革命斗争终能胜利抱有的信心。通过描写杨晓冬被捕后，在法庭上、宴会上和敌人斗争，表现出他正义凛然的气节、宁死不屈的性格、赤诚忠心的信念，为我们树立了一个光辉的不朽的形象。

作者对杨晓冬的母亲——杨老太太着墨不多，但她也是一个成功的形象，给人鼓舞，给人力量。杨老太太身世悲惨，丈夫被地主害死了，几十年来独自抚育儿子。她是一位慈爱的母亲，但强烈的阶级仇恨激起了她的革命激情，她把儿子献给了革命，执行艰巨而光荣的革命任务。她为儿子提心吊胆，"怕他遭到日本鬼子的毒打"，为了儿子的安全，"她的心都扯碎了"。尽管她心里如此不平静，却并没有半点阻挠的举动，她以毫不避讳困难和危险的倔强性格，影响、鼓舞着儿子。她充当杨晓冬的外线联络员，在冰天雪地的日子里，在碉堡林立的环境里，舍死忘生地传递情报。读到这里，我想起高尔基在《母亲》中的一句话："假如一个人在精神上也能称自己的母亲是亲人，那该有多么幸福。"杨老太太就是这样的母亲，不仅孕育了晓冬，也是他最亲密的战友。

杨老太太最后遭到敌人逮捕，作者把她崇高的品格提升到最高处——她爱儿子，也以同样的感情爱革命的荣誉。她决不会为了自己的"生还"而吐露儿子的下落，决不让儿子因为她而沾上污点、遭遇不幸。为了不让晓冬遭受敌人折磨，为了彻底粉碎敌人的阴谋，也为了鼓舞儿子与敌人战斗到底，她英勇地跳楼自杀了。杨老太太也不愿意"死"，她曾不止一次地想过："等将来全国解放了，让晓冬领着我到京城风光风光，开开眼界……"她不是也曾想过，等晓冬讨个称心如意的老婆，一起过个团圆年吗？她"多么想活到那一天呀"！但是敌人要她有代价地活下去，要她出卖晓冬的灵魂，拖晓冬下水。出于母亲的良心、革命者的正义感、对敌人的强烈憎恨和鄙视，她拒绝了，以光荣的"死"换得伟大的一生，换得了党的荣誉。

金环也是作者成功刻画的一个人物，勇敢而细心，泼辣而大胆，富有感情和正义感。她对人诚恳，对待革命工作认真负责。新婚才几个月，她就劝说丈夫去参军，开赴前线。丈夫在前线牺牲了，她带着小女儿离开家乡，到省城担任外线联络，把对丈夫全部的爱都付给革命，她觉得只有这样才对得起光荣死去的丈夫，才是真正"继承了爱人的遗志"。这是豪迈而英勇的气质，是共产党员的气质。

在复杂的斗争中，金环一时大意，遭到敌人的逮捕。在审讯室内和在监狱里，她与敌人展开了斗争，她勇敢、机智的性格得以更鲜明地表现出来。她是不知恐怖、不知惧怕、坚贞不屈的。

正如她在遗书中所说："他们能够敲碎我的牙齿，能割掉我的舌头，甚至剖腹搞出我的心肝，但是他们只有一条不能——不能从我嘴里得出他们所需要的话。"这正是敌人不能理解的，他们总以为摧残共产党员的肉体，就会动摇他们的意志，恰恰相反，越是残酷的、无人性的摧残，越能把共产党员的愤慨燃烧起来，越能把共产党员的意志锻炼成钢。金环正是这样的共产党员，像一块真金，在烈火里发出光彩，显出坚贞。她始终没有忘记用最后的机会刺杀多田，但还是英勇牺牲了。她在遗书中说："敌人也想让我活下去，还答应叫我在物质生活上活好一点，只要从我身上得到他们所需要的东西。我想活，我知道'死'并不是个愉快的名词，它的含义里有痛苦。但是我不能避开它而丢掉我最宝贵的东西，这些东西不用说作为一个党员，就是作为一个普通的中国人也是不能失掉的。"同时，她以一个年轻母亲的激动心肠说："青年们啊！我向你们祝福。祝福你们热情自由、热爱生活、热爱生命吧！这些都不是容易得到的哟！你们也许还不大懂得这些东西的宝贵。我开始懂的也不多，到了敌人的监狱里失掉生活自由的时候，才更知道它的宝贵了。我虽然是做了母亲的人，可我还不过是 24 岁的青年哟！我多么想自由，多么想活下去，至少希望活到城市解放，能够看到你们欢蹦乱跳的那一天。现在看来，这都成了奢望。"这是真正的党的女儿，是一个完美无缺的青年共产党员形象。她一生充满了对革命事业的坚强信念，洋溢着令人鼓舞的乐观主义精神，有人批评她与梁队长、赵医生的关系，我倒觉得过于苛刻，她把自己的一生、自己的心意、自己的力量都用在革命事业上，委曲求全,没有为自己有一丝一毫打算,这样的人是闪耀着光辉的,有什么值得责难的呢?

《野火春风斗古城》还有许多人物给我们留下深刻印象——舍己为人、慷慨无私的银环,精力充沛、鲁莽大胆的韩燕来,稚气活泼、机灵大胆的小燕,饱经风霜、热情善良的周老伯等。小说反映的那个艰苦斗争的年代,早已成为历史的陈迹了。今天,河北平原上的人民和全国人民一样,过着和平幸福的生活,但这生活得来不易呀!是千千万万个像杨晓冬、老梁、杨老太太、金环、银环这样的英雄儿女,吃尽各种苦头,经历各种艰险,用自己的鲜血灌浇来的。我们看完这部小说,在工作、生产、学习、生活中遇到困难时,因个人得失而产生烦恼时,想想小说中的英雄人物是如何忘我地对待革命,如何英勇顽强地斗争,我们就能获得战胜困难、大步前进的力量。

1959 年 2 月 15 日

(原载人民文学出版社《文学书籍评论丛刊》1959 年第 2 期)

意境深远，清新喜人
——李克异和他的《归心似箭》

题记：

克异去世的那天晚上，原是要去"八一"厂看样片《归心似箭》的，他匆匆走了，最终没有看成。办完克异的丧事后，"八一"厂又邀我们去看样片，我们陪同姚绵走进小放映厅。那是一个悲痛而沉重的晚上，但随着影片的放映，我们都被影片中的人物和事件、自然美和艺术美深深地吸引住了。

当我怀着激动和喜悦的心情走出放映厅时，我对姚绵说："影片太好了，这是对克异最好的纪念！他虽然没有看到影片，但可以含笑九泉了。"回到家里已是深夜，我辗转反侧，满脑子都是《归心似箭》的场景。我心潮起伏，兴奋不已，索性爬了起来，拧开桌灯，铺下稿纸，记下了观后的感受。如果说这是一篇观后感，倒不如说是我最早写下的一篇对克异的追思和怀念的文章。

《归心似箭》是一部喜人的优秀影片。

说它喜人，是因为它题材可贵、内容不凡。影片主要讲述了抗联战士魏德胜在战斗中不幸被俘，与部队失去联系。逃出后，他先是经历了一段淘金生涯；后又被捕入牢，被押去挖煤；冲出

李克异夫妇

劳工营时，他腿部中弹，昏倒在泉水旁，被玉贞搭救。伤愈后，他归心似箭，毅然告别玉贞寻找队伍，继续他的艰难历程。影片的内容并不复杂，但含意深刻，回味无穷。它相当成功地从一个侧面再现了抗联所进行的艰苦卓绝的伟大斗争，感人地描绘了抗联战士威武不能屈、富贵不能淫、坚贞勇敢的精神品质。

说它喜人，是因为影片的摄影技巧高明。这部片子画面优美，艺术效果很好。凛冽的寒风，狂飙的大雪，美丽的深山密林，如画的溪流地带；满天星斗，篝火堆旁，长空雁过，野兽哀鸣……光色和线条，布景和角度，都安排得那么得体、和谐、充实、自然，在平凡的场面中注入了丰富的色彩，使你很自然地产生新的感觉，新的享受，新的力量。

说它喜人，因为影片中的人物对话简洁、明快、干净、利落，声色传神，令人叫绝。魏德胜负伤躺在土坑上，伪班长歪着脖子、带着邪恶的狞笑审问他。德胜坦然相对，一会冷嘲热讽，一会步步紧逼，把伪班长气得嗷嗷叫，两个人一来一去，唇枪舌剑，针锋相对。还有大仁大义的齐大爷，仪表非凡的董老利，以及天真烂漫、无比可爱的小栓柱，他们的一言一行，都具有鲜明的个性。我们许久没有在银幕上听到、看到这样有生气、有性格的对话了。

说它喜人，还因为演员演得细腻，演得情真，演出了起伏。伤痕累累、身负重伤的魏德胜，在玉贞的精心护理下终于站起来，能下地走动了。当玉贞扶着他走到小院时，那激动的心情，是通过烟荷包来表现的。"真想抽袋烟啊。""一想抽烟，就好啦！"玉贞快步走进屋里，拿出一个烟荷包递给魏德胜。聪明的小栓子，夹来一块火炭给他点烟。德胜抽烟，小栓子站在一旁，此情此景，勾起了玉贞的感情起伏，唤起了她的痛苦回忆："这是我给他准备的，他还没有用，人就不在啦！后来，差点让我给烧啦！"玉贞说得伤心，德胜听得沉重："可别价，留着，好歹是个念想。"言者无心，听者有意。"哪，你就拿着吧，好歹也算个念想！"同一个"念想"，反映出两个人的不同心境。扮演玉贞的演员，演出了心灵的美，演出了真情和深爱，演得十分自然而含蓄。

魏德胜的心并没有被痴情的玉贞所征服。他历尽艰难，一片归心，不是要归到这个吸引他的"小家"里来。他说："我得找我的队伍。"玉贞委屈掉泪，齐大爷生气骂人，德胜几乎不知所从。激动是人之常情，理智又使人冷静。当玉贞含着眼泪对德胜说："要走，就早点走，不是我撵你，眼看天要冷啦，北风烟雪的，道上难走啊！"演到这里，观众不由得同玉贞一起，泪水夺眶而出。然而，这不是感伤的泪水，而是高尚情操和洁白心灵的自然流露。

李克昇是一位不大为读者熟悉的编剧和作家。早在1939年，他就在东北参加了抗日活动。20世纪30年代中期，他写的反映东北沦陷区人民生活斗争的小说集《泥沼》，在群众中颇有影响，后被敌人发现，下令查禁了。李克昇长期生活战斗在东北，对东北人民怀有深厚感情。除了《归心似箭》，他还写了电影文学剧本《杨靖宇》。他长期患慢性病，又受林彪、"四人帮"迫害，身心遭受严重摧残，但仍以坚强意志和毅力，在极困难的条件下坚持创作和翻译。在"文化大革命"中，他抱病翻译了30万字的巴尔扎克小说《农民》，创作了30万字的长篇小说《历史的回声》。"四人帮"覆灭后，党对他落实了政策，写于"文化大革命"前的电影文学剧本《归心似箭》才得以重见天日。与此同时，中国青年出版社决定出版他的《历史的回声》，《收获》杂志也决定连载他的作品。一个多年来几乎被人们忘却的人，面前突然充满阳光，怎能不更加奋发地工作？他白天写，晚上写，在修改即将由《收获》发表的小说时，他由于劳累过度，突发脑干出血，猝然死于案头，终年59岁。

李克昇有丰富的生活阅历、渊博的知识，在艺术上很下功夫。他常常仅用几句生动的对话，就把读者带进各种不同的生活环境。

他为人朴实正直，待人总是那样和蔼亲切，彬彬有礼。现在，当我们看到他的电影和小说时，是多么地怀念他啊！

朴实无华，高尚壮美[1]

　　激动人心的事，我不知听过多少，看过多少，读过多少，但在读这些以讴歌教育战线涌现出的新人新事的"振兴杯"报告文学征文时，我特别感动，心灵受到强烈的震撼，感情上掀起的巨澜起伏难平。

　　他们都是以从事教育事业为乐、以培养新人为荣的平凡人，但平凡中又显出不平凡，那就是几十年如一日，全心全意无私奉献，一直保持着尽职尽责、鞠躬尽瘁、奋斗不息的美德。《大山魄》这篇报告文学里，那个身患糖尿病晚期三型，每天靠给自己注射胰岛素来维持生命的中心小学校长彭明友，是多么感人！为了改变他管辖的 35 所山区小学的办学条件，他竟然四个春秋奔波在大山里，最终把一所所学校旧貌换了新颜，入学率、升学率、合格率达到 100%。他做出了巨大贡献，也做出了巨大牺牲，看着他腿上、胳膊上一层层、一片片的针眼，让人如何不激动！他忍受着病痛，以坚定信念、坚强毅力，与疾病进行顽强斗争，用生命完成了他的追求、他的憧憬。说他是教育战线上的"焦裕禄"，一点也不过分。

　　为了祖国的富强，为了民族的振兴，为了社会主义事业的发展，

----

1 本文系作者于 1991 年 3 月 23 日在中国教育报社召开的"振兴杯"报告文学征文评委会上的讲话。

恪守为人民服务、为社会主义服务的人生信念，把一切献给教育事业的感人事迹不胜枚举。《山西有个秦市义》写的是临汾行署教育局的老会计。他有句名言："自己的娃自己爱，自己的学校自己盖。"为改变全区 5000 所小学的办学条件，他在退休的第二天跋山涉水，走乡串户，集资办学。大禹治水三过家门而不入，他为了集资办学 30 次过家门而不入。治贫先治愚，治愚先办学，村民们的良知被他唤醒，社会各界被他的真诚所感动。他不顾寒暑，不怕风雨，不分日夜，马不停蹄整整跑了 10 年，深入 7200 个村子，行程 5 万多里，集资 2 亿，使 7310 所中小学变了样。人们都知道武训，我想比起武训，秦市义有过之而无不及。

这次征文表现的对象都是可敬、可信、可爱的人，都是有血有肉、活生生的人，都有自己的酸甜苦辣——因教学任务压身不能与辞世的父母告别；有疾病而没有充裕时间治疗；结了婚不能相聚；有了孩子不能尽父母的义务；节假日不能阖家团聚共享天伦之乐；以微薄的工资收入过着清贫的生活……但他们的高尚情操和人格魅力令人十分崇敬和敬佩。小学教师武家兴 20 多年来辅导的儿童画，在美国、英国、法国、日本等 51 个国家和地区展出，有 88 幅在国内外荣获金、银、铜牌和其他各种奖励。他不仅为祖国培养了人才，而且为祖国争得了荣誉。他也能创作和成名，但他把全部时间和精力投入对下一代的培养；他有父母、有妻子、有孩子，也曾因为在父母跟前不能尽孝，在妻子和孩子身边不能尽义务而不安，但他说得好："自己的孩子一两个，学校的孩子一大群。"

50 岁的陈志远，家有疯妻病父，在家里种地、做饭、洗衣、缝衣，有做不完的事；在学校里，他是班主任、教研组长、两个班的语文教师，有干不完的事，但他从来没有叫过苦，几乎每年都带出一个优秀班集体。

在读这些获奖的征文时，我从内心感到振奋和高兴。这里写下的人物当之无愧是教育战线上的典范，是振兴教育的希望。

最后，让我衷心地感谢中国教育报和南京市教育局共同举办这次意义深远的征文活动。活动名称，取意于"振兴民族的希望在教育，振兴教育的希望在教师"，旨在宣传讴歌教育战线上的先进模范人物，推动促进教育事业发展。在经历了 300 个日日夜夜之后，他们从 2400 件来稿中筛选出 38 篇优秀报告文学（其中 4 篇因篇幅关系未发表），经过评委们审读、讨论，最后投票，从中产生 23 篇获奖作品。获奖作品无疑是受之无愧的，但落选的 15 篇作品也是优秀之作。这 38 篇入围作品都是文学佳作，不仅展示了教育战线上光彩照人的一代新人，而且就这些人和事的社会意义来说，无论是对教师队伍建设，还是整个教育事业的振兴和发展，都会产生长远影响。

在首届"华扬杯"中国优秀传记文学作品奖颁奖仪式上的讲话[1]

首届"华扬杯"中国优秀传记文学作品奖颁奖大会现在开始。参加今天颁奖仪式的来宾有：中国传记文学学会名誉会长李德生同志和夫人，中国传记文学学会名誉会长段君毅同志，中国传记文学学会名誉会长、首届中国优秀传记文学作品奖评委会主任马文瑞同志，前中国文联党组书记、著名的文艺理论家林默涵同志，中国作家协会党组副书记王巨才同志，中国传记文学学会理事、北京市作家协会主席、北京市文联副主席、著名作家管桦同志，中国传记文学学会理事、北京市东城区区委书记许海峰同志，香港华扬国际有限公司总裁黄玮琮先生。到会的来宾，还有曾志同志的女儿陶斯亮同志。还有获奖作品的作者、获奖作品的出版社代表、获奖作品的责任编辑和首届中国优秀传记文学作品奖评委会在京的评委。参加今天颁奖仪式的还有文学界、出版界、新闻界的朋友。让我代表中国传记文学学会向到会的贵宾表示热烈的欢迎和衷心的感谢！

中国传记文学学会是 1991 年成立的学术团体，李德生、段君毅、程思远、杨成武、马文瑞、康世恩六位老同志担任名誉会长，刘白羽同志任会长。繁荣中国传记文学创作，促进中国传记文学事业的发展，表彰在传记文学上创作出精品佳作的作者是学会的宗旨和任务，而评选优秀传记文学作品是写在我们学会章程中的一项重要的工作任务。

1995 年 2 月，在学会会长、秘书长办公会议上决定，在 1995 年举办首届（1990—1994）中国优秀传记文学作品奖颁奖仪式。今年 3 月，学会向全国 40 多家出版文学书籍的出版社发出通知，在各家出版社推荐参评作品的基础上，经过筛选入围的有 30 部长篇传记文学作品。学会邀请了文学界、出版界 10 位专家学者组成评委会，由名誉会长马文瑞担任评委会主任。评委们在炎热的夏天，用了两个半月时间，进行了认真审读，写出了详细的评审意见，最后经过无记名投票，评出了 12 部长篇优秀传记文学作品。这 12 部作品的传主，有领袖人物，也有爱国将领和民主人士；有作家、艺术家，也有革命烈士；有教授学者，也有海外的著名人士；有我党的高级干部，也有烹饪大师。

评选结果在中央和省、市报刊上揭晓后，受到各方面人士和广大读者的重视，认为这次评奖是对中国传记文学的一次有意义的检阅和回顾。当选的 12 部作品，史料翔实，内容丰富，创意新颖，严谨深刻，无愧于优秀传记文学的称号。几位老同志为这次评奖题词：李德生的题词是"大写中华儿女，繁荣传记文学"；段君毅的题词是"以优秀的传记文学作品，弘扬时代的主旋律"；马文瑞的题词是"继承炎黄子孙优良传统，展示中华儿女精神面貌"；

程思远的题词是"弘扬民族文化，繁荣传统文学"；林默涵的题词是"坚持唯物史观和求实精神，将历史的真实性和描写的文学性和谐统一"；庄世平老先生的题词是"记录历史，繁荣文化"。现在让我代表学会，代表获奖作者、获奖作品的出版社和责任编辑，向六位老人致以衷心的感谢，谢谢你们热情的鼓励和希望。

对于这次评选能引起这样广泛的关注和好评，我们首先应该感谢直接指导和亲自把关的评委会主任马老，感谢公正无私、花费了大量时间精力的各位评委。为了表示对各位评委的敬意和感谢，学会决定，在颁奖仪式上向各位评委颁发荣誉证书。每一部优秀传记文学作品的问世，都离不开慧眼识珠的出版社。是他们把作者的精神产品推向社会，推向读者，使这些优秀作品在弘扬中华民族文化、推进精神文明建设上作出贡献。学会决定，要向获奖作品的出版社颁发证书。每一部优秀的作品，都有编辑的一份劳动，一份心血，他们也为优秀作品的诞生做出了贡献。学会决定，要向获奖作品的责任编辑颁发证书。

这次获奖的 12 部作品的 14 位作者有个共同特点：都经过了长期积累和艰苦创作，这是令人敬佩的！这些作品从不同角度、不同的生活内容，反映了不同传主的人生经历和感情世界、精神理想和高尚品格，以及他们为国为民做出的贡献。作品的高品位、高格调、高水准、高质量，为传记文学的创作提供了学习的范例。为此学会决定，向获奖作品的作者颁发奖杯、奖状、奖金。

最后，我要在这里讲一讲这次活动的承办单位和黄玮琮总裁。我们这次活动的费用，是由华扬国际有限公司承担的，黄

上图 王维玲在首届"华扬杯"中国优秀传记文学作品奖颁奖仪式上讲话

下图 1991 年 12 月 3 日在人民大会堂中国传记文学学会成立大会上，林默
涵（左）入场时摄

上图　1995 年 10 月，林默涵（左三）在首届"华扬杯"中国优秀传记文学作
　　品奖颁奖仪式上与获奖作者袁世海（左二）、贺朗（右一）等合影
下图　在首届"华扬杯"中国优秀传记文学作品奖颁奖仪式上合影

先生对这次颁奖活动非常关心和重视，会议的奖杯、奖状，包括请柬都是黄先生亲自策划、参与设计并在香港制作的。为什么黄先生要赞助中国传记文学的评奖活动呢？他在 29 日拜访马老和刘白羽时讲了一段十分感人的话："我们中国有许多名人可以写传记文学，而在海外的人们能看到的优秀传记文学作品是很少的。我希望通过这次评奖活动能推进中国传记文学的创作，能激发作者的创作热情，有更多的作者去写作，写出更多更好的优秀传记文学来，我就是这个目的。"他还表示：举办第二届应该是在 1997 年下半年，那时香港已经回归祖国。他建议在香港举办，并愿意继续承办。我们完全赞成，十分感谢，一定努力争取实现。

学会为了表示对黄玮琮先生的敬意和感谢，特邀请有"牡丹王"之称的著名画家江河先生画了一幅"争芳斗艳"，送给黄先生留念。现在请中国传记文学学会会长、著名的老作家刘白羽先生向黄先生赠画。

首届中国优秀传记文学作品奖的评选和颁奖现在就结束了。但对这 12 部获奖作品的宣传和介绍，仅仅是刚刚开始。在颁奖会后，学会还将组织文字和影视方面的宣传活动，介绍传记文学创作的成果，扩大传记文学的影响，希望获奖作者、获奖出版社、获奖责任编辑，以及社会各方面人士给予热情的支持协助。

谢谢大家！

随想三则 [1]

一

《袁隆平传》是一部感人之作。之所以这么说，是从我切身的体会出发。我编过刊、编过书，从事了几十年文学编辑工作，特别是在编《中华儿女》那些年，有许多贡献突出、立功争光的科学家，我们多么想把他们的成就和事迹写成文章，写成书。但组织到手的文章和书稿常常都不尽如人意，或是内容平平、单调乏味、不丰富、不深刻，或是文字不流畅，表达不清楚。所以每当我看到写科学家的优秀传记时，就非常高兴，常常不由自主地向同行、文友推荐。我觉得《袁隆平传》就是这样一本好书，十分流畅、耐读。作者对袁隆平满怀深情，不仅把他当作一位杰出科学家来写，也把他作为一个特色鲜明的人来写。

一个边远山区的中专教师，最后成为一位功勋卓著、享誉中外的科学家。他的成长、实验、付出、成功，以及过程中遇到的挫折打击、艰难困苦、误解委屈等，都写得那么真实生动、丰富深刻，这是很不容易的。有些精彩的段落让人不忍释手、久久难忘，尤其是描写袁先生在逆境中十年如一日坚持科学实验的性格与精

———

1 本文系作者于 2000 年 11 月 23 日在中国现代文学馆召开的"《袁隆平传》出版座谈会"上的讲话。

神，非常出色和动人。

　　同时，在作者的笔下，袁隆平又不是一个单纯的科学家，他还是一个对生活充满激情，有情有欲、有血有肉的真实的人。他在早年恋爱过程中闹出的笑话，他与同事交往时个性化的言谈举止，他对父母、妻儿的情趣盎然的示爱方式……都使我们如临其境，如闻其声，如见其人，使这本书非常耐读。

二

　　作者成功地把科学理论、科学实验艺术化、生活化、通俗化了，把容易写得枯燥和单调的科研实验写得丰富多彩。可以说，这本传记把杂交水稻实验的进程和取得的成果，以及实验中发生的矛盾、风波、问题都写出来了，但我们读的时候，并不感到枯燥、费劲，而是非常自然地进入了袁隆平的"绿色王国"。比如通过写"只长草、不长谷"风波，就把营养生长优势与生殖优势的关系，以及营养生长优势是生殖优势的前提和基础等事实讲清楚了，从而充分反映了袁隆平扎实的实践经验、理论基础，以及他沉稳的性格。读者就是在这些生动丰富的内容中，增长了知识，对袁隆平的精神和情操、毅力和胆识、价值和意义有了更深的感受。

三

　　鲁迅说过："文艺是国民精神所发的火光，同时也是引导国民精神前途的灯火。"袁隆平从平凡走向辉煌的奋斗之路、报国之志和奉献之心，是可敬可佩、可歌可泣的，值得立传，应该宣传。

在他的精神家园里，我们可以得到一种崇高的、有意义的、有价值的东西，能够使我们心灵受到震撼，思想受到启发，精神受到鼓舞，这样的东西正是我们中华儿女身上不可少、不能丢弃的！

从这个意义上说，我感谢两位付出巨大心血和劳动的作者为我们写了一本好书。同时，我也十分钦佩华艺出版社的胆识和水平，第一版就印了 1.5 万册，销售情况很好。这说明华艺出版社对高水准、高质量、高格调图书的判断是准确的。每一个出版社都有它的选题要求和选题标准，但是有远见、有眼光、有社会责任感的出版人，特别值得我们尊敬。

在第二届"苹花杯"中国优秀传记文学作品奖颁奖仪式上讲话[1]

首先，让我代表中国传记文学学会向莅临第二届（苹花杯）中国优秀传记文学作品奖颁奖仪式的领导，向文学界、出版界、新闻界的朋友们表示热烈的欢迎和衷心的感谢！

中国传记文学学会是 1991 年成立的学术团体，李德生、段君毅、程思远、杨成武、马文瑞五位老同志担任名誉会长，刘白羽同志任会长。学会从成立那天起，就把繁荣中国传记文学创作，发展和壮大传记文学的创作队伍，表彰在传记文学上创作出高格调、高水准、高质量作品的作者作为学会的宗旨和任务。评选中国优秀传记文学作品是写在学会章程中的一项重要的工作任务。1995 年我们举办了首届中国优秀传记文学作品奖的评选，今年 2 月，学会决定举办第二届评选活动。经中国文联批准，由中国传记文学学会主办，国家体育总局人力资源开发中心协办，我们两家携手行动起来。3 月，我们向全国 50 多家出版社发出通知，在各家出版社推荐参评的优秀传记文学作品的基础上，本着优中选优的原则，最后入围的有 21 部作品。由文学界的老前辈、著名的

---

1 2000 年 11 月 3 日于人民大会堂海南厅。

老作家、我们学会的首任会长刘白羽同志担任评委会主任，又邀请了文学界、出版界 12 位专家学者组成评委会，展开评选工作。今年北京的夏天尤其炎热，每位评委要看五六部作品，200 多万字。评委们在高温的六、七、八月进行审读，写出评审意见，经过无记名投票，超过三分之二者当选，最后评出了这 12 部优秀传记文学作品。

这些作品的传主，有开国领袖，有为党、为国、为民做出了重大贡献的政治家、军事家；有享誉社会的科学家、剧作家，也有为人民爱戴的人民公仆和基层干部；有知名的爱国人士，也有著名的海外华人。这些作品，有波澜壮阔的革命历史和老一辈革命家的丰功伟绩，有我党从诞生到壮大的战斗历程和民族的苦难、觉醒、奋争，有共和国的诞生和发展，也有新时期的巨变和腾飞。我们的评委有 40 多岁的中年人，也有六七十岁的老人，大家在交流讨论这些优秀作品时，都被传主的思想情操、精神风貌、感人事迹深深感染，常常讲起就停不下来。所以说，这些题材的优秀作品，对于广大读者特别是青少年读者，是进行革命传统教育、国民素质教育的极好读物。这 12 部作品由 12 家出版社出版，其中《曾志回忆录》的海外版由香港中华儿女出版社出版，国内版由广东人民出版社出版，是当选作品中唯一一部在海内外几乎同时出版的作品。

评选结果揭晓后，中央报刊纷纷报道，受到各界人士和广大读者的重视和好评，认为这是对近五年来中国优秀传记文学的创作成果的一次检阅和展示。这次评选活动能获得良好的社会效果，首先应感谢评委们。在这里，让我代表中国传记文学学会，代表获奖作者、获奖作品的出版社向评委会主任刘白羽同志，向各位评委表示衷心的感谢！感谢你们在这次评选活动中付出的心血和精力！

这次获奖的 12 部作品的 14 位作者，有个共同的特点：不仅对传主的事迹、经历、思想、性格、精神风貌、品质作风有着广泛而又深入的了解，更重要的是对传主怀有很深的感情。获奖作品中的曾志和浦代英两位老人就是这样。她们对自己经历过的生活怀有很深的感情，都有强烈的创作冲动和创作欲望，这些优秀作品的诞生，都是经过数年甚至数十年的积累、准备、酝酿艰苦创作而成的。那些反映当今先进模范人物的传记作品，虽然创作时间不长，也是对传主满怀深爱和激情，不止一次沿着传主的足迹艰苦跋涉、反复采访、深入采访，在积累了丰富素材的基础上动手写作的。这种严肃认真、坚忍不拔的精神态度是了不起的，是特别应该提倡的！当选作品史料翔实，内容厚重，融历史与文学为一体，从不同的生活内容、艺术角度，生动、深刻反映了传主们的坚定信仰、坚定信念、无私无畏无怨无悔的人生追求和成长历程，以及丰富的感情世界和感人的人格魅力，崇高的爱国主义情怀和为党为国为民做出的突出贡献、重大贡献。作品的高品位、高格调、高质量，为传记文学的创作提供了范例，为此，学会决定向获奖作品的作者、出版者颁发奖杯和证书。

这里也要说明一点，由于我们仅仅是通过出版社这一条渠道征集参评作品，加上我们宣传的力度不够，很可能有一些优秀作品被忽视、被遗漏，对此还希望大家谅解。学会声明，凡属优秀的传记文学作品，这次没有参评的，欢迎参加下届的评选活动。

评选活动今天就结束了，但对获奖作品的宣传和介绍并没有结束，凡是有生命力的作品，永远有它的读者！颁奖大会后，学会将继续组织有关作品的研讨和宣传，希望能继续得到文学界、影视界、出版界、新闻界各方面的支持！

最后，让我再一次向获奖的作者和出版社表示热烈的祝贺！向光临今天颁奖会的领导和嘉宾表示衷心感谢！感谢你们对获奖作者、获奖出版社，对中国传记文学学会的支持和鼓励！

谢谢大家！

为科学家传记出版叫好[1]

　　在今天，优秀的传记文学已经成了广大读者，特别是青少年读者生活中不可缺少的伴侣和导师。这不仅仅是因为传记文学凝聚着一个时代的政治、经济、军事、科学、文化，乃至精神、道德、社会、历史等丰富而广阔的内容，还因为传主们的崇尚崇高、崇尚理想、崇尚奉献、崇尚气节、崇尚中华民族传统美德的情怀，会唤起读者心灵的共鸣、震撼和觉醒。所以，优秀的传记文学具有强大的生命力、感染力，在出版物中占据着重要位置。

　　任何一部优秀传记文学的出版，都与出版社的社会使命感和责任感分不开。这次河北少年儿童出版社在中央授予 23 位科学家"两弹一星功勋科学家"称号后，敏锐感觉到这是一件大事，是向青少年读者进行爱国主义、集体主义教育的极好机遇。他们迅速做出出版功勋科学家传记的决定，而且说干就干，从策划到组稿，从采访到写作，从编辑到出版，在不到两年的时间里推出了 10 本传记文学作品，这是一种有远见、有魄力、大手笔的举措，也是对功勋科学家开拓、奋进、创新和奉献精神的学习。就我所知，关于科学家的传记也出版了一些，但大多分散在国内各家出版社，

1　本文系作者于 2001 年 7 月 15 日在人民大会堂召开的"'两弹一星功勋科学家'丛书出版座谈会"上的讲话。

星星点点，未能给读者完整、深刻、系统的印象。这次河北少年儿童出版社放了一个排炮，无疑会引起媒体、出版界和广大读者的关心和重视。这套传记丛书，对我们深入学习江泽民同志"七一"重要讲话，在实际行动中贯彻"三个代表"重要思想，向青少年读者进行思想道德素质教育和科学文化素质教育方面，将发挥良好的作用。这套丛书可以帮助青少年读者思考一些问题：人应该怎么活？应该追求什么？为什么要奋斗？人生真正的意义和价值是什么？相信他们会从功勋科学家身上受到启迪、激励和感染，吸取到无尽的精神营养。这对于青少年的人生观、道德观、价值观的确立，对于他们的健康成长会产生积极而深刻的影响，会在他们的人生道路上起到潜移默化的作用。

这套丛书有如下特点：既是杰出的科学家传记，又把较多篇幅放在"两弹一星"的研究、制造、成功上；既写出了"两弹一星"从无到有、从小到大、从落后到先进的历程，又写出了科学家热爱祖国、热爱科学、无私奉献、艰苦奋斗的可贵精神。这些科学家不是几年，而是十几年几十年默默无私奉献着，有的甚至隐姓埋名。他们都是军事科学上不可缺少、出类拔萃的科学家，他们以杰出的成就，在军事科学领域中竖起了一块又一块丰碑。与此同时，他们又都是朴实、可爱、有血有肉的人，都有自己的情趣爱好和个性化的言谈举止。我读《钱学森》《彭桓武》《王希季》时，就有如临其境、如见其人、如闻其声的感觉。所以我说，这套丛书非常好读，很适合青少年读者。

就我的感觉，科学家传记较之其他传记更难写一些，因为作者不仅要对科学家的经历、思想、性格、精神风貌有深入了解，还要对科学家研究的科学领域，以及他在这个领域中的贡献有认识，此外，还要对科学家及其事业充满激情，有强烈的创作冲动和创作欲望。这10部传记文学的作者，有几位我是熟悉的。他们有丰富的经验、深厚的积累、流畅的文字。有的作者经历反复采访、深入采访、长期准备，有了强烈的创作激情后才动笔写作，所以写出的作品受到读者欢迎，也被传主认可，有的作者还与传主建立起了深厚的友情。

这套传记丛书是一套高层次、高格调、高水准、高质量的传记文学图书。我希望各大媒体看重这套丛书，实事求是地把它推荐给广大的青少年读者。同时我也希望，出版社和作者不要就此画上句号，因为在听取读者意见后，在经过一段时间的思考和消化后，作者也许会有新的发现、新的冲动、新的感受。好作品是改出来的，《红岩》1961年至1966年发行300多万册，1978年经过充实、修订后又发行了600多万册，至今销量已经突破千万册！只要有利于书籍质量的提高，不要怕修改、修订。为了让这套丛书成为长盛不衰的精品图书，成为河北少年儿童出版社的支柱产品、品牌产品，只要有再版的机会，就不要放弃必要的充实、修改。此外，我希望把这套丛书继续出下去，如能把23位功勋科学家的传记出齐，那就为出版文化做了重要贡献和积累，为广大青少年读者做了一件大好事。我希望出版社以功勋科学家艰苦奋斗的精神为榜样，完成这项有意义、有价值的出版工程。

致张长弓[1]

长弓同志：

近来好！

非常高兴给您写这封信，《征人泪》我读过了。在读的过程中，我深深感受到这是您的心血之作，不下大功夫，不花大力气是写不出来的。因为这样复杂的年代和人物，错综的关系和矛盾，没有丰富的生活阅历和生活积累，没有对生活的融入和深刻的理解，是很难驾驭的！《征人泪》本身包含的思想含量和历史价值是很重的，它反映了"九·一八"以后、西安事变之前中国面临亡国的历史情景，通过内蒙古地区的风云变化，反映了蒙古族上层人物与日寇之间的勾结、联合、纠葛、摩擦；反映了蒙古族内部的重重矛盾、复杂心态。是投降还是抗日？是"独立"还是维护祖国统一？可以说，您把这一切表现得淋漓尽致，写出了那个年代、那个地区的复杂性和特殊性。

就人物来说，各有各的面孔，各有各的血肉，各有各的性格。有的由淡而浓，有的由浅而深，有的着墨不多却活灵

---

1 本文是作者读过长篇小说《征人泪》一稿后，写给张长弓的信。在《征人泪》出版时，长弓将它作为代序收进书中。

活现,有的留下风采让人难以忘怀!加上描写时注意情节化,所以作品有一定的可读性,有些章节让人放不下。如围绕呼和找党的一些章节,以及金盔山反围剿战斗的前前后后……节奏变化,有起有落,虽是传统写法,但布局和衔接都极见匠心。有些地方似正面描写不足,如能写得更细致、更充分些可能效果会更好,如炸弹药库以及最后呼和部队被国民党缴械收编的悲剧结局等,似应用重笔浓墨渲染得更强烈一些;有些平面叙述和交代的文字,冲淡了行进中的情节,适当精简一些会更好;尾声过于简单和匆忙,似应适当展开,交代得更详细一些,把主题和人物命运点染得更透彻更清晰一些。尽管我有这样一些直观感受,但这些都是可改可不改的,因为就作品现在的面貌,已经很丰富、很深刻、很有价值了。

您完成这部小说的年代,正是中国小说创作重新走向辉煌的年月。去年荣获茅盾文学奖的《战争与人》,初稿写于"文革"前,"文革"后重写,也是这时完成的。历史题材的小说,没有长期的积累、酝酿,没有一定的驾驭能力,没有高超的艺术技巧,是很难写好的。您的这部长篇,我感受到了它的深度、分量、价值。假若1993年之前见到此稿,我想我会毫不犹豫地签字发稿,因为那个年代的生活不应被忘记!也不能被忘记!在文学创作的园地里应该有一席之地……

握手!

王维玲
1998 年 4 月 2 日

补记

1999年12月28日，我收到长弓刚刚出版的长篇小说《征人泪》样书时，心里很不是滋味！

长弓这部长篇小说，38万字，写"九·一八"事变后内蒙古地区的抗日活动，反映内蒙古具有爱国意识的草莽英雄哨聚山林，抵抗日寇侵略，最后在拼搏战斗中壮烈牺牲的悲剧。小说在1980年完成后，立即交给百花文艺出版社，经过6年时间，终于打出纸型准备开印，后因该社经济困难而搁浅。到了1988年，经文友们推荐，长弓把二校清样寄给华艺出版社，华艺出版社很快表态，愿意接受出版。百花社闻讯后，不同意撤稿解约，并向长弓表示1989年一定出版。重友谊、讲情义的长弓，只好终止与华艺社的联系，可谁能想到一直到1994年也没出版。1995年是抗日战争胜利50周年，身患心肌梗死的张长弓动弹不得，派他的女婿专程赴津，和百花社交涉，盼能在这年出版此书，百花社当即应允，但此后又无消息了。到了1998年再去联系时，社长调动了工作，责任编辑退休了，就连12年前打出的《征人泪》纸型也找不到了。此时长弓已两次大面积心梗，心脏的前壁、后壁、下壁皆梗，心脏的左房左室增大，心肌收缩无力，舒张功能不全。他在1998年4月7日给我的信中写道："我一天服药三顿，到邮局发信或去收发室拿报，舌下皆含硝酸甘油，否则脖如绳绞，喘气困难。"病情如此严重，他对《征人泪》的出版也就没有精力顾及了。但他内心愤愤不平，在给我的信里写道："百花不出版，又把要出版的华艺搅黄了，思量起来好不伤感！"1999年2月长弓来信告诉我，《征人泪》将在作家出版社出版。听到这个消息，我好高兴啊！高兴得想为他欢呼！一部书，整整被压了20年，终于找到了识女的婆家，对付出巨大心血的长弓来说，这是多么难熬的时日，多么焦心的磨难啊！在这封信里，长弓提出要把我在一年前读过《征人泪》书稿时写给他的信，作为代序收在书内。我不能辜负重病中长弓的一片心意，一口应允。

我衷心感谢作家出版社。长弓猝然辞世，虽让人十分痛惜，但他终于看到了心血之作的出版，总算把长期压在心头上的重石愉快地搬开了，这也给人们一丝安慰。

长弓生前是中国作家协会全国委员，曾长期担任内蒙古作家协会副主席，在50余年的文学创作生涯中，写下了20多部、近千万字的文学作品。他是勤奋的，又是很有才华的老作家。除此，他还酷爱书画艺术，曾两次出版书法专集。他的山水画颇有黄宾虹的神韵，又有自己的气势，在文人画中是极具特色的。说他是中国作家群体中的一位集诗、书、画于一身的杰出的文化人，是不过分的。《征人泪》是长弓留给我们的最后一部长篇小说，这部作品与他的其他作品一样，也是爱憎分明，大气磅礴，具有震撼人心的力量，是一部有价值的文学作品。70年前，日本法西斯侵略我国，先策划了一个"九·一八"事件，占领了东三省；又建立起一个傀儡政权，弄出个满洲国来。接着又占领漠南，完成了预定的满蒙战略计划。《征人泪》全景式地再现了这一段黑幕重重、鲜为人知的史实。他本着以史为鉴、前事不忘后事之师的原则，通过笔下的鲜活人物让今天的读者看到鲜红的热血，知道当年日寇有着怎样的蛇蝎般的心肠、狐鬼般的狡计，在茫茫的草原上犯下的滔天罪行。他把那个血火交织的年月、特殊的地域、错综复杂的关系和事件，以及各式各样的复杂人物写得那么真实、强烈、深刻、流畅。

长弓在写这部长篇小说时，是有自己的艺术追求的。他说："我追求的是粗犷和空灵，典雅和狂野，英雄刚烈之气和儿女百转柔肠，这两方面相生相克、相随相逆、相反相成。""笔法寓庄于辣，在刀光剑影之中追求正气凛然的风格。"《征人泪》开机付印之时，正是日本右翼势力相当猖獗的时候，他们推崇战犯，参拜"神社"，颠倒侵华历史，狂唱侵华时的军歌《进军徐州》……长弓对这一切怀有极大的义愤和高度的警惕。所以他说："再现历史生活是为了今天，一是把它当成一剂草药来治疗健忘症，二是用以警示世人，切不可自毁万里长城而去钻洛杉矶的死谷。"他留下的这些话，后人是不会忘记的！

在与长弓通信时，我一再嘱咐他："要多休息，适当作画、写字，少写作，过轻松愉快的生活，千万别再犯病。"这一时期长弓给我的信里，充满乐观自信的情绪，他告诉我："我现在学会了安静养病，每日站在窗前画画，也觉得很不错哩！从去年秋，即服中药，至夏方停，……今后即使好不了，亦能熬它几年。"在他给我的最后一封信里，还嘱咐我："您千万要保重，别累着，也不适于外出奔跑了，还是以策划为主，给他们出出主意吧。"长弓总想着别人，就是没有想着自己，他竟在《征人泪》刚刚出版三个多月时，心脏病突发猝然逝世。当我从《文艺报》上看到这条黑边讣告时，简直不相信自己的眼睛，在欢乐还没有享受尽兴时，他竟撒手人寰，叫人多么痛心啊！

长弓曾在一篇散文中引用《老子》第八章"上善若水"四个字，形容在他重病之中两次把他抢救过来的吴秀兰大夫。他说："环境像水那样清澈，存心像水那样仁厚，交友像水那样相亲，言语像水那样真诚，工作像水那样荡荡无尽。"长弓的为人和形象，又何尝不是这样呢！长弓走了，他的作品、他的书法、他的画，将在人世间流传，而且会为一切有心人铭记、收藏。如果长弓知道这一切，也会含笑于九泉的。

补记此文，以悼念长弓。

2001 年 10 月

大写中华儿女，繁荣传记文学 [1]

在《名人传记》杂志创刊 20 周年时，由中国传记文学学会、河南文艺出版社和《名人传记》杂志联合举办评选"中国当代优秀传记文学作家"的活动，有 10 位传记文学作家获得这项荣誉，我代表中国传记文学学会向这些作家表示热烈的祝贺！向参与这项活动的广大读者和参与评选工作的有关单位、专家学者表示真诚的感谢！

这次评选活动是在传记文学创作空前繁荣，呈现蓬勃兴旺的发展形势下举行的。首先由《名人传记》随刊向广大读者发出评选"中国当代最有影响力传记文学作家"推荐表，与此同时，在有关报刊出版社的推荐基础上，经过由专家、学者组成的评委会讨论，根据票数多少评选出 10 位作家。

这里我要说明一点，由于评选工作的宣传力度还不够，很可能有些优秀的传记文学作家被忽略、遗漏，对此还望大家谅解。学会声明，为了促进中国传记文学事业的发展，繁荣中国传记文学的创作，团结和壮大中国传记文学的创作队伍，这项活动仅仅是开始，我们还要继续下去，希望能继续得到读者、作者和学界

---

1 本文系作者 2005 年 10 月 16 日于郑州在"中国当代优秀传记文学作家"颁奖会上的讲话。

的支持。

中国传记文学学会，是一个专门从事传记文学研究的全国性的学术团体，为繁荣传记文学创作，促进传记文学事业的发展，学会把团结和壮大传记文学的创作队伍作为一项十分重要的工作来抓。事实证明，没有作者，便没有作品，作者越多，作品也就越多，高水平高质量的优秀传记文学就会从中诞生。在工作中，我们也深深感到传记文学作家有许多生动感人的故事，他们不仅写出了优秀的作品，他们自己也是很优秀的。这正是我们要举办这次活动的缘由。

写出优秀的传记文学作品绝非一日之功，常常都是作家用几年、十几年甚至几十年时间积累、准备、酝酿创作出来的。有的是从写传主的短篇、中篇到写长篇传记；有的是从写评传、年谱到写传记文学；有的专门收集党史和党史人物、军史和军史人物的史料，建立了丰富的史料库。就是写当今先进模范人物的传记作品，虽然任务急，创作时间短，但作者们满怀深爱和激情，不止一次地沿着传主的足迹，艰苦跋涉，深入采访，反复采访，在积累了无比丰富翔实的素材基础上才动手写作。有的作者在开始写作品时，传主并不积极配合，甚至很冷淡，但作者以坚忍不拔的毅力，下最大功夫，花最大气力，通过各种各样的渠道，广泛而深入地收集传主的资料，不仅投入巨大精力，还要投入财力，最后写出了作品。当他们把作品送到传主面前时，传主不仅对作品很满意，同时对作者付出的辛勤劳动也感动不已。

我们有的作家就是因为在写作前和写作中超负荷地投入，在写出作品后，要经过两三年的时间才能把疲惫的身体调整过来。所以我说这些作家被评选为"当代优秀传记文学作家"是当之无愧的。他们为创作出优秀的传记文学，真是下了大功夫、苦功夫，这种严肃认真的写作精神，实在令人钦佩。

这些创作出优秀传记文学的作家有个共同点，那就是他们在创作的过程中，不仅熟悉和掌握了传主的生平经历、事业成就、个性特征、精神风貌、情趣爱好等方面的史料，而且还深入传主的感情世界中去，对传主经历中的喜怒哀乐，苦辣酸甜，以及种种不寻常的经历和感情也有深入的了解。这样还不够，为了把传主写得真实和准确，他们还要熟悉与传主有关的历史的、社会的、文化的背景资料，甚至与之相关的专业知识，当他们把这一切全都融入自己的心灵和感情之中时，他们不仅有强烈的创作冲动和创作欲望，而且有很深的感悟和情感。正是这样，才在他们的作品里，既写出了传主的坚定信仰、坚定信念、人生追求，写出了传主的高尚情怀和为国为民做出的突出贡献，又写出了传主丰富的感情世界和人格魅力。高度的热情，自觉的责任感，全身心地投入是传记作家创作出优秀传记文学的共同点。

每一位传主都有自己的人生追求、人生抱负，同样，传记文学作家也有。不同的是他们是通过自己的作品，实现自己的人生追求、人生抱负，展示自己的人格魅力。对传记文学作家来说，最难的就是收集资料，作家们不但要收集传主已经公开的资料，还要收集没有公开的原始资料，并且要从自己收集的资料中，发掘出最珍贵、最有价值、独有的、新鲜的史料。作家们在掌握了充足、丰富的史料后，还要进行比较、筛选。筛选的过程就是去伪存真、去粗取精、消化理解的过程，就是提取翔实史料的过程。在经历了这样的过程之后，作家很自然地就进入了艺术构思，也就是写作前的梳理、排列、组合，这时作家的独创性就表现出来了。我们常说真实性是传记文学的根本生命，实事求是是真实性的核心，传记文学的大忌就是随意地杜撰和编造，在创作中要做到事实真实、感情真实。写出一个有血有肉的真实的人是很难的，很不容易的，所以我认为写传记文学最难的是收集资料，作家常常花在这上面的精力最大，时间最长。如果说写作中需要传记作家充分发挥自己的才华、智慧和技巧的话，那么写作前的准备，还需要一种坚忍不拔的毅力和坚持不懈的奋斗精神，所以我对写出优秀传记文学的作家充满了敬意、敬佩之情。

今天获得这一光荣称号的 10 位作家，如果我们深入了解的话，他们每一个人都是一本书，每一位作家都有一连串感人的故事，写作中的欢乐与喜悦、突破与创新、付出与收获、困难与阻力、坎坷与障碍……如果我们把这些有声有色的故事写出来，我想无论是对作家与读者、作家与作家之间的交流，还是对传记文学的创作都是很有益的。

近年来，虽然有不少优秀的传记文学问世，受到不同年龄、不同文化层次的读者欢迎，但总的来说，有重大影响和广泛影响的高水平、高质量的传记文学，还不够多。在改革开放 20 多年的今天，有一大批方方面面的历史人物和当代人物等待着作家们去写，中国传记文学的作家任重而道远。通过这次评选活动，我们希望在壮大传记文学的创作队伍、繁荣传记文学的创作、促进传记文学事业的发展上作出贡献。

繁荣传记文学，建设和谐文化¹

　　中国传记文学学会是 1991 年由中国文联党组书记林默涵、总政文化部顾问、中国作协副主席刘白羽倡议成立的，得到了李德生、段君毅、杨成武、马文瑞、程思远、康世恩六位老同志的指导和支持，并担任中国传记文学学会的名誉会长，刘白羽担任会长。学会成立至今，在中国文联的领导下，在社会各界人士的支持下，我们举办了两届中国优秀传记文学作品的评选活动，举办了首届中国优秀传记文学作家的评选活动，还举办了《心灵的历程》《群山》《许世友传奇》《斯诺》《史沫特莱》《斯特朗》等多部传记文学作品的研讨会。2002 年在大连与辽宁传记文学学会一起举办了首届中国传记文学学术理论研讨会。2006 年的岁末，在中国传记文学学会成立 15 周年的时候，我们举办了第二届中国传记文学学术理论研讨会，虽然规模较小，参加的人数也不多，但却包括来自北京和 9 个省市的贵宾，是一次高规格、高档次的研讨会。在这里，让我代表中国传记文学学会向与会的各位嘉宾、专家学者、教授、作家、编辑、记者的光临，表示热烈欢迎和衷心感谢。

　　胡锦涛总书记在最近召开的两代会上的重要讲话精神，对中

第二届中国传记文学学术理论研讨会合影，2006 年 12 月 8 日

国传记文学的创作发展、理论研究、队伍建设、事业开拓都指明
了方向："文艺历来是陶冶人们道德情操、抒发人类美的理想、丰
富人们艺术享受，推动社会发展进步的一个重要领域。"这些话不
仅符合文学艺术的发展和实际，也符合传记文学的发展和实际。

回想 20 世纪五六十年代和改革开放以来，传记文学作品在我
国一直拥有广泛影响和大量读者，这是因为传记文学凝聚着一个
时代的政治、军事、经济、文化的广阔内容，不仅能唤起人们对
于一个时代的回忆，还能帮助人们从中汲取知识、智慧和力量，
在精神上得到审美享受和情感体验，在思想上受到启迪，在文化
上吸收有益营养。今天，中国传记文学的创作领域已经大大拓宽了，
从领袖人物到将帅、老同志，从战争年代的革命烈士、革命英雄

到新时期的先进模范人物，从政治家到军事家，从科学家到教育家，从文学家到艺术家，从企业家到发明家，从民主人士到侨胞华人，方方面面的人物传记不断扩大，确确实实是百花竞放，异彩纷呈，展示了当今中国传记文学创作的繁荣、发展、融洽、和谐的生动局面。

传记文学具有纪实性的特点，重在写人，以人为本，运用文学手段描述传主的精神风貌、思想情操、人生阅历，以及他们对人类、社会的突出贡献、重大贡献。所反映的内容，既有史料价值，又和文学性有机和谐地融合在一起。这些年来，确实有一批优秀的传记文学作品在思想的深刻性、内容的丰富性、生活的广阔性、艺术的创造性上都达到了很高的水平。这些作品把民族的生命力、凝聚力、创造力、思想精髓、价值追求融合在一起，在弘扬爱国主义和民族精神、传承革命传统美德和构建新的道德行为规范、提高人民文化素质、陶冶人民道德情操、丰富人民精神文化生活上，起着不可替代的作用。

正因为如此，近年来，传记文学有广泛的社会影响，有重要的文学地位和良好的市场效应。我们深深感到传记文学的发展非常迅速，过去只有几本人物刊物、少数几家出版社发表和出版传记文学，而今文学的、艺术的、科学的、社会的、历史的、时尚的方方面面的刊物，以及中央省市出版社差不多都发表和出版传记文学。传记文学无论是在题材上，还是在数量上都有大幅提高，为弘扬社会主义先进文化、建设和谐文化、构建社会主义和谐社会做出了贡献。

　　一个繁荣的传记文学时代，既需要杰出的传记文学作家，也需要杰出的传记文学理论家、批评家，二者相互影响，相互促进，使创作活动和理论研究都得到大发展。实际上就传记文学作品和传记文学创作本身来说，有许多理论问题需要深入研究和探索。理论家、批评家的理性见解、深刻分析、创造性认识，可以使传记文学的创作受到启示和鼓舞，进而促进传记文学创作的发展。而传记文学作家在创作过程中所付出的心血和精力，遇到的困难和问题，常常是从事其他文学题材写作所经历不到的。许多传记文学作家有很深的理论修养，如果他们把创作的实践过程、心得体会进行理性梳理和总结，对创作和研究都是非常有益的。我们学会的工作，就是在和谐的学术气氛中做好各方面的服务联络工作，加强文友之间的沟通与交流，通过交流开阔视野，活跃思想，增进友谊，加深了解，互相促进，从而推动传记文学的理论和创作的发展，这是我们召开研讨会的出发点。

　　在这里，让我代表学会的各位会长，诚挚地希望与会的各位嘉宾、各位文友，对学会的工作提出建议和设想，给予指导和支持。

　　在今天这样大好的形势下，正是充分发挥传记文学作家、理论家的智慧和才华、理论水平和艺术技巧、创造力和表现力，写出有较高学术价值、艺术价值的传记文学著作的时代，让我们为弘扬社会主义先进文化、建设和谐文化共同努力。

　　祝会议圆满成功！

　　谢谢大家！

喜谈《蒙古帝国》

荣获第二届姚雪垠长篇历史小说奖的《蒙古帝国》是一部值得关注的小说。作者包丽英是成吉思汗第 36 代长孙女，对家族有很深的亲情，但她不崇古恋古，不狭隘封闭，而是以清醒和审视的态度对待历史，以严谨的治学精神和科学的思维方式对待历史。她广泛收集史实史料，然后根据需要进行梳理、筛选、深化、提炼，开掘历史的和文学的新资源；以新的审美想象和文学视角再现历史事件的真实面貌和史实内涵，再现历史人物的本色，形成作品的独到之处。这是一部大题材、大视野、大思路、全景式的作品，能达到现在这样的水平是不容易的。作者用了 20 年时间，七易其稿写下了 600 多万字，最后才完成 97 万字的三部曲。她是实实在在的 20 年磨一剑，对文学矢志不移的至诚精神，支撑着她的文学追求，使她最终迈出了一大步。

《蒙古帝国》无疑是一部优秀的历史小说，但也可以说是一部历史人物的传记小说。作品通过成吉思汗、拔都、忽必烈三个人物的成长和征程、命运和业绩，反映了蒙古帝国建立、远征欧洲、挑战中原、统一中国、建立元朝等重要历史事件；写出了一个时代的极盛武力不仅成就了一个民族，造就了一批杰出人物，也创造了一个又一个神话般的传奇故事。

在第二届姚雪垠长篇历史小说奖颁奖会上与部分评委和王梓夫（右一）、包丽英（左一）、唐浩明（左二）三位获奖作者合影

　　尽管作品篇幅浩大，时间跨度长，涉及地域广，但读起来却很流畅，那些充满传奇色彩的故事情节和生动形象，通过浓烈的情感、恢宏的气势、瑰丽流畅的语言所产生的艺术魅力，让读者爱不释手、身临其境。作者虽然年纪很轻（她产生创作的念头时，还是刚刚走进大学校门的学生），但心存崇高，情系草原，深入思考，视野开阔。首先，她把由于草原的自然环境与草原人的生存条件、生活状态、习俗场景、人文风貌所形成的草原人豪爽、刚毅、骁勇、强悍的性格，以及驰骋疆场的强烈征战欲、占有欲，水乳般交融在一起。她把握了历史的大势和主流，发挥了可喜的艺术想

象力和表现力，绘出了一幅又一幅铁马金戈、气吞山河、大气磅礴、雄浑壮美的战争画面；绘出了草原和草原人色彩斑斓、多姿多彩、新鲜爽目的场景，开创了一片属于自己的艺术天地。

　　尽管作品用大量篇幅写战争，但没有留下雷同、重复的感觉，无论是本土草原统一，还是征战欧洲、挑战中原，都写得有起有伏、相互交替，各有各的特点，又都有一定的容量；既表现出了战争的多变性、复杂性，也反映了战争的全局发展和突变。难得的是，作者在描写战争时注意刻画人物，内容丰富，色彩鲜活。特别是成吉思汗的形象，栩栩传神，写得很不寻常。成吉思汗率领他的儿孙们，终身不离马背，东征西讨，南征北战，逢战必胜。虽也有久攻不下、损兵折将甚至不得不放弃战斗的情况，但几十年艰苦征战的辉煌岁月让他独领风骚，成为一代天骄。战争能够创造一个新的时代，也会给人们留下隐痛和深思。作者在描写战争的同时，深入写了心灵上的感受和变化：从热衷杀戮到厌恶拼杀，从摧城毁屋到保护城池，从不顾百姓生死存亡到关注百姓生活命运；在取得巨大胜利和建树、享受欢乐和尊严的同时，也出现了战友反目，亲情疏远，人与人之间爱恨情仇倒置，产生新的矛盾冲突、纠葛纷争，给胜利者留下隐痛和阴影。作者最出色的描写，就是成吉思汗和长子术赤之间的隐痛，父子之情难以割舍却不能袒露，心灵上的隔阂难以消融。作者把成吉思汗的内敛和温情、智慧和谋略、爱情和亲情、苦闷与隐痛都写得很深，既写出了生活的多变性和哲理性，也写出了人性的内涵和复杂，这是当今帝王小说中少见的情节。

拔都西征，既是意志力的较量，也是蒙古族历史上的壮举。拔都一路征战，历尽艰难险阻，但始终节节胜利，戒骄戒躁，保持冷静，牢记祖训，维护国家、民族的大局。由他创建的金帐汗国在欧洲统治长达 285 年，虽远离中国内地，却与中国内地在政治、经济、军事、文化上保持密切联系。作者成功塑造了一个继成吉思汗之后，完成征战欧洲大业的杰出军事统帅形象。

忽必烈宽容、冷静、明达事理，作者从大文化的角度，把这个出身草原又最终走出草原的人写得很丰满。忽必烈把游牧文化与农耕文化，把蒙古族的政治、文化与汉民族的政治、文化融合在一起，把个人、族系、民族之间的恩怨得失、纠葛分歧放在一边，一切从维护国家、民族的大局出发，使他在统一中国、宫廷较量、治国方略上处处取胜，最终成为大元帝国的创立者。

实事求是地说，作品也有不尽如人意的地方。如个别章节写得有些拖沓沉闷，第二部与第一、三部相比显得有些单薄。但我们也不能不承认，这是一部很难驾驭的长篇历史小说。从作品达到的水准来看，对史实史料取舍恰当，在文学上发挥合理，既写出了"历史"，也写出了"小说"。对于第一次写长篇历史小说的年轻人来说，实在是难得之作、喜人之作。我感到作者还有很大的潜力，只要在文学创作的道路上永葆创作激情和坚韧毅力，不懈地追求和探索，她还会写出更闪光、更耀眼的文学作品。不知我的预言能否实现？

（原载《中国图书商报》2007 年 11 月 27 日）

肆

忆父母

我的父亲

父亲百年

　　我的父亲王天柱先生原名祝庭，别名瑞华，祖籍山东，1909年10月11日生于北京。他7岁至9岁在私塾念书，9岁至15岁上小学，15岁开始学英语，先在薛家湾一家私人开的英语专修馆学了三年。也是天赋和缘分，他一接触英文就产生浓厚的兴趣，学得快也学得好。三年下来，用老师的话说："你把我能教的，都学去了。"老师建议他上青年会英文夜校，进一步学习和提高。当时青年会英文夜校在北京很出名，这样父亲又上了三年学，年年都是前三名。毕业后他考进了北京财商学院本科英语班，是当时北京在财政商业方面有很高声誉的一所私人创办的高等学府，每一个专科班最多20名学生，父亲的英文班只有15名学生。因为是私人创办，学费很贵，每学期40块银圆。学校为了鼓励学生，规定凡考前三名的学生免收学费。

　　祖父自小从山东来到北京，在木器业作坊当学徒，后来当修理工。他不识字，但人很聪明，手艺精巧。经过几年努力，他从修理装配铁皮车轮的人力车，到能够熟练地修理装配胶皮轮的人力车，后来还开了个小车行。祖母没有文化，是家庭妇女，父亲的两个哥哥也没有上过学，一直跟着祖父干活。祖父去世后，他的两个哥哥分开过，大大爷很早就病逝了，二大爷继承父业，开过车行，开过煤铺，都是小本经营。父亲就是生长在这样一个小手工业者的家庭里，一家人凭手艺过日子，所以祖父对父亲学英文、上夜校、考大学是不支持、不赞成的。他认为赚钱不容易，不愿意让父亲就这么不费力地花掉。但祖母支持父亲上学，她认为王家应该出个有文化的人，改换门庭，现在小儿子考上了财商学院，她认为是光宗耀祖的事。父亲在夜校学习时，她就常常暗中多做些针线活计，留点私房钱给父亲花费，但40块现大洋她是拿不出的，还是要祖父掏。父亲是小儿子，旧社会有句话："疼老大，娇老小"，加上父亲学英文、上财商学院的态度坚决，他对祖父说："您就给我拿第一学期的学费，如果以后我不能考上前三名，取得免交学费的资格，我就不是上学的材料，我就回家跟您干活！"同时他声明："如果您给我拿这40块钱，以后我不要祖产。"所以两个哥哥也支持他上财商学院，这样祖父才给了他40块现大洋。

要感谢祖父母啊！是他们的扶持使父亲这个人才诞生。在80多年前，对一个收入微薄的手艺人来说，一下子掏出40块现大洋，是要下很大决心的！当时进口的洋面也只有两块钱一袋——在1927年，像祖父这样的家庭，只有过年过节时才能吃上一两顿白面。

父亲果然没有食言，他年年考前三名，再没有交过一次学费。书本费、饭费、零花钱是他自己想办法解决的。为了求学和生计，他每晚找一两处家馆，教大人或小孩学英语，这样每月多少有点收入。他就是这样边学习、边打工上完了大学，由于学习成绩优秀，人缘又好，被留在学校担任英文速记教员。

父亲 1931 年结婚，婚后从家中搬出来独立生活，没有祖屋，只能租房居住。母亲 9 岁丧父，外祖母很年轻就守寡，舅舅是遗腹子，所以父亲结婚后就把他们接过来一起过。母亲结婚后第二年生下我，一家五口人的生活重担落在父亲一个人身上。父亲是一个有志气、负责任的人，让一家老小过好日子是首要问题，对英语的研究只能放在业余时间。哪里给的薪水高，父亲就到哪里去工作。他在财商学院教了三年书，然后到协和医院外科当英文速记员。那里工资虽高，但外国人经常以各种借口抽中国职工的血，他和外科主任（美国人）大吵一架，辞职不干了。两个月后，他到燕京大学社会系担任英文秘书，为了增加收入，晚上他给在燕大新闻系当讲师的斯诺翻译鲁迅小说。中华人民共和国成立后，斯诺第一次来中国时通过外交部找到父亲，两个人在新侨饭店见面，还一起吃了饭。这说明斯诺在 20 多年后没有忘记父亲，也说明父亲的英语水平得到斯诺认可，给他留下了深刻印象。在燕大三年，父亲已有一儿一女，当时张家口颐中英美烟草公司在京招聘一名英文秘书，待遇比燕大高，父亲考中录用，便和母亲带着我去了张家口，妹妹和外祖母、舅舅仍住在北京。在张家口五年，父亲收入较高，我们的生活较好。

太平洋战争爆发，颐中英美烟草公司被日军封闭，父亲失业回到北京，这以后就一年不如一年。为了生活，只要工作对口他就干，但仍是失业的时间多。父亲先在协和医院牙科工作，后到眼科干了两年临时工，从事英文翻译工作。1944 年至 1945 年是最困难的两年，物价飞涨，父亲已有两男四女，家庭负担重，在

青年时代的父亲

张家口工作时的一点积蓄存在银行里越来越不值钱。父亲只会翻译、教书，他也想过做点买卖，但连老本都被人坑光。一位被我们称为舅老爷的农民，拿父亲的钱租了几亩地，说是种出粮食可以养家糊口，但三年里只拿来一点花生、白薯、鲜玉米、小米，跟原来讲的完全不是一回事。再一次是父亲把老本几乎全交给外祖母的亲戚在北京开粉坊，赔得一分钱不剩。父亲心疼、惋惜，但这两家都是外祖母的亲戚，也不好说什么。严重时没有隔日之粮，有时儿女再病，愁上加愁，只好把家中旧物，包括父亲的英文书拿了出来，每天天刚亮的时候，由母亲带着我拿到小市上摆地摊贱卖。有时能卖几个钱，买白薯、玉米面糊口，有时一分钱也卖不出，那时真是困难啊，束手无策。

父亲自尊、自强、自立，凭本事吃饭的观念很强。无论生活多么困难，绝不求亲告友去借钱，绝不与坏人同流合污，绝不钻营拍马，而是始终保持一种文人气质、专家风度。他的一些同事也帮不上忙，收入低、业务不对口的，人家不敢找他，而工作对口、收入高的工作又没有。寒假期间，我骑父亲的自行车和同学一起，天不亮就到西什库批早报，钻胡同卖报；下午出去卖晚报，赚一点零钱给母亲。当时弟弟妹妹以白薯为主食，大妹、二妹都吃得又白又胖又漂亮，再加上父亲出门的风度，街坊邻居都以为我们家不会那么穷。

1947年到1952年，父亲陆续在朝阳大学、政法大学、中国大学、中大附中、华北中学、成达中学、平民中学等学校教英文。中华人民共和国成立前和现在不同，现在是按月拿工资，那时是按钟点拿钱，生活虽比过去好一点，但收入没有保证。特别是中华人民共和国成立初期，一些大学停办了，由于当时反对美帝，各中学改教俄语，父亲的英文课钟点锐减，没办法只好硬着头皮学俄语，边学边教，质量不高，不久就放弃了。记得 1952 年秋天，有天下午我回家，看到父亲母亲都躺在炕上为生活发愁，窗外秋雨绵绵，让人感到家中气氛无比凄凉。我向父亲建议，给政府写信求职。父亲问我给什么部门写，我说给外交部写吧！父亲让我拟个草稿，他改后就寄出去了。这封信还真起了作用，先是外交部找他谈话，跟着 1953 年 1 月便由外交部人事科介绍他到匈牙利大使馆当职员，收入大幅提高，生活由此开始改善。父亲格外高兴，如鱼得水，他的业务得到充分发挥。由于他的英语会话流畅，中译英能力很强，之后又被外交部外交人员服务局聘为英语教授，在苏联和东欧一些国家的大使馆教授英语，不断得到外国人的表彰，也经常参加一些大使馆举办的酒会。这 14 年是他一生中最辉煌、最得意的黄金时期，直到他 1966 年 10 月病逝。

父亲是一个内向的人，吃亏、生气、着急时从不对家人说，统统都存在心里，自己消化。沉重的生活重担，长期压得他喘不过气来，他也憋在胸中不说，以致身心过早受损。实际上在 1966 年初，他的心绞痛就不断发作。父亲自尊心很强，非常敬业，他在匈牙利大使馆工作时不迟到，不早退，有时还自觉加班。后来他在各使馆担任英语教授，从星期一到星期六，课程排得满满的。但 1966 年初，他夜夜主动脉痛，走路、挤车、教课都感到疲乏吃力。到了 3 月，他实在有点坚持不住了，才写信给局里请求减免课程，之后又不断请假。这期间他到阜外医院心内科看病，心电图正常。当时他非常高兴，以为不是心脏病，但吃了医院开的药后头晕眼花，就不敢吃了。他又到西直门外展览路人民公社医院看中医，去了三次，吃了五剂汤药，"病情好转，主动脉由天天痛改为隔一天一痛，疼痛的时间也缩短了"。当他第四次去诊治时，"文化大革命"开始了，该院的中医被撤。

　　父亲是不会说空话、说假话的。"文革"前，在小组学习会上有人提出与外国人接触要时时处处突出政治，父亲认为这种说法过于偏激片面。他在给局里的报告中写道："我在教书工作中面对的是外国人，采取什么样的方式方法突出政治，我感到困难。"父亲认为："只抓政治而放松业务，我个人认为不太好……组织上派我去教书，首先是把书教好，让外国人佩服我们，这就达到目的了。"

　　当时无论是教中文还是教英文，都是根据使馆的外国人提出要求和需要，由教员拟定课程内容，征得局里同意后才能教授。有的教员就根据这一点上纲上线，认为不突出政治，还可能丧失警惕性，上外国人当，犯政治错误。父亲对这种说法很反感，他认为这些人"善于阿谀，伪装多变"。父亲认为："各国驻中的使馆外交人员，需求不一样，水平也有差异，按照我们的要求统一编课本，人家未必能接受。对于教什么，教员从实际出发，拟出教学计划，只要做到事先请示、事后报告就行了。对于那些没有要求、仅仅学习一门外语的外国人，可以统一在以下五个方面教课：1. 发音；2. 造句；3. 会话；4. 写作（如写信）；5. 修辞。

父亲确实学识深厚，经验丰富，在教课上有一套办法。他自己不会说对方的语言，但他能让不会说英语的外国人很快学会说英语，而且学得很有兴趣，很出效果。所以学生对他很尊敬，很欢迎他，也很乐意接近他，和他交朋友。

"文革"开始后，外交人员服务局鉴于父亲的身体状况和当时的社会状况，不叫他上班，让他就在家中休息。但他觉得越是乱，越要上班，较远的使馆他请假，较近的他还是去。他认为：社会乱，我不能乱，不能让外国人看不起我们。父亲在政治上的组织性、纪律性很强，大小事都向上报告，而且是书面的。他因为不能参加晚上的小组学习会，在报告中写道："因为我主动脉一天痛好几次，夜间尤甚，所以愿意早睡些，不能出席小组讨论。"父亲当时常说："车上人多拥挤，上下车无力去挤。"但他还是坚持上班，终于在回家路上心脏病发作，到家后医生又误诊，于1966年10月23日病逝，终年58岁。

父亲的一生虽短促，但他留给我们的精神财富是十分丰厚的：我要学习他持之以恒、刻苦勤奋的学习精神。父亲没有上过正规名牌大学英语系，没有出过国留过洋，但他的中译英水平，流利的英语会话能力，比外国人还"外国人"。凡是他工作过的地方，他都能得到人们的一致肯定和赞赏。他留下的著作《实用英语口语捷径》《进修英文法》至今都非常有价值。

我要学习他自强自立、自尊自信的精神。他20岁就独立生活，22岁挑起家庭重担，几十年养家糊口，酸甜苦辣都尝过，被人坑过骗过，但从来没有害人之心，没有报复之心，甚至连句怨恨的话都没说过。不是他软弱，不是他不分是非善恶，而是他相信自己，对自己的能力、毅力、决心、勇气充满信心，他自信靠自己的努力和付出，可以过好日子。他是一个正直、正派、负责任的一家之主，是一个自尊自爱、自强自信、一生奋斗的知识分子。

我要学习他的爱国精神。他有很强的人格气节和民族自尊心，他一生与外国人打交道的时间很多，但他有高尚的人格和民族的气节，绝不容忍外国人对中国人歧视、鄙视，更不能容忍外国人的侮辱、侵犯。他在协和医院外科当英文秘书时，不能容忍外国人抽中国职工的血做实验，辞职不干了。他在抗日战争期间宁可失业，也决不为日寇工作或到与日寇有关的机关工作。在他逝世的前十天，他还写信给外交人员服务局，提出把十月的工资全部支援抗美援越战争。父亲把爱国和敬业结合在一起，他在学习报告里写道：突出政治最重要的就是爱国，维护祖国的尊严，讲政治应该落实在自己的工作上。业务上要精，工作上能做好，才不丢中国的脸、中国人的脸。要想让外国人看得起，首先要自己看得起自己；人格上是平等的，才能讲友谊、讲友好。父亲当时是这么想的，也是这么做的。

1930年父亲在财商学院毕业时，学院给他的评定是："君性情恭谨，刻苦勤奋，不独成绩优良，而且智谋广远，待人务诚，持己务谦，然君敏而好学，不吝向难，故能得学友之欢心。"

今天我在追思父亲的一生时，79年前的这个概括还是很准确地道出了父亲的性格、品质和长处。我读过这段文字之后，感动不已。我会记住父亲的一生，把他留下的精神财富传承下去。

我的母亲

母亲百年

2014 年是母亲的百年诞辰。她是在 79 岁时病逝的，至今已 21 年。母亲患有糖尿病，1992 年发烧住进医院，不到半个月病情突然恶化，在昏睡中离我们而去，给我们留下难以接受的遗憾和不尽的思念。父亲去世 26 年后，知心的伉俪又走到一起，重逢在天堂！

我 1950 年参加工作，当时 18 岁。此前我一直和母亲生活在一起，参加工作后也经常回家看望父母。结婚、有了孩子以后，我几乎每个星期天都带着孩子去看望父母，断断续续地和母亲生活了 60 年。母亲的举止言谈深印在我心中。

我对母亲的感情久而弥深。母亲身上的好品质、好作风，对我们的言传身教，影响了我一生一世。我和弟妹八人，每人身上都深深地打着母亲的烙印，这是母亲传给我们的基因，也是她留给我们弥足珍贵的精神遗产。

母亲 18 岁结婚后，便在这上有老下有小（舅舅是遗腹子，当时年纪很小，正在上学）的家庭中挑起了重担。她和千千万万的中国妇女一样，继承了民族的优良传统，孝敬祖母、外祖母，照顾父亲，教育子女，一切大事小事难事苦事都一人承担。就这样，她付出了青春和智慧，超负荷忙碌了一辈子。特别是在中华人民

母亲和她的八个儿女

母亲和她的长子（右）、次子（左）

共和国成立前家庭生活极度困难的岁月里，可把她难为透了。我记得"七七事变"后父亲就失业了，只靠在西城青年会英文夜校教一两个小时书的微薄收入，难以维持一家老小的生活。最困难时母亲分文皆无，到了揭不开锅的地步，这时母亲就把家中的旧物，以及父亲一时用不上的藏书、文具拣出一些，在天蒙蒙亮的时候，叫我一起到德胜门早市上变卖。有时能卖出一两件，换几个零钱。当时为帮助母亲度过艰难，我每天早上天刚亮就骑上父亲的自行车到西什库批发早报，然后穿街串巷叫卖。下午三四点的时候，又到报行批发晚报。每每我外出卖报，母亲就把窝头切成一片片，在炉边烤得焦黄焦黄的，让我带在身上饿了时吃。我推车出门时，她总是嘱咐又嘱咐：路上小心，不要出事。母亲就是这样把我们养大成人的，她是我们王家吃苦最多、受累最大的人。

母亲的好品格，好作风，主要表现在为人做事上。她为人诚实善良，做事踏踏实实，任劳任怨，一辈子克己、仁爱、包容、宽厚，一辈子低调做人。她对父亲的感情很深，既是他生活上的知心伴侣，又是他工作上的有力帮手。几十年相濡以沫的生活，让父亲一直在温馨幸福中读书、备课、著书、写作、翻译……无论是在父亲失业、半失业的苦日子里，还是收入相对丰厚时，母亲都不铺张，不浪费，节俭度日。她把父亲的生活安排得好好的，荤素搭配，顿顿可口，外出时衣冠楚楚，大大方方，可又不多花钱。至于家里的困难事、麻烦事，她从不和父亲说，总是自己一个人想方设法解决。她就这样让父亲幸福安心、平平稳稳地度过了一生。

母亲有一个炽热的情怀：她对八个子女不偏不倚，一碗水端平，八个孩子都是她的心头肉，疼在心里，爱在心里。我和大妹、二妹都是十几岁参加工作，儿行千里母担忧，她总是千叮咛万嘱咐，要我们小心处事，做好工作，注意安全，万不可粗心大意，任意胡来。所以我们工作后都很努力，在不同的工作岗位上做出了成绩，这是与母爱、母教分不开的。而今，她的儿女们大都进入古稀之年，但八个家庭之间的关系都非常融洽，大家互相关怀，节假日往来聚会，这是母亲留给我们的好传统。

母亲一生待人真诚，我们的好朋友也成了母亲的好朋友。父亲的学生特别敬重她、爱戴她，如学生张向前，就认她为义母。父亲的不少学生，始终不忘师母的情义，以至在父亲去世后，他们还时时来看望她，年年给她拜年。

母亲一生为人正派，做事实在，勤俭持家，敬老爱幼，为我们树立了楷模。作为她的儿子，到了晚年特别怀念她，思念她。父母对我们的养育之恩、教诲之情，令我们一生难忘，永世不忘。父母对我们的情和爱，我们永远铭记在心中。

后 记

人到了老年，精力体力都差了，再加上这病那病纷纷找上门来，就很少出门探亲访友，就是京城内外相邀的一些社会文化活动，也很少参加，不是不想参加，是力不从心。当时没感到什么遗憾，自然规律嘛！谁都有老了这一天，谁不衰老生病呢？可事后还是有点空荡荡之感！每到这时，我就尽量使自己沉静下来，从孤寂的意境中走出来。我把书房定名"自得斋"，我把自己称为"自得斋主人"。宁静自得，自得其乐；自己找事干，干自己想干的、能干的、乐意干的事。就这样，我在十几年中出版了《岁月传真——我和当代作家》《品尝记忆——我编辑生涯中人和书的故事》《四十二年磨一剑——姚雪垠与〈李自成〉》《守望歌乐山》四本书，大约有 120 万字。写完这 4 本书之后，我忽然感到自己这一生也还是有声有色、有血有肉、有情有味的。我所接触的那些人和事，让我发现也有丰富的内容，潜藏着难得的内涵，这就让我心情上很振奋，精神上很充实，也让我悟出了一些人生体验。

每个人的一生都是不寻常的，顺境、逆境、困境、险境，都会不期而遇，如同一条河，有时河床平平坦坦，河水舒畅荡漾，一路走来吉祥安康；有时又乱石成堆，急流滚滚，险象环生。生命的旅程就是在这变化莫测的浪花涟漪中走过的。

经历是人一生中最宝贵的记录，而感情的经历是最重的，不仅放不过去，还常常在心中翻腾、纠结。这是因为快乐的事如同美味佳肴，总想反复品尝；痛苦的事，尤其是那些深深刺痛心灵和情感的事，如同身上长出的毒瘤，虽然从根上割去了，但伤疤永远留在心灵深处，留在记忆里。这实在是没办法的事，与其憋闷在心中，还不如把它释放出来，这也是我著书写文的一个因素。

关于父亲

一个人能关爱父母，关爱子女和家人，有温暖的亲情，是人生最幸福、最宝贵的。漠视亲情，挥霍亲情，是最让人痛心和悲哀的。然而，谁也不能阻止亲人的逝去！谁也逃脱不了不幸的命运袭击！谁也无法完全把握命运的悲剧性！所以坦然和沉静就变得非常必要。

回忆自己，自18岁走出家门，就少了对父母的爱和对家庭的眷念，随着年龄的增长，特别是到了老年，倍感父母对我的关爱是那么难忘。记得我20岁那年体检时，发现肺部有结核，"肺病"在旧社会是个可怕的字眼，就是在20世纪50年代初也还是让人惊惧恐慌的疾病。组织上立即让我休息三个月，三个月后，只准我半日上班。当时是供给制，我立刻享受到每天半磅牛奶，一个月三斤鸡蛋的待遇。我自己倒没有什么不安，该吃该玩，依然如故，但父母知道后，像家中发生了什么惊天大事似的，到处求医问药。一位老中医提供了一个传统偏方，将仙人掌中的白浆刮出来，再加上两三味中药，煎熬成浆服用。父亲到处寻找仙人掌，最后到中山公园花房买了一盆，抱着长满刺的仙人掌回到家中，让母亲给我煎制。父亲的爱，是不露痕迹的、默默无声的，是那么仁慈、细腻、温暖。这是 60 多年前的事了，每每想起，我心中都滋生出一种强烈的眷恋和怀念。

这样的亲情在我以后的生命历程中，也还有许多，到了晚年一桩桩一件件都涌现脑海。在父亲百年，我和弟妹给父母亲扫墓时，我不由得一阵心酸，泪水长流不止。这时我最愧疚、最伤心的就是，我陪伴父亲的时间太少了。在他最后的日子，我每次回家看望，他虽然没有多少话和我说，但表现出的神情，是多么希望我多在他身边、多在家中待一会儿啊！当我表示今天不走了，他立时流露出无比高兴的神色！但这样的时候太少了，这正是我今天最痛惜、痛心、痛苦的事！所以我在收集文稿时，也把我在纪念父亲百年、母亲百年时写的文章收进来，为的就是不忘亲情，不忘父母之爱！人同此心，心同此理，晚年的我又何尝不是这样呢！但我比父亲要幸运得多，女儿和我楼上楼下，几乎天天见面，一起用餐，说话的时间很多；儿子有车，节假日想来就来，小孙女对我更亲更近，让我感到幸福；我生病住院时，他们跑前跑后，让我心安；就是在国外的小女儿，每个星期日一定打来电话问候，我听到她的声音，心中感到十分宽慰！

与中青社结缘

我的职业生涯，走的是一条完全投合兴趣爱好的路。

我自小就喜欢文学，这是受舅舅的影响。他是保定第二师范学校的学生，二师学潮失败后，他被当局追捕，回到北平后和组织失去联系。"文革"开始时，他在山东济南一所重点中学当校长，被诬为叛徒、逃兵，遭到冲击和批斗，对他的经历进行了一场大范围的调查取证。没想到调查下来，他不仅不是叛徒、逃兵，还是学运中的一位忠勇进步的青年。"文革"后他彻底平反，被评为济南市的三老干部（老党员、老先进、老教育家），还当上了济南市的人大常委。舅舅是文学爱好者，有大量藏书，1943年他回山东后，把这些书都留在我家，我接触文艺类的书就是从这时开始的。一开始，看鲁迅、巴金、胡也频、柔石、萧红等人的书，后来又接触到托尔斯泰、肖洛霍夫、高尔基、马雅可夫斯基的作品，从此对文学感兴趣了。我上的华北中学是101中学的前身，是中央干部子弟学校，行政上属中组部管，团的组织属中直机关团委管，与团中央是一个系统。1950年3月我18岁时，从华北中学直接调到团中央，团中央组织部的徐沧、孟岗两位同志提出宣传部和青年出版社两个部门任我选择。我想出版社与书打交道，投合我的志愿和兴趣，便选择了出版社。记得1950年3月7日，我拿着团中央组织部开出的人事调入函到中青社报到后，立即领到一套灰色粗布的干部服，还有其他一些生活用品。当时是供给制，由此我就是国家干部了，心情异常激动。这时只想穿上这套干部服，回到学校让老师、同学看看，回家让父母弟妹看看。第二天一上班，出版社经理李湜同志就来叫我，让我和他一起到五楼顶上，把一条从五楼到一楼的长长的"庆祝三八国际妇女节"的大标语挂在楼上，这件事给我印象太深了，60多年过去了，至今不忘。

关于出版社的成立，还要从 1949 年谈起。1949 年 10 月，中宣部在京隆重召开第一次全国新华书店和有关行政领导部门的出版工作会议。毛泽东主席在 10 月 3 日专门给大会题写了"认真做好出版工作"的重要题词，会后中央各有关部门立即行动起来，团中央书记冯文彬、副书记蒋南翔、廖承志决定成立出版委员会，由李庚同志任主任、杨俊同志任副主任，开始筹备成立青年出版社和印刷厂，出版社是从 1950 年 1 月先挂牌成立门市部开始的。当时的门市部设在王府井南口一座五层大楼的一层，和东长安街交汇，是北京最繁华地带。三联书店、国际书店的门市部也在这条街上，与出版社的门市部相比，就显得不够气魄了。门市部当时以销售外版图书为主，本版图书很少，二层、三层办公，四层、五层是职工宿舍，印刷厂设在地下室。

青年出版社是从搞外版图书的营销开始的，1950 年下半年成立图书编辑部，开始出版一些青年团、少先队和青年题材的文学读物。到了 1951 年才设立青年读物编辑室和儿童读物编辑室，正式列入青年出版社体制。1953 年是大发展的一年，当时中央各大区一级的党组织撤销，团的组织也随之撤销，一批熟悉青年、了解青年、从事青年报刊出版工作的同志调进北京，充实团中央报刊社的领导层和业务部门。也是这一年，青年出版社和开明书店合并，改称中国青年出版社，下设青年读物、文学读物、社科读物、自然科学读物、儿童读物五个编辑室，撤销门市部，把图书的销售和发行业务全部交给新华书店总经销，建社时的一大批从事图书发行业务的同志随着业务转移调到新华书店工作。到此中青社从专门从事发行销售外版图书业务转到专门编辑出版本版图书业务。经历了四年（1950 年—1953 年）的充实准备，一个从无到有、从小到大的正规化的出版社诞生了，到了 20 世纪 50 年代末，中青社已成为出版战线上的重要阵地和主力军。

在中青社，1950 年到 1958 年，我先在经理室，后在总编室任宣传科副科长，从事图书的宣传工作，负责刊登书刊广告和编辑《青年读物介绍》（非卖品，介绍本社图书的宣传刊物）。这期间，我看了不少文艺类图书，也开始学着写文学评论。我热爱自己的工作，对出版事业产生了浓厚的兴趣。

1958 年"大跃进"开始后，我调入文学编辑室，被派去北京航空学院采写该院师生装配而成的"北京一号"，后出版了一本题为《北京一号上天记》的小册子，从此开启 36 年的文学编辑生涯，一直到 1994 年退休。在这期间，我担任过文学编辑室的编辑、组长、主任，《青年文学》创刊主编，《中华儿女》创刊主编，中青社副总编辑等职务。1987 年被评为编审。1979 年经中青社党组研究，推荐我和施竹筠二人加入中国作家协会，同年我作为特邀代表参加了第四次全国作家代表大会。同时，我还是共青团十二届中央委员，全国青联第七届委员，1994 年起享受国务院颁发的特殊津贴。1989 年在林默涵、刘白羽的支持指导下，筹划组建中国传记文学学会，经民政部审定、批准登记注册后，在中国文联领导下，于 1990 年正式成立中国传记文学学会，我从 1990 年到 2007 年历任秘书长、副会长、会长等职，2008 年起任名誉会长，而今我已 87 岁了。在我的一些同辈好友和年轻朋友的支持、帮助下，我出版了前面提到的四本书，这时我发现还遗漏了不少稿子，翻阅之后，觉得有些文章尚有价值，或可作为文学史料和出版文化史料留存；而另一类文章，可以从不同侧面了解我的人生和经历的一隅，于是决定把它们收进去。

这里我要说说为什么要把五六十年代写的几篇文章也收进去，因为这些文章打着那个时代的烙印，同时也真实反映了我的成长和我当时的思想水平、写作水平。人生的路都是自己一步步走过来的，这是历史。历史不能否定，更不能掩饰和美化，是什么样子就是什么样子，这样才能真实地、历史地反映我的成长。于是我分一、二、三辑集成后，忽然想到今年是我参加出版工作 68 年，作个纪念，取名《拾忆集》。

就在这时，我的病出现险情，肺部出现胸腔积水，一次就抽出 3500 毫升。从胸水中发现肺腺癌细胞，医生确诊：肺癌、恶性胸水。当时我已 85 岁，既不能手术，也不能放化疗，对西医来说，已无治疗手段。一位好心的女医生建议我保守治疗，看中医、吃中药。为转移我的精神负担，她还建议我每天坚持写作一小时，作为一种治疗的手段。对于我的病，早在 2014 年发现肺部出现云团的时候，当时空军总医院、307 医院、北大医院都不能确诊，倾向是结核和感染，只有北京大学肿瘤医院副院长杨跃对我说"70% 可能是肺癌"。所以，我早有思想准备，心里并不慌乱，思想上也还沉稳。对医生的善意建议，我完全接受，我知道自己来日不多，必须抓住时机，把心中酝酿已久的几篇文章写出来。于是我开始思考、构思。我的女儿王祺元为减少我伏案写作之苦，给我买了一台 iPad，帮我装上了迅飞输入法，只需口述便能形成文字，真是又快又好，大大提高了工作效率。

自 1994 年退休，至今已经 25 年。这期间，中青社的历届领导和同人们一直和我保持密切联系，同志间的关怀和鼓励，让我感到人世间的真情、亲情、友情的可贵。特别是在我的病确诊后，同志们的关怀和鼓励变成了我战胜疾病的巨大精神力量，让我信心满满地完成了这本书的编写计划，愉快地度过了 2018 年。我不知这本书问世时，我的状况如何，但我发自内心地感谢总社，感谢社长皮钧、总编辑韩亚君、副总编辑李师东和主任骆军，以及为这本书尽力的同志们，我永远不会忘记他们的真情厚谊。

2019 年 2 月 13 日

于定慧东里

（京）新登字083号

图书在版编目 (CIP) 数据

拾忆集 / 王维玲著 . －北京：中国青年出版社，2021.5

ISBN 978-7-5153-6353-0

Ⅰ . ① 拾 … Ⅱ . ① 王 … Ⅲ . ① 出版工作－中国－文集 Ⅳ . ① G239.2-53

中国版本图书馆 CIP 数据核字 (2021) 第 060512 号

责任编辑：骆军　耿鸿飞

装帧设计：无敌兔

中国青年出版社 出版 发行

社址：北京东四十二条 21 号

邮政编码：100708

网址：www.cyp.com.cn

编辑部电话：（010）57350403

门市部电话：（010）57350370

印刷：北京科信印刷有限公司

经销：新华书店

880×1230　1/32　13 印张　2 插页　270 千字

2021 年 8 月北京第 1 版　2021 年 8 月北京第 1 次印刷

定价：68.00 元